中外文化名篇我读

项香女 / 主编

吉林大学出版社
·长春·

图书在版编目（CIP）数据

中外文化名篇我读 / 项香女主编. — 长春：吉林大学出版社，2020.5

ISBN 978-7-5692-6442-5

Ⅰ. ①中… Ⅱ. ①项… Ⅲ. ①中学语文课—高中—教学参考资料 Ⅳ. ①G633.303

中国版本图书馆CIP数据核字（2020）第071446号

书　　名　中外文化名篇我读
　　　　　ZHONGWAI WENHUA MINGPIAN WO DU

作　　者　项香女 主编
策划编辑　刘子贵
责任编辑　刘子贵
责任校对　宋睿文
装帧设计　北京言之凿文化
出版发行　吉林大学出版社
社　　址　长春市人民大街4059号
邮政编码　130021
发行电话　0431-89580028/29/21
网　　址　http://www.jlup.com.cn
电子邮箱　jdcbs@jlu.edu.cn
印　　刷　北京虎彩文化传播有限公司
开　　本　787mm × 1092mm1/16
印　　张　15.25
字　　数　260千字
版　　次　2022年6月　第1版
印　　次　2022年6月　第1次
书　　号　ISBN 978-7-5692-6442-5
定　　价　45.00元

编 委 会

品读　深思　独悟

对于一篇文章的阅读，每一个人都会有不同的收获，而且每一个人在不同的时刻读也会有不同的体验，这其中没有任何是非对错可言，也不需要揭示任何理由，读就读了，想就想了，悟到的，都是自我当下最真实的感受。

作为入选新教材的文本，从遥远的古代到切近的当代，从陌生的他国到熟悉的本土，古今中外无所不包，风土人情无所不含，文史哲科无有不涉，飞禽走兽无有不及。阅读者的视域，跟随文本开合延伸；阅读者的思考，深入文本内核到时代、到作者、到评者，唤醒自己的文化积淀，融入自我的生活感知，掺进其他的阅读共性，引发更加广阔的人生体验。一篇短小的文章，一个明白的定论，或许都会让读者获得更为抽象而又具体、古老而又鲜活的奇妙感悟，进而融入你的生命气象。所以，有人曾说，你的气质里有你读过的书、走过的路、结交过的人。

虽然“一千个读者就有一千个哈姆雷特”，但原始文本有其特有的价值。阅读时尊重原文本，恰恰体现出读者的德行，但这并不排除阅读者个性化的解读及其特定的理由。

老师们在对原文本的尊重中依然读出了自己独到的感受。奚旭慧老师读《短歌行》，读出诗人的真性情：真实、真诚、真切，项琪则以《赤壁赋》对话佛道兼具的苏轼，赞许他一毫莫取的立身之节、风月共食的自适之乐。刘强老师弹奏的《琵琶行》，感受人生的悲凉底色：彼不幸我不遇的众生之悲。蒋丽老师和李白一起在《梦游天姥吟留别》中展现自我意识和自我追求。丁敏老师和陶潜守“拙”，将纯真的天性渗透在质朴的生活中，读出陶诗“拙”的可贵。张凤琴老师品着杜甫的《登高》，尝着时代苍凉中人生的悲苦。苏素老师则从《登岳阳楼》里咀嚼出诗圣的圣因。金建永老师学习《谏太宗十思疏》，除了读到谏臣魏徵的忠诚之外，更悟到每一个国人对国家和民族的责任。

而有的老师由一而总。例如，姚尚春老师从《庖丁解牛》单篇中读到庄子哲学的总貌，潘国良老师从“促织”的叫声中分析蒲松龄蕴藏其中的“立言”之志，吴圣龙老师从《窦娥冤》中总结出中国式弱者的抗争和复仇的共性，陈宵老师从《祝福》里的祥林嫂扩展到单四嫂子、子君等女性形象。更有老师读出文本情理之中的“情理之外”。例如，王宏燕老师从冷色调的《声声慢·寻寻觅觅》中读出一个温暖鲜活的李清照，罗梓嘉老师从《念奴娇·赤壁怀古》的豪放里品出了婉约。

从内容到形式方面，李戈老师从秦伯选择军队驻地的失常与外交中的失语等被忽略的文本语言中品出了言外之意，时剑波老师则概尽魏晋六朝志人小说的写意手法滥觞于《侍坐章》，陈优老师则用曹文轩小说结构推进的动力理论解剖《林教头风雪山神庙》中故事的推进，还有蔡湖海从《阿房宫赋》的句式、用词形式等读到文本内作者独特的见解。

从文本内容、作者个性、时代特征到呈现方式，老师们的品读既体现了对原作的尊重，又传达了自己独到的感悟，甚至是对文本内容形式的高度概括、凝练，读着这些富有共性而又不失个性的感悟、感性而又不失理性的表达，真是既兴奋又震惊，为他们的灵性，也为他们的深刻。

有感于此，借助台州市委组织部、台州市教育局为我提供的名师工作室专用资金，借助于省、市两级十多所重点中学的人力，我们对现行的统编版高中语文新教材必修和选择性必修的部分篇目进行了郑重其事的筛选，倾尽智慧的解读，用心筛选了部分有自己独到感悟的文本，按教材顺序编辑成书，既可作为成员的成果交流，又可以用作更多教师的教学参考，或许见解并不成熟，或许感悟有些肤浅，但自我的思考非常不易，也难能可贵，所以编辑成书，以飨读者，敬请读者指正。

项香女

2019年10月于台州一中

常入芝兰室，花香自满衣

——项香女名师工作室简介

有这样一座花园，紫竹淡菊为篱，芝兰玉树满地，春风拂面，鸟鸣清晚，花香悠远，这是项香女名师工作室的精神领地。15名省学科带头人，13名市工作室成员（含3名省工作室学科带头人），连同项香女老师共26人，种下了一棵中国古典诗词对接学生生命教育的大树。他们在这座花园中，在这棵大树下，倾情诵读，击节吟哦，引着一群蜜蜂与蝴蝶，在花园里翩跹来去。

这是一种生命对接生命的场景，更是精神牵引精神的盛宴。名师工作室成员来自杭州、宁波、金华、绍兴、湖州、台州，他们带来各自地域的诗词教学经验和个性化强烈的教学特色，根据学生的学习特征，引领学生体验学习，不管是吟诵入诗，还是建构画面；不管是化诗为歌，还是化诗为心，发通幽之曲径，行开阔之大衢，直达这处诗词圣地，飞翔于芝兰玉树间，栖停于紫竹淡菊上，诗词贴身，花香满衣，更引来专家大咖光顾，好不欣喜！

项香女名师工作室宗旨：做一名快乐幸福的语文教师！

工作室全家福

工作室成员

丁　敏（浙江省课堂教学二等奖获得者）

工作单位：浙江省仙居中学

教学感言：用阅读点亮语文的世界，用语文绚烂生活的色彩。

王宏燕（台州市教坛新秀）

工作单位：浙江省台州市第一中学

教学感言：教学相长，和学生一起敬畏母语，仰望崇高！

田继松（台州市高中语文优质课一等奖获得者）

工作单位：浙江省温岭中学

教学感言：教本真语文，品多彩人生。

刘　强（台州市名教师）

工作单位：浙江省黄岩中学

教学感言：和学生一起成长。

苏　素（台州市名教师）

工作单位：浙江省玉环中学

教学感言：语文教育的要义是，在读写中成长，在成长中反思，在反思中完善。

李　戈（台州市教学大比武二等奖获得者）

工作单位：浙江省台州市第一中学

教学感言：向古人借智慧，与学生共成长。

时剑波（宁波市名教师）

工作单位：浙江省宁波中学

教学感言：在人生的渡口，我愿溯流从之，成为一个摆渡人，以审美、怡情、明智的语文来摆渡学生，使其成为更趋完整、完善的人，也用以摆渡自我，修行生命。

吴圣龙（台州市高中优质课二等奖获得者）
工作单位：浙江省路桥中学
教学感言：语文教育就是穿透字词表层，抵达思想，抵达生命，抵达心灵。

余　芳（杭州市优秀教师）
单位：浙江省学军中学
教学感言：一辈子学做教师，真心爱心善心全心，从心所向，无问西东！

张凤琴（台州市名教师）
工作单位：浙江省台州市第一中学
教学感言：引学生之思，品语文之美，成一代之新人。

陈　优（台州市教学大比武一等奖获得者）
工作单位：浙江省天台中学
教学感言：发现语文的理趣、乐趣，触摸语文的温度、厚度。

陈　忠（台州市名班主任）
工作单位：北京师范大学台州附属高级中学
教学感言：做一个有趣的语文老师。

陈　佳（台州市教坛新秀）
工作单位：浙江省三门中学
教学感言：向语文教学更深处漫溯，每一段路途，都有新的风景；每一趟旅程，都是美丽的相遇。

陈　宵（浙江省高中语文优质课二等奖获得者）
工作单位：浙江省金华第一中学
教学感言：品语赏文，得其美，悟其真。

林卫飞（台州市高中语文优质课一等奖获得者）
工作单位：浙江省台州市第一中学
教学感言：爱常识，爱自由，爱语文。

罗梓嘉（台州市教坛新秀）

工作单位：北京师范大学台州附属高级中学

教学感言：学生是我教学的起点，也是我教学的落点，培养学生的核心素养是我选择教什么和怎么教的唯一标准。

金建永（绍兴市名师培养对象）

工作单位：浙江省诸暨市学勉中学

教学感言：在语文的世界里，与学生体悟生活的美好、感受生命的宽厚，是一种能力！

周　刚（浙江省教坛新秀）

工作单位：北京师范大学台州附属高级中学

教学感言：教育就是激活学生自主发展之欲望，成就最好之自我。

郑　俊（台州市教坛新秀）

工作单位：浙江省临海大田中学

教学感言：语文老师不应满足于教给学生多少知识，还应教会他们敬畏文化，沉淀思想，净化心灵！

项　琪（浙江省教坛新秀）

工作单位：浙江省台州中学

教学感言：追求温润丰厚，有着充分语文味的课堂，致力于为学生打好精神的底子，成为一个有价值的语文老师。

姚尚春（诸暨市名师）

工作单位：浙江省诸暨中学暨阳分校

教学感言：语文教学就是为学生未来发展培养基本阅读和写作能力，培养学生人文情怀。

奚旭慧（台州市教坛新秀）

工作单位：浙江省天台中学

教学感言：做一个富有理智又情感饱满的语文教师，让学生会读书，会生活，会审美。

蒋　丽（台州市高中语文优质课一等奖获得者）

工作单位：浙江省路桥中学

教学感言：教育是慢的艺术，需要滋养；也是静的艺术，需要守望。

蔡湖海（台州市高中语文优质课一等奖获得者）
工作单位：浙江省仙居县城峰中学
教学感言：从生活中发现语文，从语文中感悟生活。

潘国良（台州市高中语文优质课二等奖获得者）
工作单位：浙江省台州市第一中学
教学感言：教育一半是责任，一半是情怀；语文一半是科学，一半是艺术。

目录

CONTENTS

求贤之殷情，匡世之雄心——《短歌行》品读 / 奚旭慧 1

从"拙"始，至"拙"终——《归园田居·其一》品读 / 丁　敏 11

蹈梦境，烛心灯——《梦游天姥吟留别》品读 / 蒋　丽 20

最沉郁的登高，最壮阔的悲秋——《登高》品读 / 张凤琴 28

一场触摸生命底色的相遇——《琵琶行》品读 / 刘　强 37

于婉约处细思量——《念奴娇·赤壁怀古》品读 / 罗梓嘉 46

怎一个"望"字了得——《永遇乐·京口北固亭怀古》的仕子"生命观"解读 / 郑　俊 56

冷色调中的情感意蕴——《声声慢·寻寻觅觅》品读 / 王宏燕 66

劝之谆谆，晓之以理——《劝学》品读 / 陈　忠 76

洋溢非凡之勇气，彰显大无畏气魄——《师说》品读 / 周　刚 82

共山间明月　适江上清风——《赤壁赋》品读 / 项　琪 96

散文有味是清欢——《登泰山记》品读 / 陈　佳 106

只因为在人群中多看了你一眼——《鹊桥仙·纤云弄巧》品读 / 余　芳 116

沂水春风"理想国"——《论语·侍坐章》品读 / 时剑波 121

由技到道——《庖丁解牛》的哲学意蕴解读 / 姚尚春 128
精彩对局中不可忽视的对手——《烛之武退秦师》秦伯形象的解读与还原 / 李 戈 138
巧借“互见法”，重读《鸿门宴》/ 李 戈 144
关汉卿戏剧的艺术特色——《窦娥冤》品读 / 吴圣龙 149
祥林嫂的悲剧——《祝福》品读 / 陈 宵 155
结构艺术——《林教头风雪山神庙》/ 陈 优 164
现实与荒诞交织出的悲剧——《促织》品读 / 潘国良 173
以虚构逼近真实的寓言——《变形记》品读 / 时剑波 182
《谏太宗十思疏》品读 / 金建永 187
《阿房宫赋》的微观视角 / 蔡湖海 196
文格 人格 楼格——杜甫《登岳阳楼》教学例谈 / 苏 素 205
诗家四境界 人生四境界——《念奴娇·过洞庭》品读 / 余 芳 214
用诗歌为城市立传——《望海潮》品读 / 林卫飞 219
一肩挑着河山，一肩挑着明月——《扬州慢·淮左名都》品读 / 林卫飞 223

求贤之殷情，匡世之雄心
——《短歌行》品读

曹操是一个家喻户晓的历史人物，在大众眼中，他一直是个反面角色，这皆因那部妇孺皆知的经典小说《三国演义》，时人评他为“治世之能臣，乱世之奸雄”（《三国志·魏书·武帝纪》）。历史上评价他是东汉末年杰出的政治家、军事家、文学家、书法家，曹魏政权的奠基人。

曹操，一名吉利，字孟德，小字阿瞒，沛国谯（今安徽亳州）人。祖父曹腾是东汉的大宦官，父亲曹嵩是曹腾的养子。《三国志·魏书·武帝纪》中记载：“莫能审其生出本末。”以此推测，其出身也许比较微贱，但因曹腾的关系，官至太尉。曹操20岁时，举孝廉为郎，授洛阳北部尉，后迁顿丘令，征拜议郎。汉末群雄纷起，曹操挟天子以令诸侯。官渡之战，以少胜多，打败袁绍，由此逐步统一北方。赤壁之战，被孙刘大军击败，形成三国鼎立的局面。建安十八年（213年），曹操获封魏公，后进爵魏王。其后曹丕代汉建魏，曹操被追尊为武帝，庙号太祖。

《三国志·魏书·武帝纪》中记载曹操：“少机警，有权数，而任侠放荡。”其性格前人以“通脱”二字标示，就是任性率真，行为举止无所拘束而不偏执。这种性格对曹操的文学创作产生了深刻的影响。这种率直任诞、清俊通脱的行为风格，历史上称为“魏晋风度”。

建安时代，专制独裁的政治统治被削弱，儒家学说独尊局面的打破，迎来了文学发展的崭新阶段。这一时期的文学作品反映动乱的现实、人民的苦难，如曹操《蒿里行》中写到的：“白骨露于野，千里无鸡鸣。”又抒发了建功立业的理想壮志、积极进取的昂扬精神。同时，流露出人生短暂的哀叹、壮志难酬的幽怨。意境宏大，笔调朗畅。既有强烈的个性色彩，又有鲜明的时代特征。这种雄健深沉、慷慨悲凉的艺术风格，文学史上称为“建安风骨”。“三曹”是这一时期的文学巨匠。曹操古直悲凉，曹丕便娟婉约，曹植文采骨气兼备。（袁行霈《中国文学史》）曹操的作品被打上了时代的烙印。

在文学史上，我们推崇的是曹操的诗。他是重振四言诗的第一位诗人，鲁迅称他是“改造文章的祖师”。曹操现存的诗都是乐府歌辞，且大多是乐府相和歌辞——用管乐与弦乐相和伴奏，主要是在宴会上演唱的歌曲的歌词，这可能与他爱好音乐并精通音律有关。他继承汉乐府“感于哀乐，缘事而发”的精神，在诗的境界和诗风上又有创新，融入了个人的人生感慨，有着鲜明的自我印记。

《短歌行》是一首乐府相和歌辞，是曹操的代表作之一。这首诗作于建安十三年（208年），一说作于赤壁之战后。是时曹操已平定北方，率军南征至长江，与孙权决战。这年冬天十一月十五日夜，皎月当空，江面风平浪静。曹操乘船查看水寨，后置酒欢宴诸将。酒至兴处，他吟唱了这首《短歌行》：

对酒当歌，人生几何！譬如朝露，去日苦多。
慨当以慷，忧思难忘。何以解忧？唯有杜康。
青青子衿，悠悠我心。但为君故，沉吟至今。
呦呦鹿鸣，食野之苹。我有嘉宾，鼓瑟吹笙。
明明如月，何时可掇？忧从中来，不可断绝。
越陌度阡，枉用相存。契阔谈讌，心念旧恩。
月明星稀，乌鹊南飞。绕树三匝，何枝可依？
山不厌高，海不厌深。周公吐哺，天下归心。

这首诗是为宴会而创作的乐府歌辞，所以并不以思想深邃而见长。此诗以沉稳顿挫的笔调抒写了诗人求贤若渴的心情和统一天下的雄心。天下英雄不乏其人，这类抒发豪情壮志的诗也甚多，为何此诗能得以传诵呢？窃以为，好诗必是能打动人心的，而打动人心的依然是诗人内心的那份真情。

“对酒当歌，人生几何！譬如朝露，去日苦多。”“当”一作“临、对”解。首句意为：面对着美酒，应当放声高歌。人生的岁月有多少啊！好比朝露转瞬即逝，失去的时日实在太多！

起句由眼前的酒宴说开去，慨叹年华易逝，人生苦短。这类诗句有：“青青园中葵，朝露待日晞。”（汉乐府《长歌行》）朝露易干，故常用来比喻人生短促。曹植《赠白马王彪》中“人生处一世，去若朝露晞”。此外，还有：

人生天地之间，若白驹之过隙，忽然而已。（《庄子·知北游》）

但见时光流似箭，岂知天道曲如弓。（韦庄《关河道中》）

日月如梭，文籍如海，探讨不及，朱黄敢怠。（高登《东溪集·朱黄双砚》）

则为你如花美眷，似水流年。（汤显祖《牡丹亭》第十出）

百岁光阴如梦蝶，重回首往事堪嗟。（马致远《双调·夜行船》）

人之短生，犹如石火，炯然以过。（《新语·惜时》）

《兰亭集序》中说："每览昔人兴感之由，若合一契，未尝不临文嗟悼。"正如苏轼在《前赤壁赋》中感叹的"哀吾生之须臾，羡长江之无穷"。这种带点悲凉的情绪，与李白在《春夜宴桃李园序》中抒发的情感类似："夫天地者，万物之逆旅也；光阴者，百代之过客也。而浮生若梦，为欢几何？"诗人曹操将一己之愁与自然之物（朝露）联系在一起，这种人生感慨是人类普遍的情感，能引人共鸣。试想东汉末年，群雄纷争，战火四起，朝不保夕，生死无常，在这样的日子里对生命短暂的忧戚更为浓重。

从表面来看，这里似乎流露出了"人生应及时行乐"的想法，而实际上这慨叹背后依然是渴望建功立业的积极心态，否则后面何以会"忧思难忘"呢？何以会有期待天下贤士尽归其麾下而成就功业的愿望呢？有酒有歌，就无须为人生短促而消沉颓丧，正如王羲之虽然感叹人生无常、情随事迁，说："向之所欣，俯仰之间，已为陈迹，犹不能不以之兴怀。况修短随化，终期于尽。"但是感伤背后是作者对短暂生命的珍惜，对人生、自然的热爱和执着。苏轼在《念奴娇·赤壁怀古》中虽然感叹"人生如梦，一樽还酹江月"，但我们可以感受到词人内心对周瑜的钦羡之情和他渴望功业有成的一腔豪情。此外，词人在这里也是巧妙地感染广大贤才，提醒他们人生如朝露般短暂，岁月已流逝很多，只有选择贤君，施展才华，才不负时光。

"慨当以慷，忧思难忘。何以解忧？唯有杜康。"此句意为：我之所以慷慨激昂，是忘不了忧愁。用什么可以解忧呢？只有杜康酒。

这一句写自己以酒浇愁。但"忧"从何来？联系前四句，乃是忧人生苦短，时日不多，而功业未成。

杜康是谁？一直有争议。其中，一种说杜康是黄帝时专门负责管理粮食的大臣；另一种说杜康即少康，乃夏朝国君。

传说杜康把米饭放在空桑（树心被朽空的桑树）之中，时间久了，米饭发酵，散发出一种香气，并流出一种液体，杜康取而饮之，感觉其味甘美。他受此启发，发明了酒。杜康酿的酒称为秫酒，是用黏高粱为原料制成的清酒。

古代有“杜康造酒醉刘伶”的故事。刘伶是晋代“竹林七贤”之一，好喝酒，能喝酒，酒量之大举世无双。古书云：“天下好酒数杜康，酒量最大数刘伶。饮了杜康酒三盅，醉了刘伶三年整。”这更增添了其神奇色彩，让杜康美酒名扬天下。

酒在人类文化的历史长河中，不仅是一种物质存在，更是一种精神文化。中国的酒神精神以道家哲学为源头，主张“物我合一”，倡导“乘物而游”，追求“逍遥游”。这种追求绝对自由、忘却死生荣辱的精神，正是中国酒神精神的精髓所在。西方的酒神是狄奥尼索斯。尼采在《悲剧的诞生》中认为，酒神精神喻示着情绪的发泄，是一种痛苦与狂欢交织的癫狂精神。

王粲《酒赋》颂酒：“成朋友之欢好，赞交往之主宾。既无礼而不入，又何事而不因。”酒可成欢，“人生得意须尽欢，莫使金樽空对月”。酒可忘忧，“呼儿将出换美酒，与尔同销万古愁”。

在文学史上，酒常与诗文结伴。葛景春说：“诗是酒之华，酒乃诗之媒。”（《诗酒风流赋华章——唐诗与酒》）

文人嗜酒。酒是诗的催化剂。例如，陶渊明有《饮酒十二首》，而最有名的当属“诗仙”李白，杜甫在《饮中八仙歌》中写：“李白斗酒诗百篇，长安市上酒家眠。天子呼来不上船，自称臣是酒中仙。”有人说：“无诗酒不雅，无酒诗不神。”

酒能如魔法师一般引发诗兴。

“醉卧沙场君莫笑，古来征战几人回。”（王翰《凉州词》）

“但使主人能醉客，不知何处是他乡。”（李白《客中行》）

“醉里从为客，诗成觉有神。”（杜甫《独酌成诗》）

“俯仰各有志，得酒诗自成。”（苏轼《和陶渊明〈饮酒〉诗》）

“雨后飞花知底数，醉来赢得自由身。”（张元年《瑞鹧鸪·彭德器出示胡邦衡新句次韵》）

那一杯杯清酒、烈酒、浓酒、淡酒，陶醉了人心，也酿就了诗情。

苏轼《赤壁赋》中写曹孟德：“酾酒临江，横槊赋诗，固一世之雄也。”《三国演义》第四十八回有当时赋诗情景的描写。仗剑天涯，醉饮人生。那四溢的酒香，无羁的酒态，让诗人浸染上了一股浪漫酣畅、任情潇洒的豪气。其诗质朴有力，其人胸襟博大。

第一节既是敦劝与宴者开怀畅饮，又流露了诗人内心难以排遣的郁结，强烈地表达了他对人生的深沉感慨。一开始，诗人就向我们袒露了他对人生的真实心绪。

“青青子衿，悠悠我心。但为君故，沉吟至今。”衿，衣领。青衿，是周代学子的服装，衣领为青色，以此借指学子。悠悠，绵长，形容忧虑不断。此句意为：有学识的学子啊，你们让我朝夕思慕，我的思虑绵延不绝，只是因为你们的缘故，我才沉思吟咏至今。

前两句借用《诗经·郑风·子衿》里的句子。《诗经》三百，为何诗人要引《子衿》中的诗句呢？原诗是：“青青子衿，悠悠我心。纵我不往，子宁不嗣音？”意思是：你的衣领青青，我的思念悠悠，纵使我还不能去，你为什么不捎个信来呢？此诗描写一个少女对男子的思念。每当看到青色的东西，女子就会想起心上人青青的衣领和佩玉。他们相约城阙见面，但久等不至，少女埋怨恋人不捎信来，怪他不来赴约。这是一首优美的情歌，但相思之苦，最是刻骨铭心，更何况是单相思。诗人借恋人间的思念之情，表达自己对贤人的渴念之情。这其中含有一种苦涩的味道。诗人的化用很是巧妙。情不知所起，一往而情深，“今夜，我只为你一人而歌”，这是一份真情，一种痴情。

“呦呦鹿鸣，食野之苹。我有嘉宾，鼓瑟吹笙。”这四句出自《诗经·小雅·鹿鸣》，意为：鹿在呦呦地叫，吃野地里的艾蒿；我有好的宾客，弹瑟吹笙簧。

这首诗以“呦呦鹿鸣”起兴，引出下文宴饮“嘉宾”之事，其诗旨意味深长。《毛诗序》：“《鹿鸣》，宴群臣嘉宾也。既饮食之，又实币帛筐篚，以将其厚意，然后忠臣嘉宾得尽其心矣。”孔颖达《毛诗正义》解释道：“以鹿无外貌矫饰之情，得草相呼，出自中心，是其恳诚也……言人君嘉善爱乐其宾客，而为设酒食，亦当如鹿有恳诚，自相招呼其臣子，以成飨食燕饮之礼焉。”看来，曹操在此引用《鹿鸣》是有深意的。

“鹿”谐音“禄”，在古代民间信仰中，是极受青睐的动物。它是人们心目中的灵兽，是美好愿望的象征。《鹿鸣》一诗因为称颂德音，成为后世统治者借以弦歌纳贤、传布德音的绝好材料。《新唐书·选举志》中记载：“每岁仲冬……试已，长吏以乡饮酒礼，会属僚，设宾主，陈俎豆，备管弦，牲用少牢，歌《鹿鸣》之诗。”是谓“鹿鸣宴”。它是古时地方官祝贺考中贡生或举人的“乡饮酒”宴会，于乡试放榜的第二天，宴请考中的举人和内外帘官等歌《鹿鸣》，并作魁星舞。鹿鸣宴是我国古代著名的科举四宴之一，是由官方主办的组织通过科举考试的士子参加的盛大庆祝宴会，分设文武两科。四宴中鹿鸣宴（为新科举子而设的宴会）、琼林宴（为新科进士而设的宴会）为文科宴，鹰扬宴（武科乡试放榜后考官及考中武举者共同参加的宴会）、会武宴（武科殿试放榜后在兵部举行的宴会，其规模比鹰扬宴更大）为武科宴。鹿鸣宴起于唐代，明清沿袭，因宴会上要歌《诗经》中的《鹿鸣》之诗而得名。宋代殿试文武两榜状元设宴，同年团拜，亦称“鹿鸣宴”。由此可见，《鹿鸣》诗对后世的影响非常大。

瑟和笙是古代的“八音”（金、石、丝、竹、匏、土、革、木）之一。瑟属“丝”，是传统弹弦乐器。笙属“匏”，是中国古老的吹奏乐器。《仪礼》中记载，古代在乡饮酒礼、乡射礼、燕礼中，都用瑟伴奏唱歌。魏晋南北朝时期，瑟常用于相和歌伴奏，在屏风后作为背景音乐演奏。笙是世界上最早使用自由簧的乐器。《说文解字》中记载：“笙，十三簧，象凤之身也。笙，正月之音，物生，故谓之笙。”“笙”不仅声如凤鸣，还如凤翼之形；其音色清脆透明，优美柔和，传达出一种“和德清正”的意境。瑟和笙作为宴饮时演奏的乐器，代表了宴会的欢乐和热闹。

第二节从字面看是对与宴宾客的怀念和他们到来后产生的喜悦。实则是表达诗人对贤者来投的期待，并设想热情款待他们时的热闹欢快的情景。诗人吟诵《鹿鸣》诗句，一则因为《鹿鸣》本就是欢宴宾客的诗篇，契合当时的场合；二则借以表达自己招纳贤才的热情与真诚。

“明明如月，何时可掇？忧从中来，不可断绝。”“掇”，拾取。“从中来”，指从心里生出。此句意为：那皎洁的月亮啊，什么时候可以摘下来？我忽然心生忧愁，不可遏止。

明月是人类可见最永恒、最浪漫的天体，也最引人遐思。月被诗人赋予了丰富而深邃的象征意义。月如美人，象征恋情。人们常说“花容月貌”，《诗经·月出》中有“月出皎兮，佼人僚兮。舒窈纠兮，劳心悄兮”的歌咏。明月长存，象征永恒。面对浩瀚无际的夜空，亘古如斯的明月，人们会感觉到自身的渺小与短暂，感受到人生的变幻与无常。张若虚有“江畔何人初见月，江月何年初照人。人生代代无穷已，江月年年只相似”的感伤。望月怀远，月勾起人的思念之情。独爱月的李白有“举头望明月，低头思故乡”的千古名句。“人有悲欢离合，月有阴晴圆缺。”大概人有太多的情愫无法倾诉，所以只能把它融进月光里，注入明月中，从而使“月”这一物象充满了生命的魅力。

《观沧海》中有“日月之行，若出其中。星汉灿烂，若出其里”的诗句，场面阔大，意境雄浑。作为诗人，曹操对月情有独钟。本诗有两处写月，此为第一处。月色纯净、皎洁，让人联想到人的高贵与高洁。月之清辉，挥洒大地，让人联想到贤者的才华横溢。皓月当空，遥远而神秘，令人向往，就像可望而不可即的贤才。

此处的“忧”，便是忧人才之难得。这一内容与上文对贤者的思念之情相照应，又衬托下文终于“枉用相存”的喜悦。

单就诗意看是如此，但诗人因用了欲掇月而不得的象征手法，又使这四句诗的内涵有了更普遍的意义。高悬夜空的明月，人类想得却不可能摘得，这种追求在一开始就注定无法实现，就如夸父追日般有种“知其不可为而为之”的悲壮。它倾诉了由绝望的追求所导致的无尽的忧愁，“表达了正在从事注定要失败的追求的人们的共同悲哀。而这种悲哀想来也正是曹操所经常经历的”（袁行霈《中国文学史》），所以它的表达才如此深刻。从另一个层面来想，这又何尝不是一种执着精神、一份担当情怀。

“越陌度阡，枉用相存。契阔谈讌，心念旧恩。”“阡陌”指在广袤田野上南北走向和东西走向并且相互交错的田埂。枉：枉驾。存：问候，思念。契阔：聚散，契是投合，阔是疏远。“讌”通“宴”，宴饮。此句意为：远方的宾客越过纵横交错的田间小路，有劳你们屈驾前来探望我。彼此久别重逢，一起饮酒谈心，不忘旧日的恩情。

这四句是设想宾客们远道而来，参加宴会，互诉衷情，表达诗人对朋友的深情厚谊。

第三节的结构与第二节基本相同，都是先忧后喜，而且欢喜的场景都是诗人想象的画面。这两次的一忧一喜，凸显了诗人内心的矛盾和忧虑。想象越是欢乐，现实越是忧愁，虚幻的喜悦更反衬了忧愁的深刻，更表达了诗人求贤若渴的心情。

“月明星稀，乌鹊南飞。绕树三匝，何枝可依？”匝：周、圈。乌鹊：指乌鸦，一说指喜鹊。此句意为：月光明亮，星星稀少。乌鹊向南飞翔，绕着大树，飞了多次，哪里有合适的枝条可以栖息呢？

“乌鹊”意象理解上有诸多争议。有学者认为“乌鹊”象征黎民百姓，“乌鹊南飞”，无枝可依，形容百姓流离失所。也有人认为“乌鹊”就是诗人眼前所见的飞鸟，且此鸟象征着选择侍奉贤明君主的人才。我们可以从以下几个方面来思考探究其意义。

从写作背景看，当时曹操已基本统一北方，他率军南下，欲平定江东，一统天下。此时正是用人之际，曹操希望贤才能尽归其麾下，助他成就大业，而不是投奔南方的孙权和西蜀的刘备。所谓“良禽择木而栖，良臣择主而事”，此句是否劝诫欲奔南方的人才，那里没有你们的栖身之所，我才是你们该选择的明主呢？

从乌鸦凶吉论看，汉唐时代，乌鸦一般被认为是吉祥的鸟。“如果家里有官司，或者想念远行亲人，看见乌鹊，听闻其声，官司就能解决，远人就能回归。”（史杰鹏《悠悠我心》）如果“乌鹊”二字偏义在“鹊”，指喜鹊，那自然也是吉兆。所以，在曹操眼中，“乌鹊”应代表积极的意义，是人才的象征。

从主旨风格看，此诗表达诗人求贤若渴的心情非常明显，抒发的是慷慨激昂的情绪。曹操爱惜人才，重用人才，分别在建安十五年（210年）、十九年（214年）、二十二年（217年）下达《求贤令》《举士令》《求逸才令》（又叫作《举贤勿拘品行令》）。他在《求贤令》中说：“唯才是举，吾得而用之。”这种不拘一格的人才观，充分表现了他超越常人的气魄和胆识。

综上所述，此处的“乌鹊”理解为比喻人才似乎更为合理。诗人希望目前还无枝可依的贤士，不要有任何犹豫，都来与他共同创业。

而细品这四句诗，诗人似乎还有一种沉重、孤独、无助的心情。一群乌鹊正向南飞去，诗人渴望的人才，一些已投奔他主，一些正在犹豫彷徨之中。自己人到暮年（时年曹操54岁）而天下未定，民生凋敝，人才耗损，百废待兴。这一切使诗人忧从中来。此忧乃是身居庙堂者的天下之忧。

“山不厌高，海不厌深。周公吐哺，天下归心。”厌：满足。吐哺：吐出嘴里的食物。此句意为：山不怕高，海不怕深；我愿如周公般礼贤下士，愿天下人心都归服于我。

“山不厌高，海不厌深”化用《管子·形势解》中的话：“海不辞水，故能成其大；山不辞土石，故能成其高；明主不厌人，故能成其众。”表示招纳贤才，永不满足。

周公吐哺，语出《史记·鲁周公世家》，“周公戒伯禽曰：‘我文王之子，武王之弟，成王之叔父，我於天亦不贱矣。然我一沐三捉发，一饭三吐哺，起以待士，犹恐失天下之贤人。子之鲁，慎无以国骄人。’”这段文字记载的是周公派长子伯禽去管理鲁地，临行时告诫伯禽要谦虚谨慎，不可怠慢、轻视人才。“一沐三捉发，一饭三吐哺”意为：洗一次头时，曾多回握着尚未梳理的头发；吃一顿饭时，亦数次吐出口中食物，唯恐失去天下贤人，迫不及待地去接待贤士。“周公吐哺”比喻为招揽人才而操心忙碌，也形容礼贤下士，求才心切。

和孔子一样，曹操对周公极为仰慕，奉其为政治偶像。曹操以周公自比，除了“礼贤”之外，恐怕还暗示着自己像周公一样终日为国操劳，鞠躬尽瘁，借此向世人表白自己忠于汉室的心迹。

周公，姓姬，名旦，因其采邑在周，爵为上公，故称周公。他辅佐武王，敬尊天命，修明道德，灭商建周。武王崩，成王尚在襁褓之中，周公摄政，主持政务。东平三监之乱，灭掉奄（今山东曲阜）等五十多个国家。营建东都洛邑，封邦建国，制礼作乐，厘定各项典章制度，还政成王，天下大治。他是后世圣贤的典范。

白居易有诗曰：“周公恐惧流言日，王莽谦恭未篡时。向使当初身便死，一生真伪复谁知。”（《放言五首·其三》）这首诗提到了周公旦在武王生病时，写册文告天，愿以身相代，后藏其册于金縢（用金属固封的柜），内容无人得知。后武王驾崩，成王年幼，周公摄政。其庶兄管叔等人图谋不轨，又忌惮周公，于是散布流言，诬蔑周公意欲篡政。久之，成王起疑。周公为躲避嫌疑，便辞离国都，避居东都，心怀恐惧。一日，天降大雨，雷电击开金縢，成王见了册文，方辨明忠奸，诛斩管叔，杀掉武庚，流放蔡叔，迎周公重归相位。周公为周王朝操劳一生，呕心沥血，忠心耿耿，直至逝世。后世以“金縢之书”来表示忠贞不二。《三国志·魏书·武帝纪》裴松之注引《魏武故事》中记载：“所以勤勤恳恳叙心腹者，见周公有《金縢》之书以自明。”西汉贾谊评价：“周公集大德大功大治于一身。”（《新书·礼容下》）

曹操以周公为楷模，一生颇有建树。在政治上，惩办豪强，稳定政局，唯才是举，尚礼重法；在军事上，精通兵法，爱惜将才，治军严整，统一北方；在经济上，施行屯田，改革户籍，兴修水利，提倡廉洁；在文化上，广收藏书，重视建设。

曹操的处境也与周公十分相似。有人认为曹操势大权重，有篡位野心。孙权曾劝曹操取代汉帝自称大魏皇帝。曹操将孙权来书遍示内外群臣，说：“是儿欲踞吾著炉火上耶！”他对劝他称帝的臣下说：“若天命在吾，吾为周文王矣。”建安二十五年（220年）正月，曹操病逝于洛阳，终年66岁，谥曰武王。

有人认为他“一生无真”，未免武断。曹操虽非经学世家出身，但对儒家道德有很深的认同。他尚仁义礼让，即“治定礼为首”；又重法尚术，即“拨乱刑为先”。其思想是一个矛盾的统一体，但其根基仍属于儒家思想的范畴。也许随着形势的变化，他曾有过取代汉朝的想法，但终其一生，曹操还是实现了对公众和汉天子的承诺，没有代汉建魏，这是明摆着的事实。曹植在《武帝诔》中说：“（曹操）既总庶政，兼览儒林，躬著雅颂。”其实，曹操还写过另一首《短歌行》，借礼赞周文王、齐桓公、晋文公坚守臣节的史实，申明自己只有辅佐汉室之志，绝无代汉自立之心。

再看他的诗作《观沧海》纯粹地写自然景色的壮美，显示出其宽广的胸怀和气度。《苦寒行》描绘军旅征途的艰辛，抒发了深切的伤感之情。《蒿里行》记述军阀混战的悲惨现实，揭示了人民深重的苦难。《关山度》表达勤俭爱民的政治理想，提出“让”与“兼爱”的大同思想。这些诗作充分展现了曹操的人格、学养、抱负和理想。试想，如果曹操真无匡国之情、济世之心，真无真情、真性，他不可能写出这样蕴含个人激情的诗作。

诗品即人品。“大诗人必然善良。假装善良的人，绝对写不出好诗。”（史杰鹏《悠悠我心》）即便历史功过自有评说，但在诗作中，曹操抒发的是自己的真情实感。《短歌行》是一首劝酒歌，它之所以有感人的力量，是因为曹操在此倾注了自己的人生感慨和自身经受的忧愁、痛苦所凝结而成的激情。

第四节卒章显志，表明心迹。以周公自比，表达自己礼待贤才的殷勤和希望天下人心归附的理想。不仅有求贤若渴之心，还有对汉室的忠贞之心，更有匡扶济世的雄心。诗人以非凡的气度，把诗情推向高潮。

全诗气脉相承。开头发出时光短促、人生几何的慨叹。这是时势使然。诗人年事渐高，而大业未成，人才难得，故心中焦灼。正因为如此，他对于已经屈尊任用的贤士，热诚相待；对于还徘徊不定的人才，发出邀请和呼唤，袒露自己求贤若渴的心迹。

整首诗以“忧”为情感线索，喜忧互衬，虚实结合，运用比喻、典故、设问等手法，抒写了诗人的忧和志，“志深笔长，梗概多气”（刘勰《文心雕龙》）。全诗气魄宏伟，感情充沛。真实的人生感喟、真诚的求贤之情、真切的匡世之心都在这首诗中表露无遗。“老骥伏枥，志在千里。烈士暮年，壮心不已。”曹操用真心唱出了一首英雄壮歌。

浙江省天台中学　奚旭慧

从“拙”始，至“拙”终
——《归园田居·其一》品读

在有“世外桃源”之美誉的黟县陶村坐落着被钟嵘称为“古今隐逸诗人之宗”的陶渊明的故居。该故居取名守拙园，出自陶渊明《归园田居·其一》中的诗句：“开荒南野际，守拙归园田。”从中可以看出，“守拙”一词应该是颇能代表陶渊明一生的理想和信仰了。所以我们试图从“拙”入手来解读他的《归园田居·其一》。

一、何谓“拙”

《说文》说：“拙，不巧也。”《广雅》说：“拙，钝也。”“拙”即为笨拙，不灵活。它似乎与世俗价值观相违背，且不受欢迎，但陶渊明却提出要“守拙”，要固守住愚拙。那么何谓“守拙”，就是我们首先要解释的一个问题了。

“守拙”源自老庄哲学中的“抱朴”思想，老子《道德经》第十九章中提到：“见素抱朴，少私寡欲；绝学无忧。”素是没有染色的丝，朴是没有雕琢的木，见素抱朴就是保持原有的自然本色。抱朴即道家思想中追求保守本真，怀抱纯朴，不萦于物欲，不受自然和社会因素干扰的思想。《淮南子》也将“朴”视为“道”的重要特性，称“朴至大者无形状，道至眇者无度量”。在天地初辟、万物未生之时，世界就是“混沌为朴”的。万物生成以后，“朴散而为器”，因此，治政的人应该“澹然无欲而民自朴”，从道的人应该“偃其聪明而抱其太素”“已雕已琢，还反于朴”。

后有《菜根谭》提出：“抱朴守拙，涉世之道。涉世浅，点染亦浅；历事深，机械亦深。故君子与其练达，不若朴鲁；与其曲谨，不若疏狂。”意思是对于一个涉世浅显的人来讲，他沾染不良的习惯较少；一个人的阅历世事一旦加深，那城府也随着加深。所以君子与其处事圆滑，不如保持朴实的个性；与其事事小心谨慎、委曲求全，倒不如豁达一些，这样才不会丧失纯真的本性。同时又提出“文以拙进，道以拙成，一‘拙’字有无限意味。如桃源犬吠，桑树鸡鸣，何等淳庞气象！至于寒潭之月，古木之鸦，工巧中便觉有衰飒情形矣！”这就是说，不论写文章或做学问都要用质拙的方法才有进步，尤其是修养品德必须抱着朴实的态度才有成就，可见“拙”字含有无穷奥义，恰如桃花源中的狗叫、阡陌间的鸡鸣，这该是一种多么淳朴充实的风俗。

清代《曾国藩家书》中说：“唯天下之至诚能胜天下之至伪，唯天下之至拙能胜天下之至巧。”意思是只有这天底下最真实的东西才能够胜过天下间最虚假的东西，天下间看似最笨最拙的东西能够胜过这天下最聪明、最巧妙的东西。这句话告诉我们“真”跟“拙”的两大境界才是人生成功所需要的真正的东西。在为人处世上，曾国藩终生以“拙诚”“坚忍”行事。他在致其弟的信中说：“吾自信亦笃实人，只为阅历世途，饱更事变，略参些机权作用，便把自家学坏了！贤弟此刻在外，亦急需将笃实复还，万不可走入机巧一路，日趋日下也。人生在世不必太聪明，更不可逞聪明，不仅要藏拙，更要养拙。”

古人对于守拙的人生观多有阐发，谦称自己的作品为拙著、拙作、拙笔，称自己的见解为拙见、拙纳，戏称自己的妻子为拙荆。白居易《养拙》诗云：“铁柔不为剑，木曲不为辕。今我亦如此，愚蒙不及门。甘心谢名利，灭迹归丘园。坐卧茅茨中，但对琴与尊。身去缰锁累，耳辞朝市喧。逍遥无所为，时窥五千言。”脱去名缰利锁，归居田园茅茨，看似愚拙无成，却享受到人生的逍遥。所以，“拙”源于“自然”，以“朴”“真”为本，“守拙”就是安守笨拙的天分，不去刻意进取，不学巧伪，不争名利。

那么，《归园田居·其一》里又有怎样的“拙”呢？

二、始于“拙”

《归园田居·其一》一、二句就写道：“少无适俗韵，性本爱丘山。”陶渊明从小在邻近长江、鄱阳湖、庐山的浔阳柴桑的乡村中长大，朝夕与美丽的山水田园景色接触。而且他在20岁以前是家居读书，学习了儒家六经，也学习《老子》《庄子》，据说“自幼修习儒家经典，爱闲静，念善事，抱孤念，爱丘山，有猛志，不同流俗”。他接受了儒家积极用世的思想，颇有“佐君立业”的政治抱负，却也受道家的影响，追求真朴的人生境界和审美理想，留恋山水和田园风景，爱好自然。所谓“适俗韵”无非是逢迎世俗、周旋应酬、钻营取巧的那种情态和本领，这是诗人从来就未曾学会的东西，所以他说自己“少无”。

尤其要注意的是，陶渊明身处中国历史上“最苦痛的时代”（宗白华语）——魏晋，老子之虚静，庄子之旷达能化解时人精神上的苦痛而使之有所寄托。于是以老庄思想为主干的玄学兴起，成为时代之思潮。山水自然成为玄学人生态度得以展现的最佳场所。晋人追求个性解放与精神自由，他们隐居退避，与山水为伴，借大自然的山水来净性情、畅神智、化郁结。诗人受这种风气的影响理所当然，“性本爱丘山”便印证了诗人骨子里自小存有着亲近自然的因素。

他在《与子俨等疏》中就说：“少学琴书，偶爱闲静，开卷有得，便欣然忘食。见树木交荫，时鸟变声，亦复欢然有喜。常言五六月中，北窗下卧，遇凉风暂至，自谓是羲皇上人。意浅识罕，谓斯言可保。”此处的“羲皇上人”是指伏羲氏以前的人，即太古的人。古人想象羲皇之世，其民皆恬静闲适，故隐逸之士自称羲皇上人，比喻无忧无虑、生活闲适的人。从中可见作为一个真诚率直的人，其本性与淳朴的乡村、宁静的自然似乎有一种内在的共通之处。

留恋山水田园，亲近自然，追求真朴就是人类本性之拙；而与世周旋，俯仰官场则是人性之巧。对于陶渊明来说，年少时所习得和熏陶的“拙”就像种子一样深埋在他的血肉和骨子里，并影响着他一生的方向和本质。我们对《归园田居·其一》的学习就由这个“拙”开始。

三、坚守“拙”

“少无适俗韵，性本爱丘山”之后四句写道：“误落尘网中，一去三十年。羁鸟恋旧林，池鱼思故渊。”“尘网”，顾名思义就是犹如罗网的尘世，具体可指仕途。从29岁到41岁是陶渊明的仕宦生涯，总共13年，诗中“一去三十年”是三又十年之意，诗人意感“一去十三年”音调嫌平，故将“十三年”改为倒文，包含无限感慨。

陶渊明29岁时出任江州祭酒才是他仕途的正式开始，据《宋书·百官志》可知，“祭酒”一职“分掌诸曹兵、贼、仓、户、水、铠之属”，职事琐屑得很。加上这时候的江州刺史是王羲之的儿子王凝之，诗人与这个傲慢的王家子弟大概也不投缘，《宋书》里记载他“不堪吏职，少日自解归”。

"少日"就是没多久的意思，他第一次为官就这样结束了。

在家闲居了6年后，陶渊明35岁时（400年）第二次出仕，在当时的枭雄桓玄手下任职，做了一名参军，次年因"丁母忧"而解职归家，守孝3年。

元兴元年（402年）正月，桓玄举兵与朝廷对抗，攻入建康（今南京），夺取东晋军政大权。元兴二年（403年），桓玄在建康篡夺了皇位，改国为楚，把安帝幽禁在浔阳。元兴三年（404年），建军武将军、下邳太守刘裕联合刘毅、何无忌等官吏，自京口（今江苏镇江）起兵讨桓平叛。桓玄兵败西走，把幽禁在浔阳的安帝带到江陵。陶渊明离家投入刘裕幕下任镇军参军，但是入幕不久，看到刘裕为了剪除异己，杀害了讨伐桓玄有功的刁逵全家和无罪的王愉父子，并且凭着私情，把众人认为应该杀的桓玄心腹人物王谧任为录尚书事，领扬州刺史。这些黑暗现象使他感到失望，紧接着就辞职隐居。于义熙元年（405年）转入建威将军、江州刺史刘敬宣部任建威参军。三月，刘敬宣离职，他也随着去职了。同年秋，叔父陶逵介绍他任彭泽县令，到任81天，碰到浔阳郡督邮，属吏说："当束带迎之。"他叹道："我岂能为五斗米折腰向乡里小儿。"遂挂印去职。

陶渊明这13年中共有5次为官的经历，基本是一个时仕时隐的状态。为什么会出现这样的状态？这13年，是陶渊明离开"拙"去接近"巧"的一种努力，是陶渊明为实现少年时代"猛志逸四海，骞翮思远翥"的理想抱负而不断尝试、不断失望、最终绝望的13年。正如朱熹说陶渊明是"欲为而不能"，他有着对黑暗社会的不满和壮志难酬的焦灼与悲愤却又无能为力。儒家思想教导他有所进取，道家哲学教导他有所不为，这13年其实是儒家思想和道家主张在陶渊明身上的胶着，是"巧"与"拙"的拉锯。但他见识了官场的荒唐混浊、豪门大族的不可一世、为官者的谄媚逢迎和权力角逐的刀光剑影后，他明白"击壤自欢"（过独善其身的隐居自得生活）或是"大济苍生"都不失为一种理想，与其使"拙"之心性倍受束缚和煎熬，不如"聊乘化以归尽，乐夫天命复奚疑"。

"误落"是陶渊明对自己仕途生涯的否定。"羁鸟恋旧林，池鱼思故渊"这两句便是在集中描写陶渊明做官时的心情，以"羁鸟""池鱼"之喻来表达对旧林故渊的思恋，对自由的呼唤。就如陶渊明在《感士不遇赋》中高呼："宁固穷以济意，不委曲而累己。既轩冕之非荣，岂缊袍之为耻？诚谬会以取拙，且欣然而归止。拥孤襟以毕岁，谢良价于朝市。"最终，他选择回归园田，以"守拙"之志坚守了自己的本心。

四、归于“拙”

义熙元年（405年）十一月，程氏妹卒于武昌，陶渊明作《归去来兮辞》，解印辞官，正式开始了他的归隐生活，直至生命结束。读《归园田居·其一》后十四句，脱离仕途的那种轻松之感、返回自然的那种欣悦之情，还有清静的田园、淳朴的交往、躬耕的体验跃然纸上。可以说，这是陶渊明对“拙”的拥抱和回归。

1. 景色之“拙”

《归园田居·其一》所写之景有：方宅、草屋，榆柳、桃李，村庄、炊烟，狗吠、鸡鸣。而这些平平常常的景物，恰是“拙”最真实的样子。

方宅、草屋，没有雕梁画栋之堂皇宏丽，只见生活的简朴。它却让我们想起勤劳的先民们在稻谷芬芳的田野上，用树枝稻草搭建起遮风挡雨的屋舍，成为田园的背景，伫立着一种古朴的宁静美，它质朴、清香、悠然、超脱、物我相忘。

榆柳、桃李，为乡村习见之树，只有绿树成荫、桃红李白，没有瑶林琼树，百花争妍。但这却是令人惬意的农家庭院，前有红之极纯、白之至洁、花开灼灼的桃李罗堂，后有刚柔相济、拥有旺盛生命力的榆柳荫蔽，房前屋后皆风景，置身其中，心神清爽。

接下来四句从近景转到远景，勾勒出悠远苍茫的乡野背景。“暧暧远人村”是诗境的横向展开，日落黄昏，远远望去，村落若隐若现，模糊而安详；“依依墟里烟”是诗境的立体突出，村落傍晚的炊烟轻柔袅娜，徐徐飘升，模糊而舒缓。传神地勾画出黄昏乡景，晚霞静静地铺洒在田园大地，村落显得格外宁静祥和，诗人似乎在透过暮霭遥望远村，不觉神往陶醉。

在这冲淡静谧之境中，远处深巷传来“狗吠”之声，近处有桑树巅的“鸡鸣”之声，衬托着日落后村庄的宁谧和谐。鸡与狗是乡村中最常见的家禽家畜，它们的鸣吠声划破人迹烟火的宁静，洋溢着归田之人的生活气息。

以上八句捕捉的是农村司空见惯的事物，却又是那样的充满无限生机，那样的恬静和谐。山水之美，不在乎名山大川，它们构成人与自然和睦相处、相与为一的诗意境界，使人心灵得到解脱，令人胸襟开阔、心旷神怡。大自然的一草一木，让陶渊明舒展了自己的心灵，村落人家让他找到了自己在尘世的归宿和人生的安身立命之所。

2. 生活之“拙”

“开荒南野际”是陶渊明回归园田后首先要面对的，劳动生产将是他主要的生活，它代表着身体上的劳累，甚至是饥饿贫寒。《归园田居·其三》写他去为豆苗除草：“种豆南山下，草盛豆苗稀。晨兴理荒秽，带月荷锄归。道狭草木长，夕露沾我衣。衣沾不足惜，但使愿无违。”这首诗表明，诗人亲自参加劳动，早出晚归，但对于他来说，只要不做违心的事情，即使身体上受些折磨也是值得的。他彻底放下了心灵上的所有负累，心甘情愿，用自己笨拙的双手，毅然扛起了锄头，走向了田间地头。他在《归去来兮辞》的序言中说“饥冻虽切，违己交病”，意思是忍饥受冻虽然是急迫的事情，但违背自己的意志更会使身心受到痛苦。

对自然的崇尚使他甘于忍受物质之贫，对困苦的生活也坦然认可。他把农业劳动视为自然的生活方式，将农村生活、田园风光当作重要的审美对象，歌颂在劳动生活中包含着的美的意趣。正是这种发自内心的“平淡朴素”之“拙”，使其诗歌在平淡的外表下蕴含着炽热的感情和浓郁的生活气息，从内到外都散发着“自然”的味道。

“户庭无尘杂，虚室有余闲”是诗人生活的日常。“尘杂”是指尘俗杂事，就好像为官时自己不愿干的蠢事和无聊的应酬如今可以全部摆脱了，从此可以在虚静的居所里悠闲地生活，按照自己的意愿生活，有时会和几个挚友聚会交游，有时会独自赏菊饮酒，有时则抚弄琴弦、阅览书籍，宁静的生活中隐含着闲情雅致。《和郭主簿·其一》描写了他闲时的生活状况：“息交游闲业，卧起弄书琴。园蔬有余滋，旧谷犹储今。舂秫作美酒，酒熟吾自斟。弱子戏我侧，学语未成音。”饮酒、读书和赏菊成了陶渊明一生的三大爱好。

据说陶渊明一就任彭泽县令，就命人把三百亩田都种上高粱，大家都愣住了，这么好的良田为何不种粮食而种高粱呢？原来，陶渊明想把种出的高粱都酿酒喝。他在《饮酒》诗小序中说：“余闲居寡欢，兼比夜已长。偶有名酒，无夕不饮。顾影独尽，忽焉复醉。”他还创作了20首《饮酒》诗表达与酒的亲密感情。他的酒和田园很近、和自然很近、和人性很近。酒为他避开了尘世的喧嚣，消融了现实的污浊，为他开辟了一方安放精神家园的净土，使他平淡而不完满的生活飘逸着一份诗性。

他的生活中除了酒外，也离不开书：“既耕亦已种，时还读我书。”他读书甚为广博，涉及的经书、子书、史书、小说家言之类的著作，综赅百家，弥纶经史。他在《五柳先生传》中言："好读书，不求甚解；每有会意，便欣然忘食。"其中的"不求甚解"就是不刻意追求书本实用知识和读书技巧，而强调读书带来的那种美妙、舒适、快乐的感觉，注重潜移默化，不强求。这种带有"拙"性的读书法，使读书像行云流水一样轻松自由，不受功利思想羁绊，带来真正的读书的乐趣。

陶渊明爱菊成痴，从采菊、食菊到赏菊、咏菊、颂菊，时常与菊为伴。他在庭院中种植着菊花，"三径就荒，松菊犹存"，他甚至给他的小女儿也取名为爱菊。每有闲暇，他就坐在青松之下，饮酒赏菊；一有苦恼，就入菊圃，在与自然的交流中，忘却人间的焦虑。陶渊明虽不是把菊花写入诗歌的第一人，却用他的风骨为菊花新增了一种清新隐逸之气、高风亮节之德。

陶渊明追求生活之"拙"，向往和平安宁、自耕自食、无竞逐无虚伪、没有相互压迫和残害的社会，渴求心灵宁静安和、物我两忘的状态。无论是农耕生活还是余暇时光，都能清心寡欲，不受外在事物的羁绊和内在欲念的侵蚀，顺其自然本性、返璞归真。

3. 语言之"拙"

陶渊明思想的核心就是崇尚自然。《归去来兮辞》说"质性自然"，《形影神序》说"神辨自然以释之"。"自然"，是指导陶渊明生活和创作的最高准则。所以"简约玄淡、不滞于物"这八个字就可以概括陶渊明诗歌的艺术成就。所谓"简约"，是指其语言精粹的程度；所谓"玄淡"，是指其诗歌的那种玄静冲淡的气象；所谓"不滞于物"，是指不停留于物象的描写，而是透过人人可见之物写出别人难以悟出之理，表达高于世人之情。

在诗歌创作中，陶渊明一改六朝文坛"句法讲求排偶，语词注重雕琢，声韵有了限制，典故随处而出"的雕镂堆砌、繁缛绮丽的文风，继承汉代乐府诗的优良传统，开创了语言清新、讲究节奏的新诗风。

陶渊明诗的美是朴素的美，我们在陶诗中很难找到奇特的意象、夸张的手法和华丽的辞藻。例如，"种豆南山下""今日天气佳""秋菊有佳色""日暮天无云"，全都明白如话，好像白描似的，具有赏心悦目的韵味。

据说莎士比亚写诗、写剧本，所用英语单词不超过3000个。陶渊明的五言诗，几乎找不到生僻字，这就是"大巧若拙"。朱熹说："渊明诗平淡，出于自然。"（《朱子语类》）苏轼说他的诗："质而实绮，癯而实腴。"（《与苏辙书》）元好问说他的诗："一语天然万古新，豪华落尽见真淳。"（《论诗三十首·其四》）

虽说陶诗朴素自然，不假雕琢，但读来又觉平淡而有深趣，自然而有逸气，似拙而有奇巧。这都归功于他在炼字、炼意上下功夫，用辞格的多样化来尽力追求艺术的完美。我们来看一下《归园田居·其一》的修辞特色：①整首诗一共20句，绝大多数都用对偶句："方宅"与"草屋"，"十余亩"与"八九间"，"榆柳"与"桃李"，"无尘杂"与"有余闲"，"久在"与"复得"，"樊笼里"与"返自然"。写得势如江河直下，把诗人摆脱重负之后灵魂深处的喜悦表现得质朴而又亲切动人。②善用叠词，如"暧暧"和"依依"，使村落和炊烟这一乡村最为习见的景色被诗人描绘成一幅远近相间、冷暖相谐、动静交错的优美图景，平凡中显出不平凡。诗人对田园生活的挚爱通过这些景物画面也得到了尽情吐露。又贯通了诗的气势，强化了诗人的感情，又增加了一种回旋和谐的韵味。③化用汉乐府民歌意象，正如苏轼所说"狗吠深巷中，鸡鸣桑树颠"，源于"古鸡狗吠深宫中"。汉乐府民歌的意象多源于自然的原生态形象，色彩单一、造型简单，着重内心世界的真实流露，不假雕琢。这使得陶渊明的诗歌保持自然本色，贴近农村生活。④运用借喻手法，直接借助喻体以说明事理、表达感情。比如"羁鸟恋旧林，池鱼思故渊"，没有本体，淡化了诗人的自我形象，与自然融为一体，实现物我两忘，情感更加真实。

4. 情感之"拙"

追根究底，陶渊明令后世无数学者文人推崇备至的原因在于一个字——真。《晋书》言："陶潜，字元亮，少怀高尚，博学善属文。颖脱不羁，任真自得，为乡邻之所贵。""任真自得"就是听其自然，率真任情，不加修饰，因而悠闲自得。辛弃疾写过一首词来赞美他，说他"千载下，百篇存，更无一字不清真"。（《鹧鸪天·晚岁躬耕不怨贫》）

"真"是未经人为的东西，返璞方能归真，如本原、本性等；"真"是道家探究与追求的自然之道；"真"是诚心实意，淳朴真诚；"真"是朴素的真理和平淡的生活。"真"是本质，"拙"是表象。

陶渊明之真拙在于悠然气清、闲适自得的田园情趣。在陶渊明看来，靠近官场是近于伪，回归园田是归于真，所以他在《归园田居》组诗中所表达的对官场的厌弃和对田园的喜爱是情真意切的。简陋的屋舍、拮据的物质、淳朴的乡村是他安贫守拙的环境，躬耕、饮酒、读书是他养真的具体内容，弃仕归隐不是为了以退为进，不是权宜之计，而是心之所归，情之所向。宋朝诗人陈后山赞美陶渊明，他说"渊明不为诗，写其胸中之妙耳"。（《与游丞相》）他的诗不是假话，不是卖弄清高，全是胸中的自然，可见于我们每个人的生活中。即使处在病态丑恶的时代，仍向我们传递着根植于田园的健康高洁的感情，给予我们无限的力量。

陶渊明之真拙在于“抱朴守静，君子之笃素”（《感士不遇赋》）的人生态度。陶渊明认为人禀受大自然的精气而生，是万物之中最具灵智的生命，应以称心遂意、适己任性、自傲自足为高，无论是隐居自娱或是为官济世，无不任随自然。他追求的是淡泊高远、无身外之求的人生。既然世俗官场犹如“尘网”“樊笼”一样束缚人，使人的天性不得舒展，那么就应离开官场，回到生命的本原之地——自然。苏东坡曾经这样评论自己最崇拜的人：“欲仕则仕，不以求之为嫌；欲隐则隐，不以去之为高；饥则扣门而乞食，饱则鸡黍以迎客。古今贤之，贵其真也。”（《东坡题跋·书李简夫诗集后》）“久在樊笼里，复得返自然”不就是诗人身心得以放松，呼吸得以自由后的呐喊吗?

叶嘉莹评价陶渊明说：“在中国诗人里边，内心之中最有持守的、最能够掌握自己的诗人就是陶渊明。”用“拙”去读《归园田居·其一》，我们终能折服于陶渊明像菊花一样高洁的品格和像丘山一样坚毅的气骨，读出其虽然饱受饥饿与贫穷、孤独与痛苦，却仍躬耕园田、坚守真实自然的本性，读出诗中的这一份“大拙至美”。

参考文献

［1］刘小川.品中国文人1［M］.上海：上海文艺出版社，2008.

［2］蒋勋.蒋勋说文学：从《诗经》到陶渊明［M］.北京：中信出版社，2015.

［3］叶嘉莹.叶嘉莹说陶渊明饮酒及拟古诗［M］.北京：中华书局，2007.

浙江省仙居中学　丁　敏

蹈梦境，烛心灯
——《梦游天姥吟留别》品读

天宝三年（744年），李白在长安受到权贵排挤，被“赐金放还”，离开长安。他的心头有一幅经世致用的宏图，频繁的出游干谒是他期望大展宏图的具体行动。而当他走向朝堂时，唐王朝已经是“珠玉买歌笑，糟糠养贤才”，他并没有逃脱怀才不遇的命运。3年的供奉翰林生涯没能实现他“济苍生”“安黎元”的夙愿，一次又一次的政治失败使他的内心极度痛苦。从“金樽清酒斗十千，玉盘珍羞直万钱。停杯投箸不能食，拔剑四顾心茫然”中可看出，他感到的是从政报国道路的艰难。“欲渡黄河冰塞川，将登太行雪满山”“大道如青天，我独不得出”表现了他在理想与现实矛盾中的苦苦挣扎。《梦游天姥吟留别》作于这次政治失意的第二年，是他在东鲁南游吴越留别友人时写下的。诗人托以梦幻，设以虚境，用梦游天姥山的浪漫、奇特想象抒怀，向东鲁诸公表明心迹，以舒心头之忧愤。

在这首诗中，“梦游”既是诗人叙事写景的线索，也是诗人的情感线索。诗歌以“梦”为线索，按照入梦—梦游—出梦的顺序写景，通过“梦游”把虚幻的意境与现实的实景结合起来，虚幻的梦境暗指理想的人生，而现实的实景则是现实的人生。“我欲因之梦吴越，一夜飞度镜湖月。”从现实穿越到梦境，如此干脆而利索。“忽魂悸以魄动，恍惊起而长嗟。”从梦境转回现实，如此遗憾而叹息，从而抒发了诗人憧憬向往—苦心追求—自由欢乐—幻灭回归的情感变化过程，折射出诗人从梦想到追求到幻灭到回归的心路历程。两句之间，是梦的内容：无论是白天穿着谢公屐登山，夜晚听见熊咆与龙吟，还是在“列缺霹雳，丘峦崩摧”中看见的洞天石扉，梦境或清虚明丽，或幽暗阴郁，或绚丽辉煌，妙不可言。“恍惊起而长嗟”之后是梦的感受：“惟觉时之枕席，失向来之烟霞。”绚丽至极，又笔锋一转，跌到沉重与悲凉的现实之境中，如此一波三折，形成了回环曲折的诗境。

“海客谈瀛洲，烟涛微茫信难求；越人语天姥，云霞明灭或可睹”，这四句是全诗的引言，说明“入梦”的最初动机。“瀛洲”是古代的仙山，李白在好几首诗中都表达了向往瀛洲、蓬莱仙界，希望炼成金丹，吞服之后飘然成仙，跨鹤骑鹿，远离人世，遨游于神仙洞府的情感。但在这首诗中，一开头就否定了瀛洲仙岛的存在。他说：航海客人谈到瀛洲仙岛，都说是在渺茫的烟波之中，实在是难以找得到、虚无缥缈的地方。可是，越人谈起天姥山，尽管它是隐现于云霓明灭之中，却是有可能看见的。“信难求”这个“信”字用得十分坚决，从根本上否定了仙山的存在，转而探访现实中的险峻高山。

那么，为什么是天姥山？这个天姥山究竟美在什么地方，值得向诸公强调一番呢？翻开《全唐诗》，书中收录的2000余位唐代诗人中，有近400位诗人游历过江南吴越一代，并且有近五分之一曾在天姥山吟诗作赋，为什么这座不似泰山巍峨的江南山脉能够让诗仙李白在梦中流连？能让唐朝诗人心驰神往并在诗文中盛赞不已？白居易认为，江南山水以“越”最为优美，而“越”之山水以“剡”最为著名，“剡”之山水则以沃州、天姥为代表。我们且看诗人是如何介绍天姥山的：“天姥连天向天横，势拔五岳掩赤城。天台四万八千丈，对此欲倒东南倾。”天姥山号称奇绝，是越东灵秀之地。但比之其他崇山峻岭，如我国的五大名山——五岳在人们心目中的地位仍是小巫见大巫。可是李白却在诗中夸它“势拔五岳掩赤城。天台四万八千丈，对此欲倒东南倾”。意思是比五岳还更挺拔，有名的天台山则倾斜着如拜倒在天姥的足下一样。这个天姥山被写得耸立天外，直插云霄，巍巍然非同凡比。这是极致的夸张，李白善用这种夸张的方式写山之独雄，如《蜀道难》中“上有六龙回日之高标，下有冲波逆折之回川”。不管是蜀道还是天姥山，显然这是诗人的刻意夸大，天姥山美在极高峻、极雄伟，连五岳也相形见绌，天台山也难以与它双峰对峙。山之独雄，也正为表现诗人内心之独雄傲岸，情志之孤高自豪，也对应了诗人当初诚挚的向往。诗人对天姥山是向往的，仰慕的，而“明灭”“或可睹”则竭力渲染了山的扑朔迷离，若隐若现，暗示了追求或不可得的惆怅。

诗从“我欲因之梦吴越，一夜飞度镜湖月”开始进入梦幻之中：在月夜清光的照射下，他飞渡过明镜一样的镜湖。明月把他的影子映照在镜湖之上，又送他降落在谢灵运当年曾经歇宿过的地方。他穿上谢灵运当年特制的木屐，登上谢灵运当年曾经攀登过的石径——青云梯。为什么是谢灵运？为什么穿谢公屐？在天姥山，谢灵运可以说是这一历史大背景下“唐诗之路”发端的象征性人物。官场失意又怀才不遇的他罢官还乡，自此纵情山水。后来，他慕名来到天姥山，自制了“谢公屐”，即木制的钉鞋，上山取掉前齿，下山取掉后齿，这样上山下山都十分省力。泉水泠泠，鸟鸣呦呦，守拙田园，攀登险峰，就这样，仕途失意的他，在天姥山找到了自己的精神家园，成就了他在中国山水诗歌史上的不朽地位。在梦中，和李白神交的正是谢灵运。选择谢灵运的宿处，谢灵运制的木屐，目的正是与这位山水诗人一道遗忘政治的失意，享受精神的超脱。据记载，李白曾沿着谢灵运的足迹，四进浙江，三至剡溪，四登天台上。他这次梦游天姥山，只见：“半壁见海日，空中闻天鸡。千岩万转路不定，迷花倚石忽已暝。熊咆龙吟殷岩泉，栗深林兮惊层巅。云青青兮欲雨，水澹澹兮生烟。”海日升空，天鸡报晓。幽径盘桓，山花迷人，何等清丽，正待倚石休憩，忽觉暮色四合，旦暮之变何其倏忽，这在清丽之上染上了山水恍惚迷离的朦胧之美。暮色中熊咆龙吟，震响于山谷之间，深林为之战栗，层巅为之惊动。《唐诗选脉会通评林》曰：“梦中危景，梦中奇景”美在凶险，美在惊惧。诗人以他艺术家的魄力把凶险、惊惧转化为另一种美：惊险的美。前面的青云、雾霭、流水营造的清丽之景都笼罩在一片阴郁可怖之中。这奇异的境界，已经使人够惊骇的了，但诗人并未到此止步，在令人惊悚不已的幽深暮色之中，霎时间“丘峦崩摧”，一个神仙世界“訇然中开”“青冥浩荡不见底，日月照耀金银台。霓为衣兮风为马，云之君兮纷纷而来下。”在瑰丽辉煌之境中，“云之君”披彩虹为衣，驱长风为马，虎为之鼓瑟，鸾为之驾车，奔赴仙山的盛会来了。这是多么盛大而热烈的场面。“仙之人兮列如麻”！群仙好像列队迎接诗人的到来。金台、银台与日月交相辉映，景色壮丽，异彩缤纷，何等的惊心炫目，光耀夺人！明代郭濬《增订评注唐诗正声》云：恍恍惚惚，奇奇幻幻，非满肚皮烟霞，决挥洒不出。这一段的想象非常绚丽雄奇，有他长期漫游经历过的万壑千山的印象，也有古代传说、屈原诗歌的启发与影响，这个政治上的失败者在这一幕华贵梦境中放出了潜意识的凯歌。

这个梦境很美好，将现实生活中的委屈一扫而空，诗人完全可以在这种境界里自由歌唱，这也是很多游仙诗最终纾解现实失意的途径。但是，梦，毕竟只是梦而已。“忽魂悸以魄动，恍惊起而长嗟。惟觉时之枕席，失向来之烟霞。”梦做到极绚烂时突然破灭，仙境也在突然之间消散不见，狂想的极致伴随着深深的怅惘。清代沈德潜《唐诗别裁》曰："'飞度镜湖月'以下，皆言梦中所历。一路离奇灭没，恍恍惚惚，是梦境，是仙境（'列缺霹雳'十二句下）。托言梦游，穷形尽相以极'洞天'之奇幻；至醒后，顿失烟霞矣。知世间行乐，亦同一梦，安能于梦中屈身权贵乎？吾当别去，遍游名山，以终天年也。诗境虽奇，脉理极细。"陆精康老师在解读第二部分时，以"梦游仙境"为主要突破口，运用知人论世的研究方法，将诗中"仙境"与李白现实处境对位理解，得出了"梦境，正是宫廷生活的投影"的具有创见性的解读。在他看来，从"千岩万转路不定，迷花倚石忽已暝"到"熊咆龙吟殷岩泉，栗深林兮惊层巅"，其中蕴含的正是李白对宫廷地位的困惑，是词客与辅弼直臣的角色困扰，亦是宫廷景观的曲笔呈现。从"霓为衣兮风为马，云之君兮纷纷而来下"到"虎鼓瑟兮鸾回车，仙之人兮列如麻"，这里是堂皇又深不见底的"神仙世界"，却也是轻歌曼舞遮蔽下深不可测的禁苑朝堂，其间众班仙人不过是长袖善舞的长安权贵的化身。进而也就有了李白遭谗放归后的"忽魂悸以魄动，恍惊起而长嗟"。

由此全诗进入第三部分。诗人梦醒之余吟叹道："世间行乐亦如此，古来万事东流水。别君去兮何时还？且放白鹿青崖间，须行即骑访名山。安能摧眉折腰事权贵，使我不得开心颜？"这是全诗的主旨所在。

"且放白鹿青崖间，须行即骑访名山"是一个复杂而特殊的抒情，它前承"梦游仙境"的切口句，后续诗作澎湃决绝的抒情句。白鹿作为中国传统文化的因子，常用来象征诗人的隐逸超脱之情。鹿的与世无争，是士人高雅、俊达的超然境界的传达。比较有名的是李渤的故事，他隐居庐山，好养白鹿，修建亭台楼阁，疏引山泉，种植花木，使其成为一处游览胜地。由于这里山峰回合，形如一洞，故取名为白鹿洞。李渤自称"白鹿先生"。据记载，"渤孤贞，力行操尚，不苟合"，其高贵的德行与白鹿的祥瑞之兆相得益彰，后人都喜爱这一佳处，李渤的读书之地逐渐演变为后来著名的白鹿洞书院。白鹿被称为仙兽，大概是因为鹿的性格特征和士人所追求的隐士精神相契合。鹿幽居山林，逐食良草，安于自然，具有恬淡无为的道家气息。所以，有一成语"鹿衣牧世"，常常被用来比喻有才能的隐士，虽隐于山林，但其高尚的情操仍能影响天下。暂且把白鹿放在青翠的山崖间，也是李白对自己寄身绿水青山的暂时安置。面对"赐金放还"、仕途黄粱梦醒，这是失意士人最为直接的本能式的情感反应。"天下有道则见，无道则隐""达则兼济天下，穷则独善其身"这样的解决方案，是李白能在诗中孤傲、决绝地喊出“安能摧眉折腰事权贵，使我不得开心颜”的文化支撑。他做到了“无道则隐”，也做到了“且放白鹿青崖间”。离开长安后，他一路纵情山水，蓬莱山、石门山、鹊山湖……仙山、名山一一收入眼帘与诗作。

“安能摧眉折腰事权贵，使我不得开心颜”是诗人不屈服于随波逐流，而从心底发出的响亮的声音，充盈着火山喷发般的激愤之情，也是全篇感情的凝聚点，在诗的结构上“卒章显志”，所显的是诗人嶙峋直立的傲骨，不取悦于世，也不苟合于世的满腔怨愤。李白从现实去入梦、去梦游，大梦一醒，又回到惨淡的现实中，梦中他把理想中的世界描绘得光怪陆离、神秘莫测，描绘出自己理想中的美景胜色。丰富的想象和大胆的夸张，创造了新奇的艺术境界，寄托了诗人奔放的热情和对自由、光明极致的追求。诗人在政治上一次又一次失意，内心的痛苦无法排遣，正如屈原遭贬谪后设想自己上天入地，上叩帝阍、下求佚女的心境，他写梦境的优美，神仙世界的美丽，正是反衬现实世界的丑恶；写对仙境的幻想与追求，正是表达自己对于现实环境的失望以及对社会体制和人情世态等一切不如意的激愤和批判。

在诗歌中，我们可以看出，诗人着意描写的不是仙界胜境本身，而是那种清高洒脱、超逸不凡的自我形象。诗人想要寻访海上仙山，但“烟涛微茫信难求”，于是转而寻访天姥山，因为它“向天横”“拔五岳”“掩赤城”“倾天台”，是那么的傲岸不群。诗人在现实生活中求而不得，转而“梦游”，兴未尽而忽“惊起”，梦游也不得。但诗人仍要追求，要“骑白鹿，访名山”，继续他对“安能摧眉折腰事权贵”的傲岸精神的追求。在《梦游天姥吟留别》中，诗人的主观意识表现得非常强烈，主体形象也十分活跃，山中一切审美表象都只是以诗人的自我为中心，在他的意识世界里浮动。李白在诗中主要通过一个“我”的形象的塑造，将他“与天地精神往来”的精神境界展开来给人看。

这种自我意识和自我追求在李白的诗歌中处处可见，其诗歌也经常出现“我”字。例如，“我寄愁心与明月，随风直到夜郎西。”（《闻王昌龄左迁龙标遥有此寄》）“我思仙人，乃在碧海之东隅。”（《有所思》）“桃李如旧识，倾花向我开。”（《对酒二首·其二》）“春风复无情，吹我梦魂散。”（《大堤曲》）“我欲弯弓向天射，惜其中道失归路。”（《独漉篇》）“我见楼船壮心目，颇似龙骧下三蜀。”（《司马将军歌》）“感物动我心，缅然含归情。”（《古风·其二十二》）“天生我材必有用，千金散尽还复来。”（《将进酒》）“我有吴越曲，无人知此音。”（《赠薛校书》）“我去黄牛峡，遥愁白帝猿。”（《留别龚处士》）……诗人的自我形象在诗歌中得到了充分的肯定和张扬。

在《梦游天姥吟留别》中，“我”也毫不隐匿，“我欲因之梦吴越，一夜飞度镜湖月。湖月照我影，送我至剡溪”“且放白鹿青崖间，须行即骑访名山”“安能摧眉折腰事权贵，使我不得开心颜”。“我”没有像王维诗歌一般在景物描述中隐退，也没有如杜甫诗歌一般寓自我于景物。相反，诗中的“我”有哭有笑、有愁有喜、有隐有显，总是高蹈于诗中。这种第一人称的视角、由内视角切入的方法，可以更加直观地描述事实、抒发情感，为受众提供直接的参照，大大增强了作品及所述内容的真实性，给读者带来更自然的审美感受。概而言之，李白诗歌大量使用第一人称词语，鲜明地表现出其纯真、豪迈的品格特征。在《梦游天姥吟留别》中，那些纷繁复杂的意象，清虚明丽、幽暗阴郁的意境，沉重与悲凉的现实之境都为“我”服务，以凸显“我”的形象——一个豪迈自信、不凝滞于物、有着超然独立意志的人格形象。

王国维先生在其《人间词话》中有言：“客观之诗人不可不多阅世，阅世愈深则材料愈丰富愈变化……主观之诗人不必多阅世，阅世愈浅则性情愈真。”王先生将作品构筑的境界分为“无我之境”和“有我之境”，他认为主观诗人以抒发主观感受、表达人生理想、展示纯真性灵为主。李白便是公认的“主观之诗人”，他的诗歌作品都带有浓重的个人色彩，而第一人称“我”在诗句中的大量加入，更是进一步增强了作品的感染力。每当读到“承恩初入银台门，著书独在金銮殿。龙钩雕镜白玉鞍，象床绮席黄金盘。当时笑我微贱者，却来请谒为交欢。一朝谢病游江海，畴昔相知几人在。前门长揖后门关，今日结交明日改”的时候，怎能不为当时政治的黑暗与世态炎凉而浩叹。每当读到“大道如青天，我独不得出”“叹我万里游，飘飘三十春。空谈帝王略，紫绶不挂身”的时候，怎能不为其生存困境而伤感。每当读到“花间一壶酒，独酌无相亲。举杯邀明月，对影成三人。月既不解饮，影徒随我身。暂伴月将影，行乐须及春。我歌月徘徊，我舞影零乱。醒时同交欢，醉后各分散。永结无情游，相期邈云汉”的时候，读到“孤云还空山，众鸟各已归。彼物皆有托，吾生独无依”的时候，怎能不对其孤独寂寞深表同情。每当读到“秦帝如我求，苍苍但烟雾”的时候，怎能不震撼于他睥睨一切世俗的傲拔之气。每当读到“仰天大笑出门去，我辈岂是蓬蒿人”“安能摧眉折腰事权贵，使我不得开心颜”的时候，怎能不增人勇力，振奋人心！创作优秀诗歌作品感染读者的诗人，历代不乏其例。但是，能够如同李白一样全方位、高强度、最直白地利用诗歌展现个人感受、理想、品性者，迄今未见。李白诗歌的冲击力、穿透力与感染力是无与伦比的。这其中，李白尽可能多地加入"我"的成分，发挥了重要作用、取得了良好的效果。

除此之外，本诗还有以下艺术特点：

夸张大胆，多种修辞格并用。所谓夸张，就是运用丰富的想象，夸大事物的某一特征，把话说得张皇铺饰，以增强表达效果。写天姥的高大，连用"连""横""拔""掩"四个动词，渲染天姥与碧天相接，其高耸挺拔的气势越过五岳、遮掩赤城，绝非他山可比拟。接着以"倒""倾"两个动词，使得天台自惭形秽，不得不乖乖地向着东南倾斜，甘愿拜倒在天姥的足下，以此衬托天姥威武雄奇的形象。另外，大胆吸取了神话故事中的精华，运用比喻、对比、衬托、夸张等方法描绘的仙境，活灵活现，引人入胜，耐人追思。

虚实映衬，共铸华章。李白挥洒着他那生花的妙笔，描绘了一个辉煌壮丽、缤丽多彩的梦境，写出了自己只有在梦境中才能感受到的那种精神的自由、灵魂的无拘无束、心情的祥和与宁静，并以此来表达自己对现实社会的不满和对权贵的憎厌，这种借助梦境来展现现实人生的手法，正是虚实相衬的体现。诗人以现实社会为依托，虚构了一个个美好的仙境，又以仙境映衬出现实社会的黑暗与作者抑郁的心情，以实衬虚，以虚映实，虚实相映，手法同中有异。诗人的笔墨在仙境与现实中穿梭，诗人的思想、情绪也在幻境与现实的辉映中凸显。

李白的梦境是对命运抗争的表现，是以独立的个体诗化生存的方式，他以梦的方式完成内在渴求的达成，通过入梦—梦游—出梦，完成自我精神家园的回归，天姥山梦游是李白消解焦虑的有效途径，缓解理想与现实的矛盾冲突，为疲惫的诗人修葺了一个理想的精神家园，点亮了一盏不灭的心灯。

参考文献

［1］张瑞君.李白集［M］.太原：三晋出版社，2008.

［2］周勋初.李白评传［M］.南京：南京大学出版社，2005.

[3] 萧涤非.唐诗鉴赏辞典 [M].上海：上海辞书出版社，1999.
[4] 孙绍振.在游仙中的人格创造——《梦游天姥吟留别》解读 [J].语文建设，2010（4）.

浙江省路桥中学　蒋　丽

最沉郁的登高，最壮阔的悲秋
——《登高》品读

中国古代文人有一种登高情结，这种情结影响着文人的文学创作和审美心境。登高作为一种文人独特的文化活动，具有深厚的文化渊源。“山水诗人”谢灵运为登高发明了特制的“谢公屐”；王维登高思乡怀亲而发出“遥知兄弟登高处，遍插茱萸少一人”的感慨；陈子昂登高伤己，才有“念天地之悠悠，独怆然而涕下”的诗语；范仲淹登临岳阳楼，则抒写了兼济天下的抱负。

杜甫一生“读万卷书，行万里路”，也最喜好登高，同样有浓厚的登高情结。他24岁时进士不第，游齐赵，登泰山，写下《望岳》诗，展现了“会当凌绝顶，一览众山小”的阔大胸怀。以后每到一地，他总要登临当地的名山大川。每次登高，他都能获得诗兴和灵感，并由此写下了数以百计的登览诗。其祖杜审言也喜写登览诗，一首《登襄阳城》写景闳逸浑雄，抒情联寓感慨，称为杜子美的祖诗；杜甫崇敬陈子昂，《登幽州台歌》《白帝怀古》《岘山怀古》实际上是杜甫大量览古幽思诗作的先声；李白对杜甫的影响更直接，他们是忘年交，都是爱国忧民的诗人。“何时一樽酒，重与细论文”（《春日忆李白》），李白的《蜀道难》《西上莲花山》《登金陵凤凰台》等诗，给杜甫登览诗感叹生民、寄寓乱离之悲与忧国之思以启迪和影响，是不容置疑的。蒋先伟教授在《试论杜甫登览诗》中这样说道：“他40岁写的《同诸公登慈恩寺塔》是第一首充满忧国之思的力作。自此以后，其以忧患意识为核心的登览之作开始大量涌现，登高必赋，临水必歌，其登览诗很少有为写景而写景的纯景之作，它们大多结合着诗人的遭遇和感慨，国家的动乱和不幸。”

杜甫老来客居夔州西草堂，抬头可仰赤甲、白盐两座大山的巍峨雄姿，正是这两座山相对峙立，形成了巍巍夔门。“赤甲白盐俱刺天，闾阎缭绕掠山巅。”（杜甫《夔州歌十绝句·之四》）“奔峭背赤甲，断崖当白盐。”（杜甫《入宅三首·其一》）“徐步携斑竹，看山仰白头。”（《晓望白帝城盐山》）我们不能肯定杜甫是否登上过这两座海拔近千米的山巅，但杜甫登览这两座山的诗作的确是不少。杜甫最喜欢登的是白帝城，每次登上白帝城，他都遐思飞扬：“城尖径仄旌旆愁，独立缥缈之飞楼。”（《白帝城最高楼》），“江城含变态，一上一日新。”（《上白帝城二首》）“公孙初恃险，跃马意何长。”（《上白帝城》）“杖藜叹世者谁子？泣血迸空回白头”（《白帝城最高楼》）……杜甫在夔州还有许多登览诗，但是他所有的登览诗中最著名、最优秀的当推《登高》，其被誉为“古今七言律第一”的旷世之作。这首诗里，登高望远的情结收得最拢，又放得最开，是他登览诗创作的巅峰。这首诗既是雄奇奔放的山水诗，又是借景寓情、忧国忧民的政治诗。《登高》总体上给人一种萧瑟荒凉之感，情景交融之中，融情于景，将个人身世之悲、抑郁不得志之苦融于悲凉的秋景之中，极尽沉郁顿挫之能事，使人读来感伤之情喷涌而出，如火山爆发般一发不可收。

一、意象宏阔，时空交融

“登高极目知天地之大，置已苍茫知寸身之微。”诗人将宏阔意象聚焦起来，时空交融，反衬沧桑。首联的意象就在这样的时空背景下展开，增强了空间的壮阔感。“天高”之下，人渺小更显空间高远深邃；“猿啸哀”的凄厉之声将空间无限拉长，笼罩在世间上空；“渚清”“沙白”塑造了一片清冷寂寞的江上沙洲；“鸟飞回”游弋于胸腔之外，飞翔在广阔的空间，勾起人们的无限思绪。诗人不是在写诗，而是在绘景啊！这样开门见山的描绘，渲染的是悲凉的气氛。这又是一幅动静结合、寓静于动构造出的以冷色调着墨的绝妙的水墨画。“风急天高猿啸哀”，一个“急”字，一个“哀”字非常有代入感，使人立马进入作者所营造的令人忧伤的情境里不可自拔。接着，苦闷情绪溢满于胸，无处排遣，诗人将其浓缩，寄托于鸟的处境下：渚清沙白鸟飞回。它构造的是一幅冷淡惨白的画面，“渚”是“清”的，“沙”是“白”的，“鸟”是“飞回”的，在一片萧瑟肃杀的荒无人烟的“渚沙”之中飞舞盘旋，可见其孤独，不禁令人想起“绕树三匝，何枝可依”的凄凉感，悲哀之情油然而生。而从整幅画的构造视角来说，这是一幅描画天地之一处的视野较窄的微观水墨画。

颔联“无边落木萧萧下”给人以空阔、疏朗、厚重之感，无边无际，有声有形，还有飘荡的质感和速度；“不尽长江滚滚来”带出空间上的波澜壮阔，时间上的奔腾不息。这两句时空交错，互为映衬，让我们在不可遏止的时间和不可触摸的空间交织中感受到生命的凋零与逝去，感受到生命的短暂和无力。随着镜头慢慢推进，由远及近，画面逐渐收缩，凝聚的焦点逐渐变得十分引人注目。诗人仰望漫无边际、萧萧而下的树叶，俯视奔流不息、滚滚而来的江水，在写景的同时，便深沉地抒发了自己的情怀。“无边”“不尽”，使“萧萧”“滚滚”更加形象化，不仅使人联想到落叶窸窣之声、长江汹涌之状，也无形中传达出韶光易逝、壮志难酬的感怆。透过沉郁悲凉的对句，显示出神入化的笔力，确有“建瓴走坂”“百川东注”的磅礴气势，可见前人把它誉为“古今独步”的“句中化境”是有道理的。意向呈现的是夔州秋天的典型特征，可谁又能说这一切不是诗人内心的物化呢?

颈联如是说：万里悲秋常作客，百年多病独登台。“悲秋”已让人黯然神伤，“万里悲秋”更是让人凄怆不已。一个“常”字更是道出“万里悲秋”时常与我相伴，悲哀之感强烈浓重，令人心神寂寥，无可排遣。将整个秋天的悲凉完全投注到诗人一个人的身上，他穷困潦倒，两鬓斑斑，体弱多病，立于广袤的天地之间，站在飒飒的秋风之中，天地的宏阔和多病的身体融为一体。从视角上，颈联和尾联回归微观，回到诗人个人身上。若从字面义来理解，“万里悲秋”时常来做客，诗人不应是孤独的，而是有人陪伴的，所以与下一句“独登台”产生矛盾。实则不然，且看诗人用字便知。从一般用法来说，“作”连接抽象的事物，如作难、作废、作别，而“做”连接的都是能在实际生活中感知到的具体事物，如做作业、做工、做衣服。“客”本是实际能感知到的具体事物，一般指“人”，诗人在这里用了“作”，不用“做”，细细想来，是诗人用词巧妙之处。“万里悲秋”是抽象的事物，寄托诗人感伤情绪之景物是会令人心生孤独悲伤之感的景色，不是实际生活中具体的事物，故不用“做”，而用“作”。达到的效果是加深悲秋之感，使其更强烈浓重，只有“万里悲秋”与我相伴，我只能“独登台”，独在异乡的孤独惆怅感与深秋景色之荒凉凄冷水乳交融，达到出神入化的境界，寄托诗人悲秋伤己的伤感情怀。诗人由秋及人，有感而发，写自己年老多病，拖着残躯独自登上高台，那种异乡怀人的情感喷薄而出，心中苦闷跃然纸上。再者，“常作客”表现时间上的反复和长久，“独登台”则表现个人生存空间的狭小和孤独，“万里”指空间，“百年”指时间，在

"万里"与"百年"的辽阔时空背景之下，常作客而独登台的诗人是多么孤单寂寞，诚如"万古云霄一羽毛"（《咏怀古迹五首·其五》）和"飘飘何所似？天地一沙鸥"（《旅夜书怀》）！"视通万里、思接千载"的时空交融写法，流露出郁积心底日久、万里漂泊多病的孤零悲苦之情的真实底蕴，那种压抑逼仄的窒息一步步逼近诗人，达到了极致，更能反衬出诗人越悲苦越壮阔的情怀，使诗作具有了宏大厚重的悲剧美。

尾联"艰难苦恨繁霜鬓，潦倒新停浊酒杯"，连用"艰""难""苦""恨"，将其组合在一起，极尽笔墨突出诗人内心的痛苦和郁闷程度之深，愁肠百结，愁绪万千，以至于白了头发，伤了身体，失了流年，壮志未酬身先老，悲秋之情、愁苦之绪绵延不绝，令人哀悸。

二、意境高深，情感厚重

诗人的悲苦与常人不同，常人更多的是慨叹自身的艰难，如寄寓相思的"离恨苦，独上高楼，欲寄彩笺尺素"，抒发壮士"前不见古人，后不见来者"的怀才不遇，愁苦悲怨、沉郁感伤是登高诗歌一个共同的特征。而杜甫登高诗歌的悲苦在大时代的背景下，是具有深刻的典型性的。杜甫的"艰难苦恨"何尝不是饱受社会动荡的百姓们的缩影呢？因而，他的悲苦意境高深、情感厚重，写尽人生悲苦，铺洒出时代的苍凉。人言：工部《登高》一诗，便担尽千古秋悲，别家作诗言秋悲者，蜻蜓点水耳。

"无边落木萧萧下，不尽长江滚滚来"中，"无边"极言落叶之广，漫山遍野，穷极视野；"萧萧"极言落叶飘零飒飒的情状，使秋之景象更加广阔深远，恢宏磅礴；"落木"往往象征着一年自然生机的消亡、沉寂，也象征着时光、年华、生命等的消逝，容易让人产生韶华易逝、生命短暂的感慨。"不尽"者，亘古如斯，奔腾不息，"滚滚"者，状江水汹涌澎湃、奔腾翻涌之貌。"长江"往往代表江山、宇宙等永恒的事物，人类在它面前是短暂的、渺小的，简直微不足道，只留下无数浩叹。譬如杜甫之前有，"子在川上曰：'逝者如斯夫。'"陈子昂《登幽州台歌》："念天地之悠悠，独怆然而涕下。"杜甫之后有苏轼《赤壁赋》："哀吾生之须臾，羡长江之无穷。"此等诗作无不如是。这是诗歌的况味，这是人性之共性。

落叶萧萧，是生命之飘零；长江滚滚，是流年之易逝。二者共同道出了"人生苦短"的哲学命题。只有建功立业，实现人生价值，才能超越时间的限制，让有限的生命铸就永恒的丰碑。千百年来，无数英雄人物难道不是为这一点而纵横捭阖、上下求索吗？辛弃疾《破阵子》中一句词概括得最为精练："了却君王天下事，赢得生前身后名。"诗人的一生不也是这样孜孜不倦地追求"致君尧舜上，再使风俗淳"吗？可此时诗人已56岁高龄，步入迟暮之年，却还是辗转流寓，功业未成，报国无门，怎不抑郁难耐！看似写景，实则情深意邃。

颈联、尾联诗人扣住细节描写，进一步深化穷愁潦倒的境地和"悲秋"的情绪，是对诗人一生颠沛流离生活的高度概括，有顿挫之神韵。秋，岁之迟暮也；年近花甲，生命之迟暮也。辗转江湖，身不由己，凶多吉少，有家难归，此为"万里"之悲；长年累月，马不停蹄，聚会离合，欢少苦多，此为"常客"之悲；人生苦短，多灾多难，年迈体弱，疾病缠身，此为"多病"之悲；登高远眺，临风怀想，天地一儒，形影相吊，此为"孤独"之悲；落魄潦倒，艰难苦恨，愁生白发，岁月不多，此为"霜鬓"之悲；时局动荡，生灵涂炭，忧国伤时，一筹莫展，此为"家国"之悲；异乡漂泊，多病残生，因病断酒，添愁惹恨，此为"断饮"之悲。宋代学者罗大经《鹤林玉露》析此联云："万里，地之远也；悲秋，时之惨凄也；作客，羁旅也；常作客，久旅也；百年，暮齿也；多病，衰疾也；台，高迥处也；独登台，无亲朋也；十四字之间含有八意，而对偶又极精。""八意"，即八可悲：他乡作客，一可悲；常作客，二可悲；万里作客，三可悲；又当萧瑟的秋天，四可悲；年已暮齿，一事无成，五可悲；亲朋亡散，六可悲；孤零零独自登高，七可悲；身患疾病，八可悲。这么多种悲切怎不令人痛彻心扉？特别是"苦恨"二字。一开始，或许我们会把"艰难苦恨"四字连读，解释为诗人因作客、多病而艰难度日、困苦不堪，视"艰难"与"苦恨"为同义或近义，"苦"字解作困苦、痛苦，"恨"字则没有着落。当我们发现这首诗的四联均是工整对偶时，就会猛然醒悟：既然下句中"潦倒新停"不能连读，那么上句中"艰难苦恨"也不能连读，两句应读为"艰难\苦恨繁霜鬓，潦倒\新停浊酒杯"。"苦恨"与"新停"对应，"苦"应作"极""甚"解，"恨"是"遗憾""遗恨"之意。可以说，"艰难"指向世事，"苦恨"指向内心，两者是因果关系。这两句的意思是：世事艰辛，国难深重，正该匹夫有责、奋身报国之时，而自己却年老（满脸"霜鬓"）、病沉（连酒也不能喝了），岂不令人痛心疾首、极憾甚恨吗？

原来杜甫"苦恨"的是自己不能再为国为民尽力！有参证。就在写这首《登高》诗的前后，诗人几乎未曾停歇过这种"苦恨"："匡衡抗疏功名薄，刘向传经心事违”（《秋兴八首·其三》），说自己虽志向高远，却终生无成；“江汉思归客，乾坤一腐儒”（《江汉》），说自己虽心事浩茫，却渺小迂阔；“古来存老马，不必取长途”（《江汉》），说自己虽是一匹忠耿的老马，却衰朽无用。这才是杜甫晚年的心境。

在这首诗中，我们可以感受到其整体氛围，景物描写、人事叙述中无处不荡漾着灾难时代的痛楚声音。在季节之秋和个人之秋中，还渗透着一个国家之秋。这个“秋”塞满诗人的心胸，而与季节之秋、个人之秋共振共鸣。只有这个“秋”才是诗人所“悲”之“秋”的灵魂，才是《登高》“超以象外”的真正诗意。现代学者金性尧以为此诗“是杜诗中最能表现大气盘旋、悲凉沉郁之作”。我很认同这一说法。

杜甫的人生太悲苦、太曲折了。但是，人生的哀伤感，生命的苦难感，世界的悲剧感，是每个人都一定体验过的，哪怕一生锦衣玉食，花团锦簇。差别在于能否用语言将这种悲苦之感传达出来并引起人们的共鸣。苦难折磨了杜甫一生，但这颗坚忍的灵魂，始终在苦难中寻求光明与超越。灰暗阴郁的晚年生活，让杜甫对生命有了更为本质的把握。诗人在这里很好地将个人命运与忧国忧民的情怀融合在了一起，他心灵所负荷的，不仅是一个个体命运的生死，而且是一种天下社会的兴亡。“乾坤含疮痍，忧虞何时比？”“穷年忧黎元，叹息肠内热”，是诗人关怀、同情人民的博大胸怀的真实写照，正体现诗人始终如一的忧国情思。他以深情掘发人性的深度，以如此深沉的情绪起伏建构他的情感节奏，有哀婉，有孤独，有忧愤，有无奈，有愁苦，有沉痛，有沉郁，更有高昂，难怪诗话的作者们反复称道他的感情“沉郁顿挫”（这是他在给皇帝的一篇赋中说的）。在《登楼》中：“花近高楼伤客心，万方多难此登临。锦江春色来天地，玉垒浮云变古今。”他个人的“伤客心”总和“万方多难”的战乱结合在一起；临终时还念念不忘“战血流依旧，军声动至今”，这些都使得他的悲痛有了社会的广度。

梁启超曾在《情圣杜甫》一文里这样写道：“我以为工部最少可以当得起情圣的徽号，因为他的情感的内容，是极丰富的，极真实的，极深刻的。他的表情方法又极熟练，能鞭辟到深处，能将他全部完全反映不走样子，能像电气一般一振一荡地打到别人的心弦上。中国文学界写情圣手，没有人比得上，所以我叫他做情圣。”从这样的角度来看杜甫，其实也没什么错，他是多情，有“剑外忽传收蓟北，初闻涕泪满衣裳”中突闻国家收复的万分欣喜之情，有“何时倚虚幌（huǎng），双照泪痕干”中遥念妻儿的真切悲伤之情，亦有“闻道河阳近乘胜，司徒急为破幽燕”的满腔忧国之情，还有“星垂平野阔，月涌大江流。飘飘何所似，天地一沙鸥”的孤独寂寞情怀……哀婉、孤独、忧愤、无奈、愁苦、沉痛、沉郁、高昂。但他的多情却是极宽广、极深厚的那种，是“人民爱物”的人道精神，所以，他的诗篇能写得好，能这样振荡人心不无道理。“杜甫草堂”有联云：“千古此诗王，流寓遍襄阳烟水，蜀道云山，故国有思，常感秋风怀杜曲；五陵孰年少，知交只陇右词臣，咸阳节度，京华在望，每因泪雨忆长安。”可以想见杜甫是百姓心中的“千古诗王”。担普世道义，著大我诗文。杜甫诗歌的境界高、大、深，俱不可及。

三、意音相和，抑扬起伏

悲苦让人断肠，沉郁让人扼腕。古往今来的登临中，《登高》最能穿人骨髓，断人心肠。不仅担尽千古秋悲，且在悲秋时诗音相和，节奏起伏，使杜甫的诗超越了自己的生存空间，成为“诗史”；使杜甫超越了个体的卑贱，从一位“诗人”成为一代“诗圣”。

粗略一看，首尾似“未尝有对”，胸腹像“无意于对”。仔细玩味，实八句皆对：“一篇之中，句句皆律；一句之中，字字皆律。”全篇“用句用字”“皆古今人必不敢道，决不能道者”。明代胡应麟说，全诗“五十六字，亲如海底珊瑚，瘦劲难名，沉深莫测，而精光万丈，力量万钧。通章章法、句法、字法，前无昔人，后无来学，微有说者，是杜诗，非唐诗耳。然此诗自当为古今七言律第一，不必为唐人七言律第一也”。它能博得“旷代之作”的盛誉，实理所当然。

此外，这首诗声律对仗精细微妙，许印芳在《律髓辑要》中这样评价：“七言律八句皆对，首句仍复用韵，初唐人以创此格，至老杜始为精密耳。”“百年”与“万里”在“百（仄声）”和“多（平声）”字上生变起对，联袂骈和，俪影双出，又与“无边”“不尽”遥相唱和。诗人深沉凝重的困苦惆怅心境，因音律的和谐对仗调配而达到了至高的艺术境界。当然，我们还可以从其他角度去鉴赏《登高》，如修辞学、色彩学、心理学等，这有待于我们去拓展研究。首联不仅一开篇就出之以对起，而且首句就押韵，“哀”字不但从音调上也从意义上贯穿了全篇。值得注意的是，这一联除上下两句相对外，还分别运用了句中对。宋人洪迈《容斋续笔》说：“唐人诗文，或于一句中自成对偶，谓之当句对。”当句对又称句中对，这种对句虽然在杜甫的诗作中多次运用，如“桃花细逐杨花落，黄鸟时兼白鸟飞”（《曲江对酒》），“小院回廊春寂寂，浴凫飞鹭晚悠悠”（《涪城县香积寺官阁》），“即从巴峡穿巫峡，便下襄阳向洛阳”（《闻官军收河南河北》），“戎马不如归马逸，千家今有百家存”（《白帝》），等等，但它的名称却还是来自李商隐。在“池光不定花光乱，日气初涵露气干”一联之下，李商隐曾自注“当句有对”。而这首七律的题目他也名之为“当句有对”。因之，钱锺书曾指出：“此体创于少陵，而名定于义山。”（《谈艺录》）在《登高》的首联中，“风急天高”与“渚清沙白”分别句中有对而又上下句互相对映，加之第一句着重写听觉形象，第二句着重写视觉形象，如此动静相参，更显变化多彩。

颔联是工对。过去有人认为七言律诗每句都可以删去两个字，试想，这一联开始就是“无”与“不”的否定词的工对，如果删去“无边”和“不尽”，成为“落木萧萧下，长江滚滚来”，那还能有原来阔大的境界和悠远的韵致吗？施补华《岘佣说诗》说：“三、四无边落木二句，有疏宕之气。”这种“疏宕”亦即变化回旋之趣，除得力于“无边”与“不尽”之外，还得力于诗中叠字对的“萧萧”与“滚滚”，如果删去叠字，成为“无边落木下，不尽长江来”，不也会韵味顿失吗？此外，这一联还注意了刚柔的对比和补充。“无边”句造境深远肃杀，具阴柔之美，“不尽”句造境雄浑壮阔，呈阳刚之美，刚柔联璧，以刚补柔，以柔补刚，使对句在相反相成中更显得错落有致而法度森严。

颈联名气更响，主要特色是多用实词成句，密度很高，容量很大。宋人罗大经《鹤林玉露》认为这十四字之中包含八层意思：“万里，地辽远也；悲秋，时惨凄也；作客，羁旅也；常作客，久旅也；百年，暮齿也；多病，衰疾也；台，高迥处也；独登台，无亲朋也。”他所说的就是我们今日所云之“密度”，也就是指在有限的文字和篇幅中包孕尽可能稠密的内涵，表现尽可能丰富的生活与思想感情的美学内容，引发读者尽可能丰富多样的美感。英国著名诗人雪莱曾说：“紧凝是每种艺术的极致。能紧凝，则一切杂沓可厌之物，皆烟消云散，而与美和真接壤。”（转引自黄维梁著《壮丽：余光中论》）杜甫的诗不正是如此？

尾联是起句与落句一气而下，有如水流不断的流水对。流水对又称“走马对”，寓俪于散，寓散于俪，活泼流走。同时，在这一联对句中运用了人（繁霜鬓）、物（浊酒杯）对照的结构方式，增加了诗句变化的多样性。

不独如此，结句的小小的“浊酒杯”又与开篇阔大的“风急天高”相呼应，大小相形，前呼后应，真可谓句变而格奇，同时又更使全诗成为完美的天球不琢的艺术整体。

杜甫在《登高》的创作中，别具匠心地通过格律将字法、句法与内容三者有机融在一起，完成了真正意义上的艺术创作，真正地成为格律的主人。意音相和，也让我们读到了诗人的情感由暗到明，由自身的沧桑转为豪迈再到晚景的凄凉的变化，最后又由个人想到国家，就这样，诗歌的意蕴也随着不同阅读的人思维的变化变得绵长而曲折。如果说格律成就了诗人的伟大，倒不如说诗人成就了格律的完美。

《登高》诗，是最沉郁的登临、最宏阔的悲秋，走出了一味抒写个人情怀的小天地，使登高文学思想内容的广度、深度都有了进一步提高，深化了作品的社会意义，丰富了登高的文化内涵。在杜甫的影响下，忧国忧民成为以后登高之作的永恒主题和思想追求的最高准则。杜甫的登高诗对登高文化的传承和发展确实起到了不小的作用，让此类诗歌别具一种开阔的意境和雄壮的气势。

参考文献

[1] 陈伯海.唐诗汇评[M].杭州：浙江教育出版社，1992.

[2] 叶嘉莹.叶嘉莹说杜甫诗[M].北京：中华书局，2015.

[3] 余党绪.古典诗词的生命情怀[M].上海：上海教育出版社，2014.

浙江省台州市第一中学　张凤琴

一场触摸生命底色的相遇
——《琵琶行》品读

人生于天地之间，行走在人世之中，总会与数不清的人相遇。有些人渐近，渐识，渐去；有些人，一见如故，倾心相知，铭记终生；有些人则一见，不愿再遇。生命历程中的每一次相遇，其意义或轻或重，或有痕或无迹，其种种况味，也只有当事人知道罢了。

让时光倒转1200多年，回到唐朝，回到秋风瑟瑟的浔阳江畔，一场伟大的相遇正在发生，一个漂泊江湖的琵琶女与被贬卧病的诗人相遇了。这场相遇如此的刻骨铭心，让白居易不禁以诗记之。诗成了千古名篇，这场相遇也成了千古动人心魄的相遇。无论是何时何地的读者，都可以凭借文字，穿越苒苒时光去亲临那场相遇。

倾尽自己的才华与心力来记录这次相遇，可见这次相遇深深触动了作者的心怀。这在生命道路上是一个值得深深铭记的节点。

在古往今来的众多鉴赏文中，对《琵琶行》，更多的是鉴赏其精妙绝伦的文字与手法，很少会有人追问：作者为什么会写这样的一次相遇？这次相遇中，什么东西触动或震撼了他？这次相遇对作者以后的人生有什么影响？本文将从这些方面来谈谈自己一点粗浅的看法。

浪漫的故事，总是从平凡处开始的，一场相聚，总有相似的因素：时间、地点、人物、随之而来的事件。让我们从这些因素慢慢进入千年之前的那场相遇吧，去相遇千年之下的灵魂。

一

“浔阳江头夜送客，枫叶荻花秋瑟瑟。主人下马客在船，举酒欲饮无管弦。醉不成欢惨将别，别时茫茫江浸月。”

那是一个秋风瑟瑟、荻花纷飞的深秋日暮，天地一派肃杀，冷冷清清。诗人与朋友将别，临别赠酒，触目凄凉，竟连饯行的心情也没有了。有酒无景，有酒无兴，寂寂黯黯，孤月一轮，更添凄凉。对环境、时间、起因，诗人用简单的笔墨给予了介绍，塑造了一个萧条冷清的环境。这就像我们平常的日子，开头总是平平淡淡，毫无征兆，看不出上天安排的深意，以为又是一个平常且重复的日子罢了。

"忽闻水上琵琶声，主人忘归客不发。寻声暗问弹者谁？琵琶声停欲语迟。移船相近邀相见，添酒回灯重开宴。千呼万唤始出来，犹抱琵琶半遮面。"

事情的转变总是有些偶然的因素，这些偶然使事情脱离日常的轨道，朝着不可知的方向而去。正在这无可奈何的时候，突然传来了动听的琵琶声。两个失魂的人一下子被琵琶声抓住，"主人忘归客不发"，诗人从侧面描写了琵琶女的高超技艺。从环境与事件来看，此时的琵琶声调应悠扬动听，且有伤感的情绪，因为只有这样的音乐才能打动主客两人，倘若是欢乐纵酒的高扬之乐，主客二人未必"忘归不发"，曲不合于心怀，快乐总是他人的，与自己无关。接下来，作者便邀请相见，"欲语迟"表现了琵琶女的内心活动，见还是不见？此间应该省掉了彼此之间的交流、介绍等话语。琵琶女在权衡之后，终于答应。在《琵琶行》中，对于琵琶女的容貌，诗人省略了，给读者留下无限的想象，而此句"千呼万唤始出来，犹抱琵琶半遮面"写尽了琵琶女的万种风情，欲见还羞的矜持，婀娜柔美的意态。对于"半遮面"，读者可以闭着眼睛感知一下，精美的琵琶后面，半张女子的脸慢慢侧出，羞、媚皆有，韵味十足。诗人在此使用了虚写的手法，无形中给琵琶女一个美好的形象，具体什么形象，就"一千个读者一千个哈姆雷特"了，此处正见作者构思和文字的精妙。

"转轴拨弦三两声，未成曲调先有情。弦弦掩抑声声思，似诉平生不得志。低眉信手续续弹，说尽心中无限事。轻拢慢捻抹复挑，初为霓裳后六幺。大弦嘈嘈如急雨，小弦切切如私语。嘈嘈切切错杂弹，大珠小珠落玉盘。间关莺语花底滑，幽咽泉流冰下难。冰泉冷涩弦凝绝，凝绝不通声暂歇。别有幽愁暗恨生，此时无声胜有声。银瓶乍破水浆迸，铁骑突出刀枪鸣。曲终收拨当心画，四弦一声如裂帛。东船西舫悄无言，唯见江心秋月白。"

这中间一定有交流：主客的要求、女子的谦让等等，诗人都省掉，直接开始了琵琶演奏的场景，可见叙事的裁剪艺术。此段以音乐描写为主，运用多种手法，化无形无相的美妙琵琶声为可感可触可见的具体形象。

女子调节弦轴，随手试弹了两三声，虽不成曲调，断续之间，已见大家风范。一个“情”字，声中带情，以情感人，可见技艺纯熟。

演奏开始。“掩抑”“不得志”写出了弹奏的基调——郁悒。每一弦都低沉，每一声都愁思，暗含女子的身世之悲。她低着眉，随着手，一路弹来，仿佛要一吐为快。女子指法娴熟，变幻无端，作者用工笔描写，犹如电影镜头一般，详细地记录下女子弹奏的细节动作：手指时而轻轻叩动，时而慢慢揉动，时而顺手下拨，时而反手回拨，千变万化，精妙绝伦。声音亦丰富多变：“拢”，声音清越；“捻”，压抑连绵；“抹”，洪亮雄壮；“挑”，高亢清脆。从演奏的曲子看，《霓裳羽衣曲》《六么》皆是当时有名且有难度的曲子，女子对此应付自如，各呈其妙。

接下来诗人用绝妙的笔触形象地描绘出音乐之美：大弦深沉悠长，像阵阵疾雨；小弦轻细柔慢，好像窃窃私语。用“嘈嘈”“切切”这两叠字词摹声，“急雨”“私语”表意态。大弦小弦，交错弹奏，就像大珠小珠抛落在玉盘中。视觉上一片晶莹，熠熠生辉，令人眼花缭乱，应接不暇；听觉上叮叮咚咚，快而不乱，一片繁声，耳不暇闻。双声和重音叠韵词的运用，加强了韵律的节奏感。弦声时而轻快悠扬，如花下黄莺婉转啼鸣；时而悲抑梗塞，如泉水在冰下面流转。流泉渐冻，弦亦断绝。绝时，深藏愁绪和恨意，虽无语静默，却胜过千言万语。静极而动，一阵强音，像银瓶突然迸裂，又像铁骑冲出、刀枪乱击，雄壮铿锵，激越昂扬。最后，一曲终了，奋力一划，琵琶就像撕裂的布帛一样，发出脆厉的一声。至此，全曲戛然而止，但回肠荡气、惊心动魄的音乐魅力，仍余音绕梁，久久难息。江心秋月皎洁寂静，浸润着天地万物，由刹那间宁静所构成的音响空白，无言更胜有言，给读者留下了涵咏回味的广阔空间。

“沉吟放拨插弦中，整顿衣裳起敛容。自言本是京城女，家在虾蟆陵下住。十三学得琵琶成，名属教坊第一部。曲罢曾教善才服，妆成每被秋娘妒。五陵年少争缠头，一曲红绡不知数。钿头云篦击节碎，血色罗裙翻酒污。今年欢笑复明年，秋月春风等闲度。弟走从军阿姨死，暮去朝来颜色故。门前冷落鞍马稀，老大嫁作商人妇。商人重利轻别离，前月浮梁买茶去。去来江口守空船，绕船月明江水寒。夜深忽梦少年事，梦啼妆泪红阑干。”

从接下来的自叙中，我们可以看出女子多才多艺、命运坎坷、遇人不淑。女子13岁时，学成琵琶，名字编排在教坊之中，属于第一流的。如花美眷，如日才华，色艺双绝，正是人生美好的时光。“五陵年少”相互追捧，不肯为人之后。欢乐纵情的场景日复一日，欢情过度，挥霍豪奢。随着时间的流逝、世事的变化，弟弟随军去了，阿姨也去世了；暮去朝来，时光飞驰，颜色衰老，冷落无助；嫁与商人，日守空船。今日江口空船与昔日长安的繁华形成强烈对比，不禁泪水纵横，难以自抑。

诗人用全诗四分之三的篇幅为我们塑造了一个琵琶女的形象：才华卓越，命运坎坷。

诗人从琵琶女身上看到了什么、领悟到什么呢?

从这个琵琶女身上，诗人看到了自己，看到了生命的本质，触摸到了生命的底色，为他日后的生命开启了另一扇门。

二

生命中，有时相遇的人，只需一个眼神，便可知道是不是自己相知的人。我们看似偶然的相遇，实则暗含着种种必然：具有相同的遭遇，相同的趣味，相同的情感特征。这些相同的因素使我们彼此靠近，一见如故。诗人用如此多的笔墨来写琵琶女，实则是因为诗人从琵琶女身上看到了自己，琵琶女的不幸遭遇就如自己一般，琵琶女的忧思惆怅、百般哀叹也正如自己一般。诗人对琵琶女的伤心、同情、怜悯，其实就是对自己命运的伤心与忧思。此处的琵琶女与诗人是合二为一的。

我们来看看诗人的遭遇。

白居易出身于一个仕宦之家，家境比较殷实，到了祖父一辈，虽是县令官职，但也保持着诗书之家的气象。父亲也是中等官职，虽受当时唐朝的藩镇混战之苦，多处任职，与家人有所离别，但也家和人安。

白居易天资聪颖，才华早早展现，受人赞赏。最有代表性的故事便是和老诗人顾况的相识。贞元三年（787年），16岁的白居易初至洛阳，携诗篇干谒时任著作佐郎的顾况。顾况没看诗，看到“白居易”三个字，便调侃道，米价方贵，居亦弗易。读了诗卷之后，顾况立即改口，大加赞赏，“道得个语，居即易矣”。有了此赞誉，白居易在京城名声大振。这诗篇便是白居易的名作《赋得古原草送别》：

“离离原上草，一岁一枯荣。野火烧不尽，春风吹又生。”

善于诗文的白居易，整个入仕之程可以说是比较顺利的，《旧唐书》记载：“贞元十六年，始以进士就试，礼部侍郎高郢擢升甲科，吏部判入等，授秘书省校书郎。元和元年四月，宪宗策试制举人，应才识兼茂、明于体用科，策入第四等，授周至县尉、集贤校理。”

贞元十六年（800年），白居易28岁，一举考中进士，以第四名及第，且是“十七人中最少年”，可谓春风得意马蹄疾。从此，更是一路风顺，唐宪宗元和二年（807年），白居易被召为翰林学士，第二年又拜左拾遗。在《与元九书》中，白居易曾对元稹说：“十年之间，三登科第，名入众耳，迹升清贯。”语气之间充满了得意与自负。

白居易以儒家思想来指导自己的言行举止，一心要实现自己匡主救国的雄心壮志，一心要帮助君王来实现天下太平，一心想在自己左拾遗的位置有一番作为。《旧唐书》中有一段记载是他感谢皇帝的知遇之恩，也表明自己自感责任重大：

“故拾遗之置，所以卑其秩者，使位未足惜，身未足爱也；所以重其选者，使下不忍负心，上不忍负恩也。夫位不足惜，恩不忍负，然后能有阙必规，有违必谏。朝廷得失无不察，天下利病无不言。此国朝置拾遗之本意也。由是而言，岂小臣愚劣暗懦所宜居之哉？……朝惭夕惕，已逾半年；尘旷渐深，忧愧弥剧。未伸微效，又擢清班。臣所以授官以来，仅经十日，食不知味，寝不遑安，唯思粉身以答殊宠，但未获粉身之所耳。”

白居易勇于进谏，“凡数千百言，皆人之难言者”。他忠实地履行谏官的职责，“有阙必规，有违必谏”。据说每月领的谏纸别人都用不完，他领的谏纸却不够用，忙得“食不甘味，寝不遑安”。因为他直率和大胆，得罪了不少人。他在《与元九书》中具体地谈到了这种情况：“权贵豪近者，相目而变色”“执政柄者扼腕”“握军要者切齿”。上谏书之外，他还写下不少讽谕诗，来补察时政，针砭时弊，如《秦中吟》十首和《新乐府》五十首直指当时时政之弊，惹怒权贵。

白居易不但敢于指斥时弊，讥讽权贵，对皇帝也是直言抗争。例如，河北藩镇王承宗抗拒朝廷命令，唐宪宗命令神策军中尉吐突承璀为招讨使。对此事，白居易与皇帝当面辩论，辞情恳切，论辩周密。接着他又请求停止对河北用兵，洋洋数千言，都是些别人不敢直说的话。唐宪宗对他的许多意见都采纳了，唯独对他直接和自己辩论吐突承璀的事，深感不快。宪宗对宰相李绛抱怨：“白居易，朕拔擢致名位，而无礼于朕，朕实难奈！”李绛对曰：“居易所以不避死亡之诛，事无巨细必言者，盖酬陛下特力拔擢耳，非轻言也。陛下欲开谏诤之路，不宜阻居易言。”

至此，我们可以看出白居易官运亨通，又绝非蝇营狗苟之人、醉心权贵之徒，他时时把魏徵当成自己学习的榜样，殚精竭虑，力求有所作为。一方面，他认为自己处在一个可以实现自己理想抱负的职位上，想通过建言献策使朝政清明，国家中兴，这便是自己身为人臣的价值体现；另一方面，他也深知言多必有失，忠言逆耳，一旦龙颜大怒，自己将承受忤逆圣上的刑罚，但忠实职责，虽死犹荣。

谁也没有料到，元和十年（815年）发生的一件事彻底改变了白居易的命运。元和十年六月三日，淄青节度使李师道派人刺杀主持平定藩镇叛乱的宰相武元衡，武元衡当场死亡，头被割去，朝野震惊。这是一桩政治阴谋，是中央与地方藩镇之间的矛盾，也是藩镇对中央权威的挑衅。百官迫于当时藩镇势力强大、中央实力微弱的情况，噤若寒蝉，竟没有一个人敢于上书朝廷。白居易此时44岁，任太子左赞善大夫一职，负责劝导太子行为，无权上书，但在事发当天中午，白居易就写了一封奏章，要求朝廷迅速彻查此事，严惩杀人凶手。白居易的上书激怒了当时的掌权派，他们非但不褒奖白居易关心国事，反而说他身为东宫官，抢在谏官之前议论朝政，是一种僭越行为。白居易因此被贬为江州刺史。不久，王涯再次落井下石，上书追论白居易平时之过：白居易的母亲因为看花掉到井里淹死，但白居易却不孝顺，还写了赏花的诗和关于井的诗，这样有伤孝道，不配治郡。于是，朝廷顺水推舟，又将白居易贬为江州司马。至此，白居易远离了朝政中心，命运与之前有了天渊之别。

“我从去年辞帝京，谪居卧病浔阳城。浔阳地僻无音乐，终岁不闻丝竹声。住近湓江地低湿，黄芦苦竹绕宅生。其间旦暮闻何物？杜鹃啼血猿哀鸣。春江花朝秋月夜，往往取酒还独倾。”

司马是个闲职，无所任，无所责。前一日还在圣人身边，经天纬地；今日便遭贬千里之外，冷落凄苦，遥遥不见未来。这种命运的突变毫无征兆，如晴天霹雳，着实让人难以承受：往日种种作为，种种理想，种种风发意气，竟然都烟消云散，不复存在。且这种突变有着一种“忠而被谤”之感，其中的冤屈和不平、愤懑与不满一如当年的屈原之感。28岁进士及第，今才44岁，正是励精图治、建功立业之际，哪料中途遭贬，屈居边远一隅，对生命高远的期许，对政治、国家近切的努力，今日都跌入深渊，其中的悲伤、抑郁可想而知。“谪居卧病”，凄苦困顿，令人垂泪；“黄芦苦竹”，远离圣京，暗无天日；“取酒独倾”，自怨自艾，颓废度日。

我们可以想见，在前文中，琵琶女天生丽质，聪慧过人，“十三学得琵琶成，名属教坊第一部。曲罢曾教善才服，妆成每被秋娘妒”，不正有诗人天资聪慧的影子吗？琵琶女风光度日之时，荣耀无限，不正如诗人在圣人身边匡正时弊，意气风发，指点江山之日吗？琵琶女年老色衰、遇人不淑、沦落江湖之遇，不正如诗人怀才不遇，忠而被谤，贬谪千里，凄苦度日吗？生命的悲苦与不幸，在这两个人身上如此相似，琵琶女之遭遇实乃诗人之遭遇，诗人从琵琶女身上看到了自己的不幸。两个不幸的人，能彼此走进内心，深切理解彼此内心的悲痛。不同的遭遇，相同的况味，让二人在生命之途有着知己之感，可以彼此慰藉。米拉·昆德拉的《生活在别处》中有句话：没有什么比共同的境遇使你我彼此迅速靠近，心灵相通。故《唐贤小三昧集》有言：“感商妇之飘流，叹谪居之沦落，凄婉激昂，声能引泣。”

此文在琵琶女与诗人的设置上，很像苏轼的《赤壁赋》中的“主客”两人，到底是有客还是无客，其实都不重要，重要的是借“客”抒发“主”的心情。本篇也可如此看，或许琵琶女只是作者心中的幻象，一个自己生命遭遇的投影罢了。如此，琵琶女更是诗人的自我观照了。故《容斋五笔》曰：“白乐天《琵琶行》一篇，读者但羡其风致，敬其词章，至形于乐府，咏歌之不足，遂以谓真为长安故倡所作。予窃疑之。唐世法纲虽于此为宽，然乐天曾居禁密，且谪居未久，必不肯乘夜入独处妇人船中，相从饮酒；至于极弹丝之乐，中夕方去。岂不虞商人者它日议其后乎？乐天之意，直欲抒写天涯沦落之恨尔。”

三

行文到此，我们要回到文章前面提出的问题，那就是这场相遇对诗人有什么样的启示与影响呢？

在《琵琶行》序中有这样一句：“予出官二年，恬然自安，感斯人言，是夕始觉有迁谪意。”此句令人很是不解。为什么被贬两年之后，听见了琵琶女的身世之后，才感觉到谪迁之意呢？按理说，诗人在到达之初便觉浓浓愁苦之感，两年之后心态便会慢慢淡泊下来，如被贬黄州的苏轼、被贬永州的柳宗元，为何诗人两年后却渐感悲苦？按洪迈的说法，琵琶女若是诗人的心头之幻象，那么为什么要在两年之后才塑造出这个苦悲的幻象呢？

我们看看琵琶女的悲苦：一是“弟走从军，阿姨死”，社会的变迁，征伐的苦役，人世的变迁，让往日的欢乐场所门庭冷落；二是“年老色衰，委身商人妇”，岁月流逝，年华老去，颜容难驻；三是身份卑微，遇人不淑，夫君重利薄情，孤独凄苦；四是“转徙江湖间”，今昔对比，凄苦难耐，郁郁终生。这些悲苦其实是社会时代的变化，岁月的流逝，盛衰的无常，命途难料……此种种痛苦皆是生命中难以避免，为之无可奈何的痛苦，仅凭个人之力难以抗衡；此种种痛苦都是生命中必然之痛，必然将伴人终身，无法消除。从琵琶女的身上，诗人感触到的不是一时的痛苦，一事的不幸，而是伴随着一生的痛苦，这些痛苦只能等生命终结时才能消逝。诗人在琵琶女身上看到的是生命实苦，不幸痛苦无法消除与躲避，只能承受。生命是一场悲凉痛苦的旅行。

的确，生命是一场悲凉痛苦的旅行，其悲凉痛苦便是旅行的底色。

为什么在两年之后才有这样深切悲凉的体悟呢？

也许，在被贬之初，诗人还心存幻想，此乃一时一事之贬谪，不久当启程回京，重做大唐的言官，振兴国家。然而，随着时间的流逝，作者渐感无望，在被贬的两年之中，白居易慢慢地理解了自己被贬的前因后果，这中间实在有着自己难以抗衡的因素。

安史之乱以后，藩镇割据的情况越演越烈，各藩镇不秉王命，割据叛乱，互相掠夺，搞得天下不宁。宰相武元衡遇刺后，宦官集团和朝廷方面都采取了静观的态度，白居易的奏章虽有理，但是遭人忌恨，于是成了当时政局的替罪羊；同时，在唐朝中期开始的“牛李”两党的党派之争中，白居易也被李党排挤，成了党争的牺牲品；在朝中被重用的宦官吐突承璀也对自己不断地排挤，报复往日被谏之恨；加之皇帝渐渐疏远，所有这些情况造成了这次被贬“江州司马”。

诗人的被贬，只是政治大浪中的一朵浪花，而诗人却因此看清了自己的政治生涯。诗人应该体悟到：政治不再是他心中的光明正大，而是派系间的密谋与苟且；不再是他心中的一腔热忱与激情，而是达官贵人间的迁延与推诿；不再是他心中的天下苍生，济世救民，而是君王统治中的平衡与安稳罢了。诗人看出自己政治生涯的意义与价值不是由自己决定，而是来自那些无法抗衡的力量。政治至此竟呈现出一种无聊与无趣：往日种种的理想与责任，现在看来都显得有些幼稚与滑稽；往往种种的奋发之作，励精图治，都是自己的一厢情愿罢了。生命中的不幸与不遇是实实在在，躲避不了，以诗人一己之力实在难以抗衡。对于被贬之遇，诗人只能默默承受、忍耐，一如琵琶女的遭遇。反抗实在微茫，且会陷入无对象的虚无境地——向谁反抗？从哪里反抗？

从与琵琶女的相遇中，诗人看到了生命的悲凉，却看不到如何消解这种悲凉。琵琶女只能愁苦终生，诗人也将继续叹息下去——“座中泣下谁最多，江州司马青衫湿”。诗歌以“惨”开头，又以“泣”结尾，我们将向何处去寻找快乐？

从和琵琶女的相遇中，诗人看清了生命的底色——一种悲凉，一种无处躲避的悲凉。这种悲凉让诗人对自己以前的生命状态不断地反思，并做出以后的生命对策。在《与元九书》中，诗人写道：“微之，古人云：‘穷则独善其身，达则兼济天下。’仆虽不肖，常师此语。大丈夫所守者道，所待者时。时之来也，为云龙，为风鹏，勃然突然，陈力以出；时之不来也，为雾豹，为冥鸿，寂兮寥兮，奉身而退。进退出处，何往而不自得哉！故仆志在兼济，行在独善，奉而始终之则为道，言而发明之则为诗。谓之讽谕诗，兼济之志也；谓之闲适诗，独善之义也。”

此话是诗人在检点自己的诗集，给自己的诗集归类时所说：“志在兼济，行在独善。”在看清了生命的底色后，诗人一改以前那种以天下为己任、积极乐观、进取有为的生命态度，形成了个人为主、自适、闲散、自旷的生命态度。揭露时弊的文章少了，自适逍遥的文章多了；教化讽喻的文章消失了，娱乐、抒情的文章多了。正如王拾遗先生在《白居易世界观刍议》中认为，白居易的思想是以被贬江州为分界线的：前期积极乐观，以“达者兼济天下”；后期看淡政治，自适为主，以“穷则独善其身”。从此我们看到一个自适旷达的白居易。

一场相遇，让诗人触摸到了生命的底色，由彼观己，思索人生，调整自己的生命状态；一曲《琵琶行》，让千年来的读者唏嘘感叹，触摸诗人的灵魂，也观照着自己的生命。

参考文献

［1］欧阳修.旧唐史［M］.上海：中华书局，1996.

［2］白居易.白氏长庆集［M］.上海：中华书局，2000.

［3］洪迈.容斋五笔［M］.上海：中华书局，1998.

浙江省黄岩中学　刘　强

于婉约处细思量
——《念奴娇·赤壁怀古》品读

诗词都是作者抒发心意、表达抱负的载体。值得注意的是，在这样一首豪放词中，“小乔初嫁了”尤显婉约柔美，看似突兀，细细玩味思量，却非等闲笔墨，且恰恰是解读本词的重要切入口。

一、追寻小乔初嫁相关背景

东汉建安四年（199年），虽属乱世，却造就了许许多多名垂青史的人物，周瑜无疑是主角。周瑜有一同窗好友孙策，孙策年长于周瑜，两人惺惺相惜。孙策既是周瑜的伯乐也是周瑜的挚友，二人皆胸怀大志，雄心勃勃，渴望干出一番大事业。时年孙策从袁术那里得到三千兵马，想回江东恢复祖业，在好友周瑜的扶持下，一举攻克皖城。这一战周瑜不仅为孙策打下了一片根据地，二人更因此抱得美人归，成就了一段姻缘佳话。

相传在皖城东郊，溪流环绕，松竹掩映着一座大宅，乔公这一家人就生活在这里。世人都知道乔公，并不是他本人有多么厉害，而是他有两个女儿，这两个女儿就是大乔和小乔。正所谓青山丽水出佳人，有诗曰：“乔公二女秀色钟，秋水并蒂开芙蓉。”乔公二女惊为天人的容貌是有传说的。据说乔公故宅的后院有一口古井，水清且深。相传二乔姐妹常在此梳妆打扮，可谓“修眉细细写春山，松竹箫佩环”。每次妆罢，她俩便将残脂剩粉丢弃井中，长年累月，井水泛起了胭脂色，水味也有胭脂香了。于是，这井便有了“胭脂井”的雅称。这也从侧面说明了乔公二女的美貌。乔公二女不仅国色天香，而且聪慧过人，天下英雄自然心向往之。

所谓父母之命，媒妁之言。时逢乱世，乔公尤敬英雄，孙策因遣人礼聘，得乔公允许，送入一对姊妹花。于是，便有了孙策纳大乔、周瑜娶小乔的韵事。当时孙策对周瑜开玩笑说：乔公二女虽经战乱流离，有我们两个人做丈夫，她们也应该感到满足了。话里话外颇有一番英雄配美人的意味。对二乔这对姐妹花来说，能同时嫁给天下英杰自是心满意足。一个是雄略过人、威震江东的孙郎，一个是风流倜傥、文武双全的周郎，都是天下数一数二的乘龙快婿。

二乔初嫁时郎才女貌，谐成伉俪，天下皆知，但是二乔婚后又经历了什么呢？婚后的大乔幸福仅持续了两年。孙策迎娶大乔的那年24岁，可惜天妒良缘，两年后曹操与袁绍大战官渡，孙策正准备阴袭许昌以迎汉献帝，从曹操手中接过"挟天子以令诸侯"的权柄时，被许贡的家客所刺杀，死时年仅26岁。大乔仅二十出头，便青春守寡，身边只有襁褓中的儿子孙绍，真是何其凄惶!从此以后，她只有朝朝啼痕，夜夜孤衾，含辛茹苦，抚育遗孤。最后岁月悠悠，红颜暗消，一代佳人何时凋零都无人知晓!

小乔的处境比姐姐好一些，她与周瑜琴瑟相谐，恩爱相处了12年。古时候稍有权势的人都会迎娶三妻四妾，但是周瑜不然，一直钟爱小乔一人。周瑜容貌俊秀，不仅善武还精于音律，至今还流传着"曲有误，周郎顾"的民谚。小乔和周瑜情深恩爱，与周瑜一直过着军旅生活，随军东征西战，并参加过历史上著名的赤壁之战。巨变发生在赤壁战后两年，"瑜还江陵，为行装，而道于巴丘，病卒，时年三十六岁"。在这12年中，周瑜作为东吴的统兵大将，江夏击黄祖，赤壁破曹操，功勋赫赫，名扬天下。可惜年寿不永，在准备攻取益州时病死于巴丘，年仅36岁。这时，小乔也不过30岁左右，乍失佳偶，其悲苦也可以想见。

周瑜病故后，小乔在如诗如画的江南过着寂寞的生活。吴黄武二年（223年）小乔病逝，终年47岁（年龄有争议，一说其为周瑜守墓14载）。明人曾有诗曰："凄凄两冢依城廓，一为周郎一小乔。"小乔墓有封无表，平地起坟，汉砖砌成。到1914年，岳阳小乔墓上还有墓庐。现在尚有刻着隶书"小乔墓庐"的石碑。

与二乔有关的故事，民间流传着许多文学传说。《三演演义》中的二乔，多为艺术的加工。《三演演义》第三十四回叙曹操平定辽东后，心情大畅，欲建铜雀台以娱晚年。少子曹植进言："若建层台，必立三座。"中间名铜雀，左为玉龙，右为金凤。"更作两条飞桥，横空而上，乃为壮观。"曹操大喜，留曹植、曹丕在邺郡建台。《三国演义》中有诸葛亮引用曹操"得江东二乔，置之铜雀台上，以娱晚年"的描述，这是否符合历史事实，各人心中自有评说。似乎可以肯定，类似的戏剧性情节，在民间早就广泛流传，这说明二乔的名字确实与赤壁之战颇有不解之缘。

诗词中的二乔，更是成为江东的代称，得二乔即得江东。晚唐诗人杜牧的《赤壁》中写到二乔称："东风不与周郎便，铜雀春深锁二乔。"可见，文学作品里的"二乔"已远远超出其作为人名的个体范畴，而变成东吴社稷的代名，成为历史烟云中三国英雄征战讨伐的催化剂。苏轼在词的下篇刚刚引出在赤壁之战中的英雄人物周瑜，突然又横空抛出一个小乔来，正是凭一个"乔"字，带出了那段历史，那场惊天动地的大战，或爱或恨或情或仇，让读者在自己的想象中思考周瑜。

二、梳理东坡赤壁怀古文意

苏轼走进他心中当年三国打仗的地方——黄州赤壁，开始与历史里的人物对话，感慨"大江东去，浪淘尽，千古风流人物"。千古风流人物既被大浪淘尽，无论正直卑劣或是高贵微贱，总有一天会被历史扫尽，那么一己之荣辱穷达又何足悲叹！"人道是"三字下得极有分寸，他用平实的口语道出自己对历史的感受，"人道是"表明自己并不确定，借人们的传说加以证实，深化"怀古"的感情色彩，使人倍感亲切。"乱石"以下五句是写江水腾涌的壮观景象，"江山如画"是写景的总括之句，"一时多少豪杰"则又由景物过渡到人事。词的上阕展现出历史的开阔、沉重与丰富。"诗言志，词言情"，需要注意的是，五代到北宋的词都在写生活中的小事件、小经验，而苏轼这首词却忽然写了时空感很强的大事件、大经验，这种经验可能是因为经历了劫难才看到的。不过紧接着，他又回到非常优美的部分，前面"江山如画，一时多少豪杰"，是非常男性阳刚的内容，而后面写到"遥想公瑾当年，小乔初嫁了"，笔锋突然一转，让人感受到青春华年的美。

词的下阕全从周郎引发。"羽扇纶巾，谈笑间，樯橹灰飞烟灭。"历史犹如戏一场，从容自在的谈笑之间，敌方的战船便灰飞烟灭。苏轼选择用这样的方式去看历史，忽然有了一种轻松，从而发现自己始终不能释怀的痛苦又何足挂齿。苏轼在这里虽然言尽周瑜的儒雅淡定，但内心感情是复杂的。"故国神游"两句开始由周郎转到自己。周瑜破曹之时年方34岁，而苏轼写作此词时已47岁。"多情应笑我，早生华发。"心神仿佛游到三国时代周瑜立功的地方，应笑我自己多愁善感，早已生出白发来了。苏轼用轻淡之语调侃衰老，也许生命里本就应该有这个内容，生命本身是可以被调侃、被嘲笑的，如果没有这个部分就太紧张了。苏轼终究是苏轼，他的学识和豪放气质决定了他不可能长时间沉浸在一介悲悲戚戚的寒儒心绪中。他在察觉到自己的负面情绪后，并没有像南唐后主那样自伤心志，而是把原本就不显山露水的悲伤情绪迅速消解，把周瑜和自己都放在整个历史的潮流中进行审视。在苏轼看来，当年潇洒从容、气概如山的周瑜同样被历史的大浪淘尽。这样一比，苏轼便自眼前的自伤中超脱，正所谓“人生到处知何似，应似飞鸿踏雪泥。泥上偶然留指爪，鸿飞哪复计东西”。对比周瑜，苏轼虽然看到了自己政治前景的黯淡，但上升到整个人类社会的发展规律和普遍命运上，两人同样渺小。如此深沉透彻的思索，使他发出结句的感慨：人生如梦，一尊还酹江月！正如他在《西江月》词中所说的那样：“世事一场大梦，人生几度秋凉。”消极悲观只是片刻的心绪，超脱飞扬才是生命的壮歌。既然人间世事恍如一梦，何妨将樽酒洒在江心明月的倒影之中，让精神获得自由。其同期所作的《赤壁赋》于此说得更为清晰明断：“惟江上之清风，与山间之明月，耳得之而为声，目遇之而成色。取之无禁，用之不竭，是造物者之无尽藏也，而吾与子之所共适也。”这种超然洒脱的文字，更是让我们看见了苏轼对现实的超越，也是其作为历史上著名词人的不平凡之处。

三、细思小乔初嫁文本内涵

在整首词中，“小乔初嫁”是最唯美的一笔，在豪放壮阔的背景里，腾空而来的这一笔尤其让人难忘，细细品读，确有意味。

1. 对自己孤立无援的政治处境和际遇的感慨

苏轼自幼受过良好教育，腹有韬略，忠君爱国，并且有远大抱负。但中进士后只做过主簿之类的地方官。因为和新党政见不合，出为密州、徐州、湖州等地的知州，后又被贬黄州。元丰二年（1079年）八月，苏轼因“乌台诗案”遭贬。苏轼是当时的文坛领袖，他反对王安石变法，作诗讽刺新法，新党和官僚害怕苏轼诗文的传播对新政推行不利，在神宗默许下，罗织罪名，将苏轼抓进乌台关了4个月，每天逼迫苏轼交代先前写诗的由来和词句中典故的出处。同年十一月二十九日，苏轼被贬往黄州，充团练副使，名义上是团练副使，其实要受地方官员的监督管制，并被规定无权签署公文，形同囚犯。苏轼在谪居黄州两年有余47岁之时，也就是宋神宗元丰五年（1082年）七月，为了排遣内心的郁闷，有了这次赤壁之行，并写下《念奴娇·赤壁怀古》一词。

被贬后苏轼感到自己的力量何其渺小，自身的政治前途一片茫然，因此陷入郁郁寡欢的境地。虽然苏轼与当权者政见不同，但是心里对祖国有着深沉的热爱，关心国家的安危。由于西夏长期侵扰，宋朝边关军事连连失利，诸多战败的消息深深刺痛着苏轼的心，他的报国之情有增无减，然而却有心无力，面对赤壁，只能徒然追忆周瑜破曹的英雄业绩。可以想见，当苏轼写到“小乔初嫁”时，他对周瑜充满艳羡。相比周瑜，自己也是文韬武略，诗词歌赋样样精通，但是却空有一身抱负，难有赏识之人、施才之地，面对家国残破、外敌侵辱，只能眼睁睁地看着自己的政治对手一输再输而束手无策。如今来到赤壁，难免不自觉地与英俊潇洒、文武双全的周郎相比较，境遇却是天差地别。反观周瑜，24岁受“建威中郎将”职，34岁以都督身份指挥赤壁之战，所向披靡。周瑜不仅战场得意，情场上亦让人羡慕不已，长年征战皆有貌动天下的美人小乔陪伴在侧，真可谓是春风得意，人生无憾。

苏东坡真正在意的还是孙策对周瑜的无条件信任。这份信任来自哪里？据史载，建安三年（198年），东吴孙策亲自迎请24岁的周瑜，授予他“建威中郎将”的职衔，他在命令中说：周公瑾英俊异才，与孤有总角之好，骨肉之分。据《三国志·吴志·周瑜传》载，周瑜从孙策攻皖，“得桥（乔）公两女，皆国色也。策自纳大桥（乔），瑜纳小桥（乔）”。这两个记载可以使我们联想到周瑜与东吴之主的关系是极其深厚亲密的，即使东吴之主后来已经完成了从孙策到孙权的转变，但其君臣关系却仍似“小乔初嫁”。小乔与其姐大乔同时出嫁：大乔嫁孙策，小乔嫁周瑜，所以孙策和周瑜的关系是连襟。可以说“总角之好”和“骨肉之分”在前，是“因”；“连襟之亲”在后，是“果”，也更加强化了“总角之好”和“骨肉之分”的关系，成了孙策和周瑜关系最标配的身份！周瑜与江东最高统治者亦主亦友亦连襟的关系，让周瑜不仅少年得志，重用于东吴，而且有东吴最高统治者这个强有力的政治靠山。主、友、连襟三重关系中，连襟无疑最为牢固，这是封建社会官场的显著特点，正因如此，周瑜的一路坦途与苏轼贬居黄州鬓染霜华、宦途失意、抑郁难伸，政治处境危机重重，一腔报国之志无处施展的现实形成鲜明对比。

苏轼在写“小乔初嫁了”这句话时看似闲笔，却是周瑜仕途顺利与否的关键。俗话说，“朝中无人莫做官”，小乔之姐大乔是孙权之嫂，所以周瑜跟孙权“外托君臣之义，内有葭莩之亲”，能取得孙权的绝对信任。在苏轼看来，这是周瑜能够建功立业的一个重要条件。苏轼深深认识到封建社会政治制度的宗法本质，也认识到自己孤立无援的政治处境和际遇，因而发出“遥想公瑾当年，小乔初嫁了，雄姿英发”的感叹，既有对周瑜英雄业绩的仰慕，更有对周瑜政治环境的羡慕和向往，甚至夹杂着一丝妒忌，还一语道破了封建社会政治结构的玄机。

词人对自己不能取得君王的信任难免耿耿于怀。但作为一个明白人，他又清楚，在当时的官场中，一个人的升迁、贬黜总是与其各种社会关系密不可分，如裙带关系、亲疏关系、门第郡望关系等。这也就是宗法等级社会的特色，真正的正义和公平仿佛很难有生存的土壤。那种无力感侵袭着词人，让词人痛苦不堪。

封闭的、自给自足的经济基础决定了封建社会的政治结构，它按照家族血缘关系的尊卑亲疏，分成森严的等级关系来分配政治权力和财产。这种以家族为本位的宗法等级关系像一张网，渗透到社会生活各领域的最深层，成为我国古代政治结构的主线和轴心。很多人的尊卑都是由出生决定的，而不是能力和后天的努力。这种政治现实使得很多像苏轼一样出身寒微，而没有政治背景和政治实力，也不归属任何政治派别的底层人士的爱国抱负无法施展，夭亡在这种政治结构中。当时一个人的贬谪升迁不是看他的实际才干、工作能力，而是看他的门第出身、社会关系网络、依附什么政治力量。这种使人不能主宰自我命运的政治交织着黑暗腐朽，衍生着钻营、权钱交易等丑恶现象。

从体制上看，苏轼的悲剧是注定的，他出身于贫寒知识分子家庭，从小受母亲程氏的良好教育，却没有显赫的政治背景和出身，也不属任何党派；他为人洒脱出尘，有文豪气质，却缺少政治家的油滑。再加上与当时皇帝面前的红人王安石政见相左，惹恼王安石，又因“乌台诗案”被捕下狱，几被置死，后谪黄州。神宗死后，旧党上台，他又与司马光政见不合，反对尽废新法，请调知杭州。哲宗上台新党执政，他一再遭贬至琼州。徽宗出，遇赦还，故于常州。苏轼一生历仁宗、神宗、哲宗、徽宗四朝，30年间想超脱于两党之外，却又一直卷于新旧党之争的旋涡，在政治上难免活成一个悲剧。

2. 烘托周瑜功业之早成和婚姻之幸福，反衬自身事业及婚姻的挫折

据史载，小乔嫁周瑜与赤壁大战相隔十年之久。据《三国志·吴书·周瑜传》记载：“是岁，建安三年也。……瑜是年二十四，吴中呼为周郎。……时得乔公两女，皆国色也。策自纳大乔，瑜纳小乔。”而赤壁大战则发生在建安十三年（208年）。苏轼以“初”字一词化十年为一瞬。突出周瑜指挥赤壁大战时的年少，使周朗年轻有为的形象呼之欲出，与苏轼的“华发早生”和待罪黄州的坎坷命运形成鲜明对比。当然，苏轼也曾年轻过，也曾踌躇满志过。由早年出山伊始就誉满京师的新科进士到仁宗皇帝对他抱以宰相的厚望，可谓一路春风。但乌台之祸以后，却落魄为柏台肃森的狱中死囚、躬耕黄州的陋邦迁客。面对昔日周瑜在谈笑间使酾酒临江、横槊赋诗、“固一世之雄”的曹操的大军“灰飞烟灭”黄州的山水，此时东坡纵有“胸中万卷，笔头千字”，但等待自己的却只有政治的失意、经济的困顿、抱负的落空。季节之清寒孤冷，地理之偏僻闭塞，加上由山水所承载的历史人物的嘲笑，“人生如梦”的苍茫感叹也就在所难免了。

之前说到，历史上曾有人认为曹操灭吴的动机之一便是抢娶二乔，也许抢娶二乔只是曹操想证明自己，英雄爱美人，是人之常情，在那个英雄辈出的年代，能够得到二乔，自然是身份的一种象征。周瑜不同于寻常武将，他懂得生活情趣，精通音律，颇为儒雅。《三国志·吴书·周瑜传》记载：瑜少精意于音乐，虽三爵之后，其有阕误，瑜必知之，知之必顾。故时人谣曰“曲有误，周郎顾”。中唐李端亦有诗曰：“鸣筝金粟柱，素手玉房前。欲得周郎顾，时时误拂弦。”如果说周瑜娶到小乔是偶然，那两人长达12年的恩爱绝非偶然，小乔对周瑜的一片痴情，是周瑜个人魅力使然。

郎才女貌之说在周、乔夫妻身上得到最完美的体现，令天下人羡慕不已。苏轼羡慕的是周郎在人生最得意的时候，有小乔陪伴在侧，共同忠君事主，打拼天下，而词人则不然，爱人王弗在自己籍籍无名的时候陪伴自己、照顾自己，督促自己进取功名，却在自己事业最需要扶持、鼓励的时候辞世。苏轼对自己的爱人王弗怀有深厚的感情，却终究没有周瑜那么幸运，在词人进取功名正准备大干一场的时候，失去了爱人的陪伴，孤独为官，单独对抗两党之争，凄凉落魄的时候连个说话的人都没有。

苏轼的原配王弗“眉之青神人，乡贡进士方之女”，自幼生长于书香门第，同苏轼青梅竹马，务实际，明利害，聪慧能干。王氏于至和元年（1054年）16岁之际嫁于苏轼。时年苏轼18岁，籍籍无名，在眉山与父兄埋头于坟典，可谓相交于平淡。王弗虽无东吴小乔之姿容，却总是在生活上对苏轼悉心照顾，在事业上竭力规劝，相夫教子，孝上悌下，可称贤惠。据苏轼《亡妻王氏墓志铭》记载：君之未嫁，事父母；既嫁，事吾先君、先夫人，皆以谨肃闻。其始，未尝自言其知书也。见轼读书，则终日不去，亦不知其能通也。其后，轼有所忘，君辄能记之。问其他书，则皆略知之，由是始知其敏而静也。从轼官于凤翔。轼有所为于外，君未尝不问知其详。曰："子去亲远，不可以不慎。"日以先君之所以戒轼者相语也。轼与客言于外，君立屏间听之，退必反覆其言，曰："某人也，言辄持两端，惟子意之所向，子何用与是人言。"有来求与轼亲厚甚者，君曰："恐不能久，其与人锐，其去人必速。"可见王弗对苏轼的重要性。

不幸的是，王氏于治平二年（1065年）卒于京师，时年27岁。死后，次年六月归葬于眉山之东北彭山县安镇乡可龙里苏氏家族墓地。苏洵对苏轼谆谆教导道："妇（王弗）从汝于艰难，不可忘也。"对王弗的逝世，苏轼尤为痛心，他在墓志铭中写道："呜呼哀哉！余永无所依怙。君虽没，其有与为妇何伤乎。呜呼哀哉！"即使事隔10年之后，苏轼在千里之外的密州知州任上，仍对亡妻念念不忘，作《江城子·乙卯正月二十日夜记梦》一词。其中写道：十年生死两茫茫，不思量，自难忘。千里孤坟，无处话凄凉。纵使相逢应不识，尘满面，鬓如霜。夜来幽梦忽还乡，小轩窗，正梳妆。相顾无言，唯有泪千行。料得年年肠断处，明月夜，短松岗。真挚的情感流于笔尖，浸透宣纸，苏轼对亡妻的殷殷之念，感人至深。

人越是在落魄的时候越孤独，越会念想故人，苏轼被贬黄州之后，对亡妻的痛悼之情更是有增无减，如《寒食雨二首·其二》云：春江欲入户，雨势来不已。小屋如渔舟，濛濛水云里。空庖煮寒菜，破灶烧湿苇。那知是寒食，但见乌衔纸。君门深九重，坟墓在万里。也拟哭途穷，死灰吹不起。这些点点滴滴的思念中无不蕴含着对幸福、完美婚姻的追求与渴望。词人在写到"小乔初嫁了"时，一定想到了自己的爱人王弗，写到周郎时一定想到了自己，在周瑜、小乔恩爱故事的强烈反衬之下，事业失败背景下婚姻不幸，使得苏轼把家庭这一最后的港湾也输掉了。

"小乔初嫁了"一方面说明周瑜年少扬名，以反衬自己迟暮之年仍被贬获罪的身世，另一方面也说明周郎一生感情生活的甜蜜美满，以反衬自己中年丧偶的遭遇。事业、婚姻连遭挫折，使得东坡内心充满深重的苦闷和无边的凄凉，而这种苦闷和凄凉，让词尾的"人生如梦"具有足够的穿透力，一下子击中了读者的心，也使读者对苏轼贬居黄州的心境感同身受。

3. 表达东坡壮美与柔美交织、感奋与感伤叠合的审美追求

苏轼一生坎坷，为官路上磕碰不断，但是为什么仍然顺利地走完了一生？这与词人的性格有关。苏轼内心深处一直藏着豪迈词人的特质，遇事不服输，为官敢争斗，屡屡受挫仍未趴下，一生仍在乐观追求。这种性格同样体现在苏轼的各种文学作品里。胡寅在《酒边词序》里从整体上论道："眉山苏氏，一洗绮罗香泽之态，摆脱绸缪宛转之度，使人登高望远，举首高歌，而逸怀浩气，超乎尘垢之外；于是花间为皂隶，而耆卿为舆台矣。"这是从艺术美学的角度总结了苏轼。苏轼追求的是一种阳刚的大美、雄健豪迈的壮美，晁补之称为"横放杰出"。南宋俞文豹曾在《吹剑录》中记载一段趣闻：东坡在玉堂日，有幕士善歌。因问，"我词何如柳七？"对曰："柳郎中词只合十七八女郎，执红牙板，歌'杨柳岸，晓风残月'。学士词须关西大汉，铜琵琶铁绰板，唱'大江东去'。"东坡为之绝倒。这段文字就准确地记述了苏词的主要美学特征。

当然，苏词中还有许多极清幽秀韵的美，与"大江东去"雄壮、豪放、超逸之美相得益彰。《念奴娇·赤壁怀古》这首公认的豪放派词中，一开篇就给读者一种大气磅礴之感，甚至有一种站在当下看古今风流人物的自信，而下阕开头却突然词风转换，以"小乔初嫁了"展现了一种情意绵绵的柔美感。这首词既有"大江东去"的雄伟与"人生如梦"的悲凉彼此搭调，也有"雄姿英发"的壮美与"小乔初嫁了"的柔美相互映衬。因此，读苏轼的豪放词作不仅能感受到大气磅礴的气势，还能体会到情至深处的柔软。

苏轼深悟古典美学传统的三美，在古代美学观中，"英雄美人"是美的典范模型之一，因此词人以"小乔初嫁"来配"雄姿英发"的周郎，达到自己心目中美的境界。英雄美人相衬，既突出了周瑜年少得志，又暗点出小乔的美，是美的和谐统一。雄伟大气虽是《念奴娇·赤壁怀古》的主体，但只是表层；悲凉是《念奴娇·赤壁怀古》的点缀，却是精神内核。苏轼当时正处于人生的最低谷，但他并没有在词的表面流露出任何伤感的情绪，而是淋漓尽致地挥洒豪迈，通过对"千古风流人物"的歌颂，反映出"以天下为己任"的责任感，体现了他高洁的人品和刚健的个性。词人仅仅用"人生如梦""小乔初嫁了"这少许柔软略带悲凉的点缀丰富词作的审美意境。因此，苏轼在《念奴娇·赤壁怀古》中写下"小乔初嫁了"绝对不是随意施为，而是有着他的审美考虑和美学追求的。

作为一个豪放派词人，自信达观、积极向上是主线，《念奴娇·赤壁怀

古》是苏轼豪放词的代表作，自然主旋律是积极的，但是苏轼内心却是复杂的，此时的苏轼已经47岁，在当时那个时代，人的寿命是很短的，47岁的苏轼深感年岁渐老，非但功名事业未就，反而还戴罪黄州。面对赤壁，遥想公瑾，叫人如何不产生自叹不如的惭愧心理？但是面对壮丽河山，心中壮志，传统儒家教育又激发出他豪迈勃发的胸襟，骨子里的顽强不屈、慷慨进取又不允许词人自唉自伤。

眼前的政治现实和词人被贬黄州的坎坷处境令词人沮丧，深藏内心振兴王朝的祈望和有志报国的壮怀，又加深了他痛苦矛盾的心理。最终，理性的苏轼发出“故国神游，多情应笑我，早生华发”的感慨，引导词人从剧烈的情绪变动中走出，表现为冷静、平和、超然的心理；而感性的苏轼又吟出“人生如梦，一尊还酹江月”，感叹年华似水，人生如梦。

这段时间的苏轼，复杂的心绪不是一时的，而是一直伴随着他的旅途，他在另一首作于黄州之贬后的第三个春天、更显达观超脱的《定风波》词中写道：“莫听穿林打叶声，何妨吟啸且徐行。竹杖芒鞋轻胜马，谁怕？一蓑烟雨任平生。料峭春风吹酒醒，微冷，山头斜照却相迎。回首向来萧瑟处，归去，也无风雨也无晴。”苦涩得醒醉全无、胜败两忘，超然于一种无喜无悲的状态了。

综上，通过对这一时期苏轼的心理探微，我们可以窥见“小乔初嫁了”句中，词人对周郎带有几分景仰羡慕，又带有几分酸涩妒意的矛盾心理。其实这种矛盾的心理才是一个人的正常心理。就全篇来看，已成为历史的周郎和将成为历史的苏轼，无论荣辱、穷达、福祸还是得失，一切都将随水东流。“人生如梦，一尊还酹江月”，失败并不足悲，成功也不足喜。宠辱两忘，一心向阳才是人生的真谛。

北京师范大学台州附属高级中学　罗梓嘉

怎一个“望”字了得
——《永遇乐·京口北固亭怀古》的仕子“生命观”解读

一、引言

一直以来，辛弃疾（字幼安）作为一个“忧国忧民”的形象屹立于中国的文学史上。他一生留下了600多首诗词文赋，以《稼轩长短句》等存世。在这些作品中大多寄寓了他渴望北复中原、建功立业的豪情壮志，以及命运多舛、人生多难、壮志难酬的忧愤无奈之情。其中以《永遇乐·京口北固亭怀古》最具代表性，作为一篇经典篇目，历来不乏名家学者的青睐，对其的解读也可谓“仁者见仁，智者见智”，但纵览各家所言，“以文为诗”和“以史化诗”是最为常见的解读方法与路径，笔者亦曾循此法而教之，虽可徜徉于其中的文山史海，恣意于其中的豪情壮志，却又觉入文尚浅，距人尚远，总有一种“读尽其文，却未读透其人”的失意之感。是否还有其他的解读切口，能使我们穿越诗词语言的时空，进而进入词人的生命世界和精神境界呢？

一部经典作品的解读，离不开三个核心要素：作者、作品、读者。“更重要的是，在文学的世界里，在人类文明史的大视野里，作品（文本）和读者的地位是不可同日而语的。一部成功作品特别是文学经典，绝不仅仅是一个作家的事，它是人类精神生活需求，人类社会发展包括政治的、经济的，尤其是文明、文学、艺术形式、语言文字发展到一定阶段的产物，是多方面因素的结晶，是一种‘集体’成果，是某种规律的外显。”因此，对经典文本的解读绝不是某一个读者可以读尽、读透的，即使你的见解再独特，个体读者的“解读”也无法取代作品本身的独立性和独特性，决定不了作品的全部价值。因此，经典作品存在的价值之一便是促使更多的人通过解读它，钻研它而向它学习，向文明学习，丰富我们的生命体验，提升我们的精神世界。孙绍振先生曾说：“经典文本是每一个时代智慧的祭坛。每一个经典文本的阅读史，都是一种在崎岖的险峰上永不停息的智慧长征，目的就是向文本主体结构无限地挺进。”为此，他在“文本多元解读”的理论基础上进一步提出了“一元层层深入”说。“这‘一元’是在不排斥‘其他元’的前提下对某‘一元’进行深入的解读和钻研。”其后，赖瑞云老师提出的“多元有界”说与孙老的主张相得益彰，其核心是纠正西方“读者中心说”片面夸大读者在文本解读时的主体作用，这种“越俎代庖”的文本解读，势必弱化文本中心，甚至是脱离作品的“伪文本解读”。

文本解读应牢牢抓住“作品是独立而独特存在”的这一根本，“语文教学中的每一篇课文的解读，每一堂课的教学，都以其唯一性、不可重复性为生命。”他的理论核心在两个“唯一性”上：一是文本是唯一的；二是每一位教师的每一堂课的教学设计是唯一的。正是这两个唯一性让我们读出了每一篇课文的那些平凡文字中蕴含的非凡的生命张力和精神底座。前者强调文本客观价值，后者突出读者主体意识，而这正是笔者重读《永遇乐·京口北固亭怀古》一文，并对其进行深入的文本解读与教学设计的理论依据。作为一首传颂千古的诗词，其文本和文体的独特性正如郑玄所言：“诗者，志之所之也，在心为志，发言为诗，情动于中而形于言，言之不足，故嗟叹之，嗟叹之不足，故咏歌之，咏歌之不足，不知手之舞之，足之蹈之也。”古诗词是诗人用生命发出的“声”“言”“情”“志”“意”，读者只能用生命去体察品味，去解读探寻，而这两者之间最佳的契合点便是“生命的共鸣”。因此，我尝试从“生命的视角”设计一堂文本解读课，去打通一条使“作者、作品和读者”产生“生命共鸣”的通道，去“还原”此文本尚未被开启的文学“空白”。

二、回望历史——追述英雄的宿命

从古至今，“英雄”是仕子们难以绕开的生命情结，也是他们进身仕途的捷径之一。“英雄”入诗也成为诗人们表现自己人生理想和实现生命价值的固有意象，如曹植的“长驱蹈匈奴，左顾凌鲜卑”（《白马篇》）的少年英雄形象；岑参的“功名只向马上取，真是英雄一丈夫”（《送李副使赴碛西官军》）的沙场英雄形象；以及辛弃疾的“天下英雄谁敌手，曹刘？生子当如孙仲谋”（《南乡子·登京口北固亭有怀》）中的帝王英雄形象，无不诠释了他们对“英雄”的仰慕和艳羡，也注定了他们难以摆脱“以成为国之栋梁为己任”“以成就英雄伟业为使命”的自觉的生命意识和人生追求，而这也正是他们这类人的“宿命”所在。因此，“英雄”以及“表现英雄的语言”便是联结读者、文本、词人的唯一抓手，而对其的解读更是读者走进文本生命，走进词人生命的唯一途径。历史是漫长而丰满的，诗词却是凝练而多情的，这决定了词的语言必经推敲与取舍，这些历史事件中留下的每一个文字，必触动了词人生命中最柔软处、最动情处，词人的生命已然在时空的某一点与这些历史人物的生命交汇融和，本词中辛弃疾将他的“英雄情结”寄寓在五个历史典故中，呈现出一部英雄史书：

“千古江山，英雄无觅孙仲谋处。舞榭歌台，风流总被雨打风吹去。”

“无觅”在此处的言语含义可以理解为“唯一”，表现了孙仲谋这位“英雄形象”在词人心中的地位和对他的敬佩之情，但是一个“总”字又道出了“英雄”也“难以避免”地被时间涤荡而消偃，其中饱含着词人对“英雄难常在”的惋惜之情。

“斜阳草树，寻常巷陌，人道寄奴曾住。想当年，金戈铁马，气吞万里如虎。”

刘寄奴虽起于“巷陌”，却一生“金戈铁马”，开创英雄伟业，“想当年”既写出了词人对英雄事迹的“回想与追思”，更表现出他内心对“成为英雄”的无比“渴望”之情。

“元嘉草草，封狼居胥，赢得仓皇北顾。”

此句截取刘义隆草率北伐的典故，“赢得”（落得）尽言其为了成就“英雄伟业”终至身败名裂的悲剧结局，这是对刘义隆的怜悯与指责。尽管他深知“英雄不易得”的现实，却仍然无法阻止他对“英雄”矢志不渝的追求，恰如他在《破阵子·为陈同甫赋壮词以寄之》词中所言：“了却君王天下事，赢得生前身后名。”

“可堪回首，佛狸祠下，一片神鸦社鼓。”

面对家国破碎的现实，词人的“焦虑和幽怨”之情愈发深重，这正是可以成就“英雄”事业之时，但他却无能为力，从“可堪”二字中我们能够读出词人内心的煎熬和痛苦，这样的痛苦已然让他“无法忍受”，其中的悲痛之情可见一斑。

“凭谁问：廉颇老矣，尚能饭否？”

词人在问人，更是问己。对他而言，人生最大的痛苦莫过于“能为却难为”，最终落得如廉颇这样的英雄一样的可悲、可叹的结局。

这五个典故呈现的恰是古代仕子们难以摆脱的“英雄宿命”的缩影，词人通过这些传神的语言，带着我们共历了这场“可惜—可敬—可怜—可悲—可叹”的情感苦旅，从中不难看出辛弃疾是多么渴望实现自我的“英雄价值”，成就属于他的“英雄事业”。当然词人最仰慕的是孙仲谋，“英雄无觅”足见在辛弃疾看来，历史中的英雄是没有人的功业可以超过孙权的。他对孙权的仰慕在另一首词中表现得更加鲜明。

南乡子·登京口北固亭有怀

何处望神州？满眼风光北固楼。千古兴亡多少事？悠悠。不尽长江滚滚流。

年少万兜鍪，坐断东南战未休。天下英雄谁敌手？曹刘。生子当如孙仲谋。

辛弃疾正是怀着这样一颗赤诚之心向天下人宣告他的人生志向的：成就英雄的“豪情壮志”。然而命运与现实却从未眷顾他，从21岁（1161年）抗金伊始至嘉泰三年（1203年）重被任为知绍兴府兼浙东安抚使，40年来他屡受排挤，始终被挡在“成就英雄伟业”的大门之外，此时64岁的辛弃疾面对自己为之坚守和奋斗一生的理想，内心无比感叹。“凭谁问：廉颇老矣，尚能饭否？”中一个“老”字，让人读出了一种同病相怜之感：一生矢志报国，却备受排挤而壮志难酬；老来被起用，却难有所为，只能空留遗恨。这样的人生际遇与诗人想成为英雄的豪情壮志形成了强烈的反差，当这样的人生反差长期地存在于生命之中时，最能引发的便是“壮志难酬的悲痛忧愤”，词人引述廉颇其实是为了自况。生命在这一刻仿佛跟他开了个玩笑：被起用看似可喜，但人已迟暮，实感无奈；矢志不渝却已时不我待，老骥伏枥又能如何？这一问是他穷其一生而发出的“时代之问”“生命之问”。对他而言，“难为英雄”注定成为像他一样的“英雄”们的难以破解的人生宿命。如果说英雄梦是词人显于外的人生追求，那么隐于内的生命底座应该便是他那颗赤城的“爱国之心”。

三、凝望现实——书写斗士的使命

“多元解读”已然成为语文新课改中文本解读的一股新风、一股强大的推动力，但这并不意味着我们可以无界限地“滥读”甚至“乱读”，文本依然是唯一的中心，“作品是不以人的意志为转移的独立自主的存在，但这个中心并非排他，所有其他因素，作家经历、读者意识、时代背景（社会、历史、文化等）都是解读文本中不可或缺的，但作品、文本始终是中心。”这正是赖氏所强调的文本解读的“多元有界”。那么，哪些因素左右《永遇乐·京口北固亭怀古》一文解读的“界”呢？在反复品读中，我关注到了这句话——“四十三年，望中犹记，烽火扬州路”。熟悉此文本的读者都很清楚，这是全词中近乎写实的一句，与其他文字在言语内容、内涵和语言艺术形式上完全不同，在前人的解读中少有涉及，或者读之不深。既然词人将其入文，必有其深意，正适合孙先生所推崇的“层层深入解读”之法，然其深意为何？我曾一度寥然。至此，我更觉赖氏所言非虚，文本语言的背后是作者全部的时空世界、人生经历、生命体验和精神境界，而作品只取其一点，留下的是无限的“空白”。而我们要做的便是通过文本解读去“发现、还原、再现、揭示”这些“留白”。因此，作者的人生及其特定的历史和时代背景必然是无法绕过的文字，“层层深入解读”实质上是要先将文本读厚，进而才能读深、读透。

这首词作为品读的原点，还需群览与词人相关、与文本相连的史书典籍（如《宋史·列传·卷一百六十》）和批注评论（如《辛弃疾全集校注（全二册）》）。诗词的解读绝不可孤立地解读文字表面的意义，而要联系作者全部的人生历程和生命体验，这就是所谓的“知人论世”：词人渴望成为英雄，却终究难为英雄。从已有的解读资料中，我们分明感受到词人并非不可为，而是不能为，不让为，甚至不必为。这种不被重用的人生境况和壮志难酬的苦闷之情在其南归之初的诗文中便可见一斑。我们且看《水龙吟·登建康赏心亭》一词：“可惜流年，忧愁风雨，树犹如此！倩何人唤取，红巾翠袖，揾英雄泪！”该词写于宋孝宗淳熙元年（1174年），词人南归已八九年，却任一介小官（东安抚司参议官），一个“揾”字擦拭了多少无奈和不甘，满眼“英雄泪”饱含的是多少痛苦和决绝；再到写作《永遇乐·京口北固亭怀古》时的宋宁宗开禧元年（1205年），词人等待了30余年，历经两朝君王，才于前一年（66岁）被起用为浙东安抚使，后又受命担任镇江知府，戍守江防要地京口，即使仍有鸿鹄之志，怎奈“廉颇老矣”啊！而实际上朝廷起用他，只是利用他那主战派元老的招牌作为号召而已。彼时韩侂胄执政，正积极筹划北伐，然而辛弃疾虽然支持北伐抗金的决策，但韩侂胄独揽朝政，轻敌冒进的做法又使他感到忧心忡忡，担心草率北伐，难免重蹈覆辙，最终功亏一篑。但是辛弃疾的意见没有引起南宋当权者的重视。在一次登临京口北固亭时，辛弃疾登高眺望，怀古忆昔，心潮澎湃，感慨万千，写下了这篇流传千古的佳作。在词中，辛弃疾只用了一句话来概述自我人生：

“四十三年，望中犹记，烽火扬州路。”

试问这是怎样的43年？词人是怎样度过的？此刻你能联想到怎样的场景画面？词句仅有两个动词：“望中”“犹记”，便让我们看到了这“四十三”年中，中原大地的遍地“烽火”，一幅幅战火硝烟、国破家亡、流离失所、人生沉浮的画面浮现在我们的眼前，怎能不令人痛心呢？此刻“犹记”已不仅仅是“难以忘记”之意，而是“刻骨铭心”的记忆，什么会让人一辈子刻骨铭心？当然是词人为之奋斗一生的理想。而在这个句子里，最能表达诗人的这种理想的词语便是“望中”了。“中”指哪里？代表什么？“中”的文化含义指中原，是古代中国的核心区域，也代表故国、故土，正如陆游曾用“王师北定中原日”“中原北望气如山”等诗句抒发自己的爱国情怀一样。在这一刻，词人的“望中”是一种怎样的生命状态？你能想象到一个怎样的词人形象？你能感受到词人此刻怎样的情感或精神境界？

这一句看似“写实”，实为“写意”。这里的“望”可作“凝望”解。因为“凝望”是一种“放不下”的生命状态。词人既写了对过往战斗岁月的回忆，正如他在《鹧鸪天·壮岁旌旗拥万夫》一词中所说的那样：“壮岁旌旗拥万夫，锦襜突骑渡江初，燕兵夜娖银胡䩮，汉箭朝飞金仆姑。”也有对时不我待；错失良机的遗憾和不甘，“却将万字平戎策，换得东家种树书。”（《鹧鸪天·壮岁旌旗拥万夫》）。就在43年前（1162年），宋军在采石矶击破南犯的金兵，人心振奋，北方义军纷起，动摇了女真贵族在中原的统治，形势是大有可为的。刚即位的宋孝宗也颇有恢复之志，起用主战派首领张浚，积极进行北伐。可是符离败退后，他就坚持不下去了，于是主和派重新得势，再一次与金国通使议和。从此，南北分裂就进入了一个相对稳定的状态，辛弃疾的鸿鹄之志也就无从施展。43年后，词人站在北固楼上，四顾苍茫，凝望着视线不可及的远方，仿佛看到在那片被称为“故土”的中原大地上，肆虐的却是异族的铁蹄，那里有再也见不到的故人，是再也回不去的故乡，陷入了无限沉思之中，矢志不渝的故国之爱与满腔的丧土之恨汇成了两滴老泪，凝滞在词人的眼中。“望中”既是难以割舍的凝望，也是一种决绝的渴望，更是一种无奈的绝望。

同时，这个“望”字又写出了词人从历史英雄的生命回归到自我生命思考的过程，让我们读出了一个人用生命对天下苍生生命关切的“使命感和责任感”，这是根植于词人生命之中的，正如杨绛先生所言，是一种“知识分子固有的自省精神”。况且，辛弃疾这“一望”，就“望”了一辈子啊。我们且看：

青山欲共高人语，联翩万马来无数。烟雨却低回，望来终不来。人言头上发，总向愁中白。拍手笑沙鸥，一身都是愁。（《菩萨蛮·金陵赏心亭为叶丞相赋》1174年）

郁孤台下清江水，中间多少行人泪。西北望长安，可怜无数山。青山遮不住，毕竟东流去。江晚正愁余，山深闻鹧鸪。（《菩萨蛮·书江西造口壁》1175年）

这两词作于宋孝宗淳熙元年（1174年）至二年（1175年），背景是南归不久的辛弃疾面对眼前的巍巍青山，想到正蹂躏于金人铁蹄下的故土河山，内心岂不悲痛。更加不幸的是他虽屡屡上书北伐，却屡遭排挤，被迫闲居，恢复中原的大志一再受阻，致死壮志未酬。但他却一直在凝望着他的故土，他的理想。他用一生、用生命书写了一个“斗士的使命和责任”。

因此，此刻词人的内心百感交集，无比痛苦，而且这种痛，痛彻心扉。

四、守望理想——升华仕子的生命

如前文所述，文本需经“多元解读”才更加丰满，解读需经“层层深入”才更加深刻，这些理论帮助我们突破了文本解读中的诸多问题，使解读更加多元化、更加深刻化。但我在实践的过程中又产生了一系列新的问题：①既然赖瑞云老师提出“多元有界”，那么我想“层层深入解读”是不是也应该有一个“界”呢？②对于大多数一线的教师和学生而言，“多元”之界在何处？“深入”之界又在何处？③如何立足于“文本中心”拿捏好“元之界”和“深之界”的尺度呢？我一时百思不得其解。

亚里士多德曾在《诗学》中对文学作品的属性做了如下说明：“有机整体性是一部文学作品所应具有的本质属性，一部文学作品只有具备了有机整体性它才具有了文学性。”从文本解读的角度来说，“文学的有机整体性”除了文本和作者，还应纳入读者的阅读体验和生命经验，因为作家一旦将他的生命体验以文字的形式表现出来，那么这些文字及其呈现出的艺术形式便已经突破了作者本人的生命界限，其界限也因读者的生命参与而达到一个更广更深的境界了。那么，此文本的“解读”必然要达到“学生特定的人生经验和生命体验”这个境界。

从生命的视角来看辛弃疾的一生，是满怀理想的一生，“挥羽扇，整纶巾，少年鞍马尘”（《阮郎归·耒阳道中为张处父推官赋》）；是颠沛流离的一生，“平生塞北江南，归来华发苍颜。”（《清平乐·独宿博山王氏庵》）；是壮怀激烈的一生，“马革裹尸当自誓，蛾眉伐性休重说。”（《满江红·汉水东流》）；更是忧国忧民的一生，“甚东山何事，当时也道，为苍生起。”（《水龙吟·老来曾识渊明》）放在现在，任何一个人，历经如此人生磨难，恐怕早已千疮百孔、心如死灰了，但是他却从未放弃，矢志不渝，那么到底是什么力量支撑着他老而弥坚、愈挫愈勇呢？艾青先生曾写过这样一句诗：“为什么我的眼里常含泪水，因为我对这土地爱得深沉！”辛弃疾的这种力量、这种精神与艾青的这份对土地深沉的爱是如此的相似，他们共同的情感源头是心中有“爱”。这种“爱”贯穿了他整个人生以及与他的生命休戚相关的所有人或事，外显于他的“爱志、爱国、爱民”。而且越是在国家存亡安危之际，越是在人民“黎庶凋瘵、百孔千创”之时，越是在自己屡屡报国无门、怀才不遇之刻，他的这份“爱”反而越发清醒和自觉，越发强烈和震撼。

词人的这份“爱”与常人所谓的“爱是相互的”是完全不同的，在他的人生中，我们分明只看到了词人对他的国家、人民和理想的爱，而他得到的却只有“悲”，只有“痛”。但他的“爱”仍然如此清醒、决绝和义无反顾，这又是为什么呢？读词至此，我们已能体察到辛弃疾这样的“生命困境”“理想困境”并非他一人所独有，在我们所学、所知的传统文人身上皆有之，譬如陈子昂“前不见古人，后不见来者。念天地之悠悠，独怆然而涕下”（《登幽州台歌》）的孤独。杜甫“亲朋无一字，老病有孤舟。戎马关山北，凭轩涕泗流”（《登岳阳楼》）的凄苦。李白“弃我去者，昨日之日不可留；乱我心者，今日之日多烦忧。人生在世不称意，明朝散发弄扁舟。”（《宣州谢朓楼饯别校书叔云》）的落寞。苏轼“世路无穷，劳生有限，似此区区长鲜欢。微吟罢，凭征鞍无语，往事千端”（《沁园春·孤馆灯青》）的无奈。陆游“当年万里觅封侯，匹马戍梁州。关河梦断何处？尘暗旧貂裘。胡未灭，鬓先秋，泪空流。此生谁料，心在天山，身老沧洲”（《诉衷情·当年万里觅封侯》）的不甘。李商隐“宣室求贤访逐臣，贾生才调更无伦。可怜夜半虚前席，不问苍生问鬼神”（《贾生》）的自怜等。展现的是作为一个“群体”的中国传统仕子相似的“人生观、价值观”。尽管他们的人生经历及生命体验不同，但却因相似的价值追求而沉淀出共同的人格品质和精神境界，形成了独属于他们这个群体的“仕子情怀”。因此，在解读文本时，我们还需突破词人个体生命及人格的界限，到达“仕子”群体的生命及人格的“文人史”的边界；需要突破单一文本的“情与意”的解读之界，到达“以文解人、以文解文”的“文学史”的边界。那么，中国古代文人的“仕子情怀”又包含了哪些方面的内容呢?

1.“仕子情怀”的文化与思想之源

毋庸置疑，在历经了先秦“百家争鸣”的文化与思想纷争之后，自汉始，中国传统文化逐渐形成以“儒”“道”为主流的局面，尤其是“儒家”的文化和思想最终主宰了两千多年来中国文化和思想的发展，并在此基础上逐渐沉淀形成了中国文人特有的情怀。如“修身、齐家、治国、平天下”的自觉的使命感和责任感；如“致君尧舜上，再使风俗淳”的美好的理想追求；如“达则兼济天下，穷则独善其身”的人生观和价值观；如“天行健，君子以自强不息”的道德标准和处世原则；如“饭疏食饮水，曲肱而枕之，乐亦在其中矣。不义而富且贵，于我如浮云”的人格气节；如“事应顺于名，名应顺天，天人之际，合而为一”的精神境界。

古代仕子所遵循的这种“半哲学半宗教”的儒家思想特性，致使中国的仕子们成为“天与人”之间的徘徊者，永远找不到出路，“学而优则仕，仕而优则隐。不学则无仕，无仕则无功，无功则无德，无德则无名”，而仕途正是仕子们从凡人走向圣人的必然之路。正如冯友兰在《人生的境界》中所提到的，所谓的“天人合一”的境界事实上是一种道德境界、宇宙境界，这种境界用庄子的话来说就是“至人无己，神人无功，圣人无名”。这也正解释了辛弃疾这样的仕子们为何如此执着于仕途之功、英雄之名的内在原因。但是中国仕子们的“仕子情怀”并非执着于哪一个王朝，哪一个皇帝，实际上是他们的“一种人生信仰，一种生命价值，一种精神追求”。正如李白所说“总为浮云遮蔽日，长安不见使人愁”。

2.“仕子情怀”是一种生命的悲悯情怀与自省精神

“天下兴亡，匹夫有责”这种使命感和责任感唤醒的是古代仕子们生命中的对“家国天下”的自觉意识。而这种“觉醒”又催生了他们的悲悯情怀与自省精神（类同于西方的“人道主义”精神），他们一生经历的“怀才不遇、壮志难酬”的悲怆，并非仅仅是为了个人的生命，更多的是为国家危难而报国无门而悲，为苍生罹难而无能为力而悲。他们早已将国家民族、天下苍生置于个体生命之上，才有此“爱之深痛之切”的深沉之情。他们的高贵之处在于，因了别人（国家人民）的苦难，而忘记了自己的辛酸，却还要为更不幸的人或事自觉地承担更多的苦难！这种“悲天悯人”的情怀和以“天下为己任”的胸怀皆因他们具有一种“自省精神”。所以说，他们是各自混沌的年代中格外“清醒”的人，也因为清醒，他们歧路艰难，不移白首之心；也因为清醒，他们穷且益坚，不坠青云之志。且听屈原高唱“举世皆浊我独清，众人皆醉我独醒……安能以身之察察，受物之汶汶者乎？宁赴湘流，葬于江鱼之腹中。”不啻为仕子们为自己吟唱的一首挽歌，更是一首赞歌！

如果说“英雄梦”是辛弃疾人生矢志不渝的理想，那么“爱国”则是支撑这个理想的“底座”，“仕子情怀”则是“生命注脚”。这不正是易安居士所言的“生当作人杰，死亦为鬼雄”的生命境界吗？中华文化正是拥有了无数像辛弃疾这样的具有“生命情怀”和“精神血脉”的仕子，才成就了一个又一个“英雄梦”，才沉淀出了独属于我们这个民族的生命品格。

五、结语

文本解读既是读者对文本语言的玩味，也是读者与作者生命的共鸣，更是读者对文本背后的“文化的还原，思想的共舞，精神的传承”。唯有如此，“多元解读”才能“多其元”，“深入解读”才能“入其深”，“多元有界”才能知“界所达”。

参考文献

［1］赖瑞云.文本解读与语文教学新论［M］.北京：北京师范大学出版社，2013.

［2］孙绍振.读者主体和文本主体的深度同化和调节［J］.课程教材教法，2010（3）：11.

［3］孙绍振.多元解读与一元层层深入［J］.中学语文教学，2009（8）：4.

［4］孙绍振.文本解读与语文教学新论·序言［M］.北京：北京师范大学出版社，2013.

［5］（汉）郑玄.毛诗正义（孔颖达疏）［M］.上海：上海古籍出版社，2007.

［6］罗念生译.亚里士多德.诗学［M］.北京：人民文学出版社，1963.

浙江省临海大田中学　郑　俊

冷色调中的情感意蕴
——《声声慢·寻寻觅觅》品读

所谓文本解读就是阅读主体通过对文本材料的感知、理解、评价，进而产生感受、体验和理解，并形成对文本材料的价值取向的过程。寻找一个新的切入点，在细细咂摸品味中读出新意、读出深刻，这是我们追求的，也是我们向往的。

色彩是绘画艺术特有的元素，画家们经常采用明亮的暖色调来代表昂扬积极、充满活力，以表达快乐、喜悦的情感；用冷色调来表示低沉孤寂、消极颓废，以表达悲伤、抑郁的情绪。艺术是相通的，我们在阅读古诗词时发现，很多诗人把自己对色彩的体验融入诗歌创作中，他们笔下的景物和情感也具备了冷、暖不同的色调。

臧克家曾说："慷慨激昂的情绪，用短句表达它，缠绵悱恻的感情，你可以多次反复，悲伤的字句里，多嵌色黯声哑的字，在相反的场合上，响亮鲜明的字就应当选它上场。"这里说的"色黯声哑""响亮鲜明"，我们就可以理解为冷暖色调的不同。鉴赏诗歌时，色调是一把钥匙，能够帮助我们理解作品的主题和诗人的情感。

李清照，宋代最伟大的女词人，被誉为"千古第一才女"。她之才情，在于她的词之绝妙。"言为心声"，在李清照的个人经历中，早年的快乐与晚年的哀伤形成鲜明的对比，也使她不同阶段的词作呈现出对不同色彩美的追求。晚年的遭际使她的作品表现出明显的冷色调倾向。其中，有一首词被称为"千古创格"的"绝世奇文"，那就是《声声慢·寻寻觅觅》。要想读懂李清照，《声声慢·寻寻觅觅》就值得我们驻足流连、细味深品。以下，我们就从冷色调的角度解读这篇名作。

一、冷色调中的“意”韵

世界之所以万紫千红，在于色彩的缤纷。诗词作为表现生活、抒发感情、反映客观世界的文学样式，自然离不开色彩的运用。颜色的映衬、光线的变化，才形成色调鲜明的意境之美。说到意境，不能不提意象，它们就像摊开画卷时，映入我们眼帘的那一抹颜料。关注意象是解读诗歌的起点。主观之“意”和客观之“象”完美融合，形成了独特的韵味。

1. 乌云密布般的情感基调

“意象”，归根结底是物象和诗人内心体验的结合，正如“一切景语皆情语”，冷色调既是指意象的外表颜色，更是指诗人内心情绪的色彩。

“寻寻觅觅，冷冷清清，凄凄惨惨戚戚”是全词的开篇，虽没有直接出现意象，也没有直接描摹色彩，但是富于抒情意味的七组叠词却为全词奠定了黯淡的基调。尤其是“冷冷清清”四字，无疑是冷色调的直接体现。场面的冷冷清清让人如临其境，内心的冷冷落落更让人感同身受。

“乍暖还寒”中，“乍暖”是一种温暖，似乎让人从压抑之中暂得舒缓，给刚才的阴沉平添了些许光亮，但随之以“还寒”，一切又回归冷寂。有了暖的映照，这样的“寒”让人更为难耐，毕竟气温只是一个次要的因素，内心之寒才是这种寒意挥之不去的症结。萧索的时节，不佳的心绪，休息调理难上加难，让人叹惜，令人无奈。

“守着窗儿，独自怎生得黑？”这是作者寻觅之后的深沉感叹。“黑”意味着煎熬之中时间的流逝、光线的变化；“黑”说明黄昏的到来、一天的过去。不直言“黄昏”却以“黑”来表示，以最压抑阴暗的色调，让人简直喘不过气来。

当我们置身诗境，在文字的缝隙中去触摸、感知、还原作者的生活场景，我们会发现词人无时无刻不在表达自己的情绪。这是一种毫不惜墨的倾泻式的表达，抒发了孤寂、悲凉的心绪，传递出冷色调的情感氛围。这样的解读暂时告别了知人论世的传统方式，调动了读者的生命经验，是脱离标签的素读，是一种本色阅读。

2. 疾风骤雨般的意象组合

除了情感基调的营造，词人还用了大量的意象。密集而蕴意深厚的意象给予我们狂风暴雨似的情感洗礼，形成了动人心魄的艺术魅力。

“淡酒”，酒在中国文人的生活中是有独特的价值和意义的。它是精神的解药，是情感的依托。“一醉解千愁”，酒是排解愁情的最佳伴侣。但显然此景此境中，这“三杯两盏淡酒”无疑让此时的易安无法释怀。“三杯两盏”是指酒的量少，而“淡”是指酒的味薄，表面如此，仔细思来，恐怕酒依旧，只是愁太浓，而显味之淡。一路走来的李清照，悲喜沉浮，都有酒相伴，但醉并不足以解愁，无论淡饮，抑或浓醉。寻觅无果的李清照独自守着窗儿，在铺天盖地的忧愁之下，杯中清酒抚慰不了深秋傍晚的那一阵阵凄风苦雨，自然也无法麻痹神经的痛楚。

“雁过”，黄叶纷飞的季节里，南飞的鸿雁是万里霜天的点缀，也是牵惹文人骚客愁丝的常客。光阴流逝、季节更替，羁旅的游子、凭栏的思妇，都可与雁关联。秋高气爽时，大雁可展现高远寥廓，但更多时候，它是表现环境悲凄、孤傲落寞，寄予殷切期盼、浓浓乡愁的代名词。《声声慢·寻寻觅觅》中，雁飞过的背景是秋雨中的傍晚，色调之暗不言而喻。雁叫声声，凄厉难闻，自然更令人伤怀。

“黄花”，实为菊花。飒飒黄菊，向来为诗人青睐，他们把菊花作为自己高洁人格的外化，以菊为知己，以菊来言志。李清照也对菊花情有独钟。金秋九月，万木凋零之中，这样的灿烂能带来一丝喜悦，但紧随其后的“憔悴损”让黄花的明亮转瞬化为乌有。憔悴的不只是花，更是人。两者互相映衬，悲凄之感变得更为沉重。花憔悴，人孤独，心更凄戚。

“梧桐”，常常和秋风秋雨组合在一起，渲染孤独寂寥，抒发悲秋愁情。风吹落叶，梧桐凄凄，表现悲愁的梧桐本已色调暗淡，再加上点点滴滴的雨声，又逢黄昏之时，内心的悲戚之情在“黄昏”“梧桐”“细雨”这样一种绝佳的冷色调组合中变得更为清晰，使最后“怎一个愁字了得”的叹惜水到渠成，简单直白之中更显神妙，更有韵味，更堪咀嚼。

不少文人对色彩的感知是敏锐的，他们可以借助色调来含蓄地表达自己心思的细腻，李清照就是这样的词人。良好的家庭教养和耳濡目染之中让李清照琴、棋、书、画样样精通。婚后，在丈夫赵明诚的影响下，李清照精于书画鉴赏，她对色彩的理解与运用是别具一格的。在这样一首冷色调的词作中，她用乌云密布般的情感基调做背景，以疾风骤雨般的意象组合向我们展示了一种浓郁而又蕴藉的灰色调。

二、冷色调中的“音”韵

冷色调音乐应该是色调灰暗，让人感到冷寂和孤独的一种音乐。词最初称为“曲词”或者“曲子词”，是配合宴乐乐曲而填写的歌诗。从这一角度来说，词是具有音乐性的。李清照主张词“别是一家”，她认为词自诞生以来，就与音乐有着不解之缘，词应具有合律可歌、委婉典雅等特征，较诗更适宜表达婉转曲折的感情。《声声慢·寻寻觅觅》则是充分体现她这种词学理论的典范之作。清人邓廷桢评价《声声慢·寻寻觅觅》为“变徵之音”，即悲凉之音。因此，我们也可以从冷色调的角度，去解读这首词的节奏和音律，感知李清照的沉郁凄婉。

1. 叠字

对词的创作，我们称为“填词”，一首诗的词牌决定了词在格式上的严格要求。词是可用来演唱的，因此音调和谐是一个很重要的要求。杨慎在《词品》中说：“《声声慢》一词，节奏最为婉妙。”这无疑说明节奏对于这首词的意义。

词的起句向来被人们津津乐道，罗大经《鹤林玉露》云：“起头连叠七字，以一妇人，乃能创意出奇如此。”大胆使用的叠字极其鲜明地体现了作者对音律的极深造诣和精心追求。七组叠字，大多属于开口度极小的齿音，字字读来，轻细而凄清，有如听到一个伤心至极的人在低声倾诉，痛苦哀怨，让人难以释怀，造成一种极为紧张和压抑的气氛，余音袅袅，不绝如缕。“寻寻觅觅，冷冷清清”，由舒徐转入急促，高低升降的变化之中，就如珠落玉盘，用节奏深刻揭示出了主人公的复杂感情，让人叫绝。“凄凄惨惨戚戚”，齿音的循环往复使节奏性更强，似乎能够让人听到成串的眼泪落下的声音和词人从牙缝间挤出的哽咽啜泣之声，真正达到了“声情并茂”的艺术境界。

这还不是结束，词人在下文中又加两组叠词，却不曾给人刻意之感，留下雕琢痕迹。正如南宋张端义在《贵耳集》中曰：“易安秋词《声声慢》，此乃公孙大娘舞剑手。本朝非无能词之士，未曾有一下十四叠字者……后叠又云‘梧桐更兼细雨，到黄昏、点点滴滴’，又使叠字，俱无斧凿痕。”

李清照的叠字艺术之所以能够独树一帜，超然笔墨蹊径之外，在于并不是刻意使然，而是恰到好处。傅庚生在《中国文学欣赏举隅》中认为：“似此步步写来，自疑而信，由浅入深，何等层次，几多细腻！不然，将求叠字之巧，必贻堆砌之讥，一涉堆砌，则叠字不足云巧矣。故觅觅不可改在寻寻之上，冷冷不可移植清清之下，而戚戚又必居最末也。”可见，文学作品的形式和内容是统一的，李清照这14个叠字，不仅是追求音韵美，更是其情感表达的内在需要。悲戚难遣的冷色调韵律是和作者含蓄深沉的情感步调一致的。

2. 仄声韵

从古到今，诗词创作都很重视韵律，押韵是诗歌的重要特征之一，韵脚的读音特征与诗作的情感存在着密切的关系。陈子昂在《修竹篇序》中说："见明公《咏孤桐篇》，骨气端翔，音情顿挫，光英朗练，有金石声。"此处的"金石声"代指声音的铿锵之美，而之所以能够产生这样的声音之美，离不开声调和用韵因素。

汉语声调平仄相对，读起来朗朗上口，具有抑扬顿挫之美，同时也可以通过音调的起伏跌宕形成或低沉，或高亢，或悠扬，或急促的声调，来表达相应的内心情感。清代桐城派作家刘大櫆曾提出"因声求气"的文学鉴赏方式。"声"指节奏、音调平仄、押韵，"气"指情感、气势。"因声求气"就是通过感受诗文语言的节奏来把握作品的精神。正因为具有节奏感和音乐性的声韵可用来表情达意，所以诗词创作者向来注重随情选韵，因情变声。清人王又华在《古今词论》中指出："《声声慢》，平韵调也，李易安以仄声作之。"用韵是为抒情服务的，李清照之前，《声声慢》本是押平声韵的。仄声韵也是《声声慢》在音律上体现冷色调的一种方式。

有人把韵母分成洪亮级、柔和级和细微级。洪亮级具有较明朗的色彩，柔和级具有较柔和的色彩，而细微级色彩更加灰暗。薛生明在《诗词与写作》中说："选韵要依据作品的内容和要表达的思想和所抒发的感情来决定韵脚的响度级别。"韵母开口度越大，越容易表现昂扬的感情，开口度越小，则越适合凄婉之情。比如韵母为ang、an、ong、a等的字读起来声音洪亮，以ai、ei为韵母的字读起来就比较柔和，以i为韵母的字读起来就比较低沉哀痛。

《声声慢·寻寻觅觅》的韵脚是"觅、戚、息、急、识、积、摘、黑、滴、得"，这些字发音柔和、细微，故能恰到好处地抒发作者的冷色调情感。

从色彩的角度来看，平韵比较明朗，仄声比较阴暗。明朝释真空的《玉钥匙歌诀》说："平声平道莫低昂，上声高呼猛烈强，去声分明哀远道，入声短促急收藏。"因此，表现喜悦、欢快等暖色调情感用平声为好，而表现忧愁、压抑等冷色调情感则仄声更佳。不同于平声韵的舒缓、低沉、平静的特点，仄声韵合于悲抑之情。入声也归于仄声，入声字是短音，给人顿挫凝滞之感。因此，当我们要表达痛苦、坚韧、感慨、愤懑等情绪时，就可以选择押入声韵。读《声声慢·寻寻觅觅》时，我们会发现有些韵脚是阴平或阳平，属于平声。这和古今语音的变化有关，我们可以借助方言来解惑，如在浙江某些方言中，“戚、息、识、积”等均发音短促急的入声。女词人在此的创新构成一种激越凄厉的情调，在一种冷色调中表现欲语无言的悲怆与哀痛。

3. 双声叠韵词

作为文学内核的情感，是通过语言形式来表达的。古典诗词和谐抑扬，具有抒情性，双声词、叠韵词的运用功不可没。声母相同的称为双声词，韵母相同的称为叠韵词，也有些词两者兼具，被称为双声兼叠韵词。相同的声母或韵母反复出现，听起来有一种音乐的效果，给人以听觉上的美感。李重华在《贞一斋诗说》中说：“叠韵如两玉相叩，取其铿锵；双声如贯珠相联，取其婉转。”

李清照在这首词中用了大量的双声叠韵词，把诗歌用声传情的特点表现得淋漓尽致：凄凄、惨惨、戚戚、黄花、憔悴、黄昏、点滴，都是双声；冷清、暖寒、盏淡、得黑、次第，都是叠韵。这些双声叠韵词的运用，配合全词的叠字和仄声韵，使舒缓变为急促，哀婉变为凄厉，满纸呜咽，忧郁沉痛之情自然流泻于字里行间，实现了音律与文辞兼美。

著名词学家夏承焘先生在《唐宋词欣赏》中说，《声声慢·寻寻觅觅》是特别讲究声调的一首名作。“这首词借双声叠韵字来增强表达感情的效果，是从前词家不大用过的艺术手法”“以细腻而又奇横的笔墨，用双声叠韵的啮齿叮咛的音调，来写她心中真挚深刻的感情，这是从欧、秦诸大家以来所不曾见过的一首突出的代表作”。

三、冷色调中的“情”韵

“歌以咏志”，无论是意境还是语言，最后都是为倾吐情怀服务的。《声声慢·寻寻觅觅》是李清照的代表作，当我们细细品味每一个词时，如“淡酒”“晚风”“雁过”“黄花”“梧桐”“细雨”，可感到处处都是愁，声声都是悲。《声声慢·寻寻觅觅》是一首冷色调的诗歌，这种冷色调体现在意境之中，表现在语言之中，自然也流露于情感之中。纵览全词，除了结句直接言愁之外，在这场凄迷的风雨之中，满纸写“愁”却不言“愁”，将“愁”描写到了极致。但是最后一句话却道“这次第，怎一个愁字了得”，既然无法用一个“愁”字一以概之，那么谁又能解得其中真意呢？

1. 茕独凄惶的孀居者

也许是宋词太过于美好，我们心目中的易安似乎一直是蕙质兰心、才情横溢的，尽管我们也知道南渡之后的婉约女子也有自己的伤痛和浓愁，却似乎很难把她当成一个普通的凡间女子。但是，“国家不幸诗家幸，赋到沧桑句便工”，李清照并不是永远停留于多愁善感的少女时代、清丽娟秀的少妇时期，时代与人生的阴影她无法避免，浓黑的悲愁在她的心灵深处渲染的冷色调让人唏嘘。当我们回到风雨飘摇的南宋，走进黄花堆积的庭院深处，精神恍惚、凄楚孤独、悲愁欲绝才是彼时李清照的真实日常。

作为婉约词的代表人物，李清照并不失豪放、豁达。出身书香门第，她的前半生是幸福美满、无忧无虑的。找到一个志趣相投、才貌相当的如意郎君，是李清照少女时代就有的对于爱情和婚姻的憧憬，而赵明诚是符合李清照的期待和理想的。出嫁后的日子，夫妻二人琴棋雅兴、吟诗作对，情投意合、幸福惬意，但一切随着金兵南下戛然而止。她渴望与丈夫朝朝暮暮、长相厮守，她在《一剪梅》中用“此情无计可消除，才下眉头，却上心头”表达自己对于爱情的珍视。正因为感情至深，赵明诚的病故才会让李清照陷入苦况。孑然一身的飘零，无所皈依的精神是“愁”的根源。李清照的人生底色是灰暗的，词中的抒情主人公也是凄苦的。

孀居者形象的感知从“寻寻觅觅，冷冷清清，凄凄惨惨戚戚”开始，“寻寻觅觅”的动作，“冷冷清清”的环境，“凄凄惨惨戚戚”的心理，短短14个字，一个恍惚、凄惶的悲苦形象便跃然而出。为何寻觅？只因为不舍，只因为不愿接受。寻觅什么？丈夫的音容笑貌，过去的幸福点滴。恍在眼前，却又不见；细心寻找，却无所得。她找到的只是外面的冷冷风雨和室内清冷的自己，于是寒意渐渐凝结于心，愈加沉重，让人忧心不已，无声泣涕。“乍暖还寒时候，最难将息”，但最让人消瘦的还是内心的愁绪，于是形单影只中她唯有饮酒浇愁，但唯一的宣泄却因愁太浓而无法实现，失落之下，忧愁依然如针似刺。不经意抬眸，她看见了北来的雁群，雁鸣声声，愁绪加倍。在异地的江南，同样来自北方的旧时相识却让主人公更加忧伤，牵动她的无边乡思。

词到下阕，黄色的菊花已然满地，宽大的桐叶在雨中低吟。“有我之境，以我观物，故物我皆著我之色彩”，词人酒意未消，心仍未醒，因此触目皆是残败憔悴，满耳都是淅淅沥沥。恍惚之中，遥想当年赏花吟诗，再对比眼前的空自残落，凋谢委地的又何止一地黄菊呢？孤苦伶仃，最怕的就是时光难挨，这时时刻刻的煎熬，如何守到天黑，又如何挨到天明呢？雨打梧桐的声音因寂寥而愈加清晰，一点一滴，是叹息，是泪水，更是无尽的绝望。这种苦闷，又岂是一个“愁”字可以形容啊！

2. 苦痛绝望的自救者

郭沫若曾经这样评价李清照：“一代词人有旧居，半生漂泊憾何如。冷清今日成轰烈，传诵千古是著书。”总觉得能够在历史上留下美丽痕迹的词人，她的情感不应单单停留于关于爱情的凄婉叹惜中，面对灰色的人生，她让我们为之感动的又是什么呢？

让我们先梳理一下李清照与灰色相关的那一段人生轨迹吧！1126年，国家衰败，金兵入侵，围困京师，攻破北宋都城汴京；1127年，金兵掳走宋徽宗和宋钦宗，高宗南逃，李清照夫妇也随难民流落江南；1129年，赵明诚孤身赴任湖州，身染重病，8月18日去世，李清照时年46岁；1130年，李清照为解不白之冤，在越州、明州、奉化、嵊县、台州、温州之间奔波；1131年，李清照寄居会稽，又逢盗贼，重病缠身，几欲丧命；1132年，再嫁张汝舟，可惜遇人不淑，李清照情愿依法系狱，也要提出诉讼，与张汝舟离婚；1134年，李清照避乱金华，并于此地作《武陵春》《题八咏楼》等作品，感叹辗转漂泊的悲惨身世，又表现出强烈的忧国之情；1143年，李清照校勘整理赵明诚遗著《金石录》，表进于朝；大约1156年或以后，孑然一身的李清照在极度孤苦、凄凉中，悲苦地离开人世。

晚年李清照的人生是灰色的。国破家亡，仓皇南渡，丈夫亡故，接连而来的家国巨变本已不幸，随身所带的金石字画等珍贵文物也在逃亡的路上遗失殆尽，再嫁的遭遇更让本来不谙世事的李清照饱受欺辱。在朋友搭救下逃过牢狱之灾的李清照，从此孤独冷清，人生再也没有了暖色。所有的风雨都转化为种种悲愁、凄苦、无奈，成为她内心的苦痛。但是能够写出“生当作人杰，死亦为鬼雄”这样高亢奋进之语的李清照并没有屈服于这样的痛苦之中，她没有放弃绝望中的自我拯救。这样的审视，让我们读懂了李清照的坚持和强韧，如她的“不徒俯视巾帼，直欲压倒须眉”（李调元《雨村词话》）。

《声声慢·寻寻觅觅》完整地向我们展示了女词人在绝望悲苦中的不甘心和试图抗争的心路历程：她写寻寻觅觅，尽管最后无果，却是一种不甘；她写三五杯酒，尽管清醒依旧，却是一种寄托；她写仰观天宇，尽管在旧时相识的过雁中痛苦，却是寻求排遣；她写阶前黄花，尽管在满地堆积的黄菊中自怜，却是为了忘忧；她写倚窗待黑，尽管在雨打梧桐中心绪不宁，却是为了熬到天黑……一切都事与愿违，愿望和现实的相悖，使每一次的努力最终都落空，但每一次的失望又触发了新的挣扎，每一次的自我疗救都以失败告终，使人九曲回肠、愁肠百结，灰色更添浓重。

翻开中国文学史，我们会感动于中国文人的胸怀旷远，柳宗元“心凝形释，与万化冥合”，范仲淹“不以物喜，不以己悲”，苏东坡“一蓑烟雨任平生”……他们可以在大自然中寻找心灵的抚慰，可以在政治抱负中忘却一己的得失，但是女性身份是一种禁锢，让李清照的抗争有了更多苍凉的因子。宋代是理学盛行的时代，女子的附庸属性根深蒂固。在这样的男权社会中，接受了良好教育的李清照纵然才气纵横，也无法体验更多的社会生活。窄小的生活视野、褊狭的生命体验、茕茕孑立的人生处境使她只能在异乡的庭院中，看春去秋来，叹时光流逝，沉浸于漫无边际的黑暗愁苦之中。但易安之愁毕竟与民族之愁、时代之愁紧密相连，是个人境遇的不幸，更是国破家亡的耻辱，这种格局又注定了李清照千古愁情的深度，也让人感动于李清照声声幽长的喟叹。

人生最可怕的不是遭遇人生至痛，而是在不幸面前的屈服自弃。从情感意蕴来说，《声声慢·寻寻觅觅》一方面表现了历经国家危亡、故乡沦陷、夫婿病逝、流亡逃难的女词人浓烈的悲苦之情，另一方面在泣涕交加的情感悲痛中还潜藏着一种执着精神，一种抗争不屈的生命悲愤。这样的李清照让人同情，更值得钦佩。孔子说“诗可以怨”，韩愈在《送孟东野序》一文中说：“大凡物不得其平则鸣。”人生悲苦需要疗救，而文学创作是有效手段。当李清照将她一生的愁情化为诗篇，留下一首首传世绝唱时，相信她内心的那些灰色已然得以些许冲淡。那么，从这个意义上看，她的自救之路又是否算得上成功呢？

“一个心高气傲、富有才智、抱有理想，充满生命活力的李清照”是王富仁教授通过《声声慢·寻寻觅觅》读到的李清照。当李清照满腹才情却找不到发挥生命力量的空间、找不到证明生命价值的方式时，她却仍然执着地寻寻觅觅。李清照被时代和人生氤氲成灰色，但她又反抗着这灰色。从冷色调读《声声慢·寻寻觅觅》的情感意蕴，却读出一个温暖、鲜活的李清照！

参考文献

［1］王高年.色黯声哑声声悲——李清照《声声慢》赏析的又一角度［J］.语文月刊，2018（1）.

［2］方超群.一个绝望女子的自救心路——李清照《声声慢》新解［J］.语文建设，2014（3）.

［3］王富仁.内感与外感情绪与结构——李清照词《声声慢（寻寻觅觅）》赏析［J］.名作欣赏，1992（5）.

浙江省台州市第一中学　王宏燕

劝之谆谆，晓之以理
——《劝学》品读

荀子（约前313—前238年），名况，字卿，战国末期赵国人。著名思想家、文学家、政治家，时人尊称“荀卿”。西汉时因避汉宣帝讳，又因“荀”与“孙”二字古音相通，故称孙卿。曾三次出任齐国稷下学宫的祭酒，后为楚兰陵（位于今山东兰陵县）令。

《劝学》是荀子的代表作品，也是《荀子》一书开宗明义的第一篇。全文共由两大部分组成：前一部分，论述学习的重要性；后一部分，论述学习的步骤、内容、途径等有关问题。而以“学不可以已”作为贯穿全文的中心思想。

第一段的分论点是段末的那句话：“君子博学而日参省乎己，则知明而行无过矣”，说明学习的目的是要做到“知明而行无过”，提高自己的聪明才智，使行动少犯或不犯错误。作者用了五个比喻来进行论证。这五个比喻可分为三组，从三个角度来说明学习的意义。第一组比喻：青出于蓝，蓝草提炼变为靛青，颜色更深；“冰寒于水”，水由液体变为固体，更加寒冷，说明客观事物不是固定不变的，而是可以变化的，通过改变它的状态，可以有所发展、有所提高。第二组比喻：輮木为轮，笔直的木头弯曲后变成车轮，而一旦变成车轮之后，即使晒得枯干，也不会再变直，说明客观事物不仅可以变，而且可以按照一定的要求和标准改变它的形状，达到理想的最高境界，而一旦达到此种境界就再也不会回复到初始状态。第三组比喻：木受绳则直，金就砺则利，与分论点放在一起，另一方面作为本段的结论，一方面又与分论点构成比喻的关系。“木受绳”就可以由弯曲变得笔直，“金就砺”就可以由钝锈而变得锋利，所以，“君子博学而日参省乎己”，就能够达到“知明而行无过”的境界。这三组比喻，只有最后一组是明喻，比喻的意义说得明白；而前两组是借喻，对于比喻的意义还需要分析。用“青出于蓝”“冰寒于水”连续设喻，借以说明人通过学习可以改变原来的精神状态，从而获得提高和发展，从低层次的境界达到高层次的境界。“輮木为轮”是一个复杂比喻，有的修辞书称为解析比喻。“木直中绳”比喻人学习前粗劣低下的水平；“輮以为轮”比喻学习、自我反省；“轮”比喻学习后达到的境界；“规”比喻儒家最高的道德标准和道德规范；“槁暴”比喻恶劣的环境条件；“挺”就是“直”，比喻原来粗劣低下的水平。综合起来，“輮木为轮”是比喻人通过学习，可以按照儒家的道德标准和道德规范改造自己，并且可以达到理想的最高境界。而一旦进入了这个境界，即便遇到恶劣的环境条件，也会洁身自好，入污泥而不染，不会再回复到原来粗劣低下的水平。

从这段文字看出，荀子认为人的知识、道德、才能都不是先天生成的，而是通过后天不断学习改造获得的。“直木”要成为“中规”的“轮”，就要“輮”；“曲木”要“直”，就要“受绳”；金要“利”，就要“就砺”。同样，人要成为“知明而行无过”的君子，就要“博学而日参省乎己”，学习对于改造人起着决定性的作用，其意义是十分重大的。

第二段的分论点是段首的这句话：“吾尝终日而思矣，不如须臾之所学也”。这是从“思”与“学”的关系这个角度，以自己的切身体会，强调“思”必须借助“学”；“终日”时间长，“须臾”时间短，在对比中说明了“学”的重要。在这一段里，作者也用了五组比喻，先用“吾尝跂而望矣，不如登高之博见也”来喻证“吾尝终日而思矣，不如须臾之所学也”，说明学习的作用。接着用日常生活中常见的一些情况组成四组比喻——登高而招、顺风而呼、假舆马、假舟楫，来喻证“君子生非异也，善借于物也”。这四组比喻说理的逻辑是很严密的。登高而招、顺风而呼，用自然之物作比；假舆马、假舟楫，用人为之物作比，这样举例就很全面而严密，说明“假物”是一个很普遍的现象，可见作者对喻体做了精心的选择。而登高而招，顺风而呼，假舆马，假舟楫，它们都能获得见者远，闻者彰，致千里，绝江河这样良好的效果。而这种效果的获得，并非人本身固有的条件有什么特异：臂非加长，声非加疾，非利足，非能水，条件很普通、很一般，之所以取得特异的效果，是因为借助了登高、顺风、舆马、舟楫的缘故，也就是“善假于物”，借助了外界条件。由此便可以合乎逻辑地推论出，君子之所以能成为君子，不是君子的天赋本性与其他人有什么不同，而是因为君子善于借助外物；君子所以善“思”，是因为他善“学”。作者巧妙地把自己的观点寓于比喻之中，收到不言自明的效果。这段文字的高明之处还在于，作者在运用比喻说理时，兼用比较的方法，让读者在不知不觉中决定了取舍。开头“跂而望”与“登高见”比较，前者所见不如后者“博”，自然舍前而取后。同样，“终日思”与“须臾学”比较，前者不如后者多，当然也会舍“思”而取“学”。“君子生非异也，善假于物也”，这里也暗含了君子与众人的比较。君子与众人“生非异也”，秉性、资质都是一样的，但是为什么君子成为君子，众人还是众人呢？这是因为君子“善假于物”，善于借助学习来改造和提高自己的“思”，而众人则不能，所以“圣益圣，愚益愚”。文章就在这鲜明的对比中，说明了学习的巨大作用，告诉了人们应该怎么做，不应该怎么做，具有极大的说服力。

第三段的分论点在段首：“积善成德，而神明自得，圣心备焉。”指明学习的目的是“成德”，达到“神明自得，圣心备焉”的高尚境界。怎样才能“神明自得，圣心备焉”呢？作者用了十个比喻，分三个层次来说明学习的态度和方法。第一层次从开头至“不积小流，无以成江海”，论述“成德”必须“积善”的道理。先从正面设喻：积土成山，可以兴风雨；积水成渊，可以生蛟龙，所以有这样的功效，全赖于“积”。接着从反面设喻，不积跬步就不能至千里，不积小流就不能成江海，正反对照，说明“不积”与“积”效果完全不同。人们掌握知识、培养品德的过程，也是一个逐步积累、逐步发展、由小到大、由少到多、由不知到知、由量变到质变的过程。只有“积善”才能“成德”，不积善就不能成德。因此，人们应当通过积善养成良好的品德，进而达到“神明自得，圣心备焉”的境界。第二层从“骐骥一跃”至“金石可镂”，这里用了两组两两相对的比喻，正反对比，论述养德贵在坚持的道理。第一组比喻先说结果后述原因，骐骥止于一跃，达不到十步，驽马坚持拉车走十天，也可以跑得很远，为什么会出现如此巨大的反差呢？原因就在于“舍”还是“不舍”，是中途而废还是坚持到底。第二组比喻则是先讲原因后讲结果。如果“锲而舍之”，朽木也不可以刻断；如果“锲而不舍”，金石也可以雕刻。最后一句是第三层，用蚓这个正面事例和蟹这个反面事例对比，说明养德必须用心专一，必须戒急勿躁。

这段文字很有说服力，作者把对比双方的条件和结果都推向了极致，从而大大地增强了论辩的逻辑力量。土粒、水滴、跬步那么小，可以积聚成大山、深渊，可以至千里之遥，“积”极小可以“成”极大，“积”极少可以

“成”极多，从而证明人只要从一件件小小的善行义举开始，积累起来就能养成高尚的美德。骐骥对于走路、朽木对于刀刻，条件好到了极处，但止于“一跃”，骐骥“不能十步”“锲而舍之”“朽木不折”，结果坏到极处。反之，驽马、金石条件坏到极处，但因为“不舍”，则“十驾”“可镂”，结果好到极处。总之，条件即使好到极处，如果“舍弃”也不能成功；条件即使坏到极处，如果坚持也能成功。通过鲜明的对比，雄辩地证明进业修德贵在持之以恒、坚持不懈。同样，蚯蚓“无爪牙之利，筋骨之强”，条件坏到极处，但由于“心一”，于是能“上食埃土，下饮黄泉”，结果好到极处；螃蟹虽然“六跪而二螯”，条件好到极处，但由于“心躁”，于是“非蛇鳝之穴无可寄托者”，结果坏到极处。由此人们自然地知道对学习应抱专一的态度，要注重积累和坚持，方能日渐精进。

《劝学》是一篇说理性很强的文章，脍炙人口，千百年来为人们传诵不衰。原因何在？最重要的是它把深奥的道理寓于大量浅显贴切的比喻之中，运用比喻时手法又极其灵活自然，如文章开头，连用“青，取之于蓝，而青于蓝”“冰，水为之，而寒于水”“木受绳则直”“金就砺则利”四个比喻，从不同的角度和侧面来阐述“学不可以已”的道理，堪称雄辩奇才，口若悬河，滔滔不绝。值得指出的是，文中所用的喻体几乎都是常见的、易懂的，这些仿佛信手拈来的通俗明了的比喻，都会使人自然而然地联想到某些直观、浅近的形象事物，进而启迪思考，接受作者所说的深刻道理。荀子的文章和其他先秦诸子的哲理散文一样，也是独具风格的。《荀子》既不像《老子》那样，用正反相成、矛盾统一的辩证法思想贯穿始终；也不像《墨子》那样，用严密、周详的形式逻辑进行推理；既不像《庄子》那样，海阔天空、神思飞越，富有浪漫主义色彩；也不像《孟子》那样，语言犀利、气势磅礴，具有雄辩家的特点。荀子是在老老实实地讲述道理。他的文章朴实浑厚、详尽严谨，句式比较整齐，而且擅长用多样化的比喻阐明深刻道理。这一切构成了荀子文章的特色。有人曾将《荀子》一书概括为“学者之文”，这是十分恰当的评论。

《劝学》各段的条理十分清楚，基本上是每段阐述一个具体问题。而且总在文字的开头、结尾部分做出明确的交代。例如，文章的第一句写道，“君子曰：学不可以已”。这既是全文的一个中心论题，也是第一段所要开始阐述的内容。而在结尾部分则归结道：“君子博学而日参省乎己，则知明而行无过矣。”这就明确而有力地照应首句，收束了上文，并且清楚地点明了该段的中心思想。又如第二小段，先用“吾尝终日而思矣，不如须臾之所学也”来说明个人独自冥思苦想远不如学习有益。而在列举了“登高而招”“顺风而呼”“假舆马”“假舟楫”等几个生活中十分常见而又极有说服力的比喻后，有力地小结道：“君子生非异也，善假于物也。”在这里，荀子从他的“性恶论”观点出发，指出君子的天性也是恶的，其之所以不同于众人，就在于他善于向良师益友学习嘉言懿行，以改变自己的不良天性。这个“物”字就从“舟楫”“舆马”之类变成了学习的内容，文字也就逐渐深化了。这里举的两个例子都是首尾相互照应的，也有一些段落，只在段首揭示该段中心，或者只在段末予以适当概括。总之，目的相同而方式并不死板。先秦诸子的哲理散文一般都比较难读，荀子这种谨严、朴实的写作方法，对帮助读者掌握各段文章的基本内容是十分有效的。

在说理文中，巧妙地运用大量比喻进行论述是《劝学》的另一个十分突出的特点。有时作品集中了许多并列的比喻，从同一角度反复地说明问题。这种手法，在修辞上叫作“博喻”，不过大多是用来辅助景物描写，而荀子作品中的博喻都是用来说明事理的。有时作者又采用对比的方法，将两种相反的情况组织在一起，形成鲜明对照，以增强文字的说服力。例如，在强调学习必须持之以恒、用心专一时，他不但用了一些并列的比喻，也用了一些相反相成的比喻，他列举了“骐骥一跃，不能十步”和“驽马十驾，功在不舍”；“锲而舍之，朽木不折”和“锲而不舍，金石可镂”；以及“无爪牙之利，筋骨之强”的蚯蚓，竟能在地下来去自如，而“六跪而二螯”的螃蟹却连一个容身的小洞也掘不好。这就表明，“积”与“不积”所产生的效果是截然相反的。在荀子的哲学思想中，“积”字是一个重要观点。荀子认为，要学有所成，必须坚持不懈地进行积累。一个人长期耕田（“积耨耕”），就会成为农夫，长期砍砍削削（“积斲削”），就会成为工匠；长期贩卖货物（“积反货”），就会成为商贾；长期学习礼义（“积礼义”），就会成为君子；圣人也只不过是“人之所积”。这就好像越人安越，夏（中原）人安夏那样，习惯成自然而已。了解了荀子这一思想观点的重要意义，我们就不难懂得他为什么要费那么大的力气，选择那么多比喻，不厌其烦地对读者进行谆谆教导。

“积土成山，风雨兴焉”和“积水成渊，蛟龙生焉”是比喻，“积善成德，而神明自得，圣心备焉”才是正意。对一个人来说，“积善”达到“成德”的境界，才能改变气质，具备圣人的思想感情。紧承这一论断，展现在我们眼前的是四组比喻，它们阐述了前后相承的两层意思。前面三组论述了“积”字的重要性：“不积跬步，无以至千里；不积小流，无以成江海”。这从正面说明，不“积”就将一事无成；“骐骥”与“驽马”、“朽木”与“金石”这两组相互对比的比喻则着重表明，“积”与“不积”必将产生两种不同的结果。前一组对比，偏重主观条件的分析；后一组对比，偏重客观情况的分析。三组比喻的结合使用，把道理讲得十分清楚。后面部分的另一组，以“蚯蚓”和“螃蟹”的对比为喻，指出“用心专一”是“积”的关键，将论述进一步引向深入。至此，有关“积”字的基本内容已经谈清，于是作者紧扣“用心专一”进行小结。

荀子这种用比喻说理的写法，在其他先秦诸子散文中也是罕见的，应当说这是他的独创。

从形式上看，《劝学》中的比喻灵巧多样、运用自如。有的从正面设喻（“积土成山，风雨兴焉；积水成渊，蛟龙生焉；积善成德，而神明自得，圣心备焉”），有的从反面设喻（“不积跬步，无以至千里；不积小流，无以成江海”）；有的单独设喻，有的连续设喻；有的同类并列，有的正反对照；有的只设喻而把道理隐含其中，有的先设喻再引出要说的道理。总之，铺锦列绣，无所不用。所以文中用喻虽多，却无板滞生硬的感觉，相反，随着用比的连续转换和充分展开，形成了整齐而又富于变化的句式，使文章显得错落有致，生气勃勃。

荀子的文章素有“诸子大成”的美称，铺陈扬厉，说理透辟；行文简洁，精练有味；警句迭出，耐人咀嚼。他的文章标志着我国古代说理文趋于成熟，对后世说理文章有一定影响。

北京师范大学台州附属高级中学　陈　忠

洋溢非凡之勇气，彰显大无畏气魄
——《师说》品读

韩愈（768—824年），字退之，汉族，唐河内河阳（今河南孟州）人。自谓郡望昌黎，世称韩昌黎。唐代古文运动的倡导者，宋代苏轼称他“文起八代之衰”，明人推他为唐宋八大家之首，与柳宗元并称“韩柳”，有“文章巨公”和“百代文宗”之名，著有《韩昌黎集》四十卷、《外集》十卷、《师说》等。

《师说》写于唐贞元十八年（802年），韩愈时任长安四门博士。围绕“师”字谈论，至今广为流传。《师说》洋溢着韩愈非凡的勇气和胆识，彰显了他大无畏的精神和气魄。“说”是古代的一种文体，是古代论文的一种形式，从古文的意义上来说，“说”就是“解说……的道理”之意，而《师说》一文就是“讲解为师的道理”的意思。韩愈写这篇文章时35岁，正在国子监任教。在文中，韩愈称此文是为“李氏子蟠”所作，实际上是嗟叹“师道之不复”，批判的是当时社会“耻于相师”的社会风气。韩愈的《师说》中的教师指的也并不是官学中的教师，而是有所建树，能够“传道授业解惑”的人。

韩愈在文中阐述了自己的观点，提出了从师学习的意义、教师的职责和如何从师学习。在当时的社会风气下，韩愈“抗颜而为师”，结果“群怪聚骂，指目牵引，而增与为言辞”。诚然，在当时的社会中，韩愈被当作了异类，然而在当时看来格格不入的奇怪观点，却有其意义和当代价值。

从文章本身看，这是一篇有锋芒棱角、有破有立、有论有证、篇幅短小而立论全面的说理文，在韩文中确是代表作。文章针对当时士大夫耻于从师学习的恶劣风气，阐述了“师”的作用和标准，从师学习的重要性和从师应持的态度，提倡能者为师、不耻下问、教学相长。这些精辟的见解还突破了孔子学说的框框，有积极意义，在当时具有移风易俗的影响。我国自古以来就有着良好的尊师传统，但从六朝开始，这一传统逐渐弱化，到唐朝后期，教师的地位更是一落千丈。这是因为当时人们的注意力已不在学校，而在科举之上。因为唐代的各种考试尚未采取糊名的办法，许多考试往往流于形式，考生为了给考官留下较好的印象，奔走于考前的投献诗文或是托私人关系。故而学校不再是进身的主要阶梯，学生不重视在校的学习，最终导致唐代的师道不严。当时的情况就如唐人柳宗元所描述的："由魏晋以下，人益不事师。今之世不闻有师，有，辄哗笑之，以为狂人。"世人皆不以相师为荣，反而以求师为耻。

然而，韩愈在这样的社会背景下，并不理会世俗的眼光。他积极地投身于"诲人"活动之中，给青年们热情的鼓励与指导，他认为"得天下英才而教之"是人生的一大乐事。虽然最初韩愈一直没有通过吏部考试，仕途不顺，但这并没有阻碍他文名的传播。早在汴州、徐州幕府任职期间，他就受到很多学子的崇拜，许多人向他求教，一些外地学子也纷纷来信问学，韩愈都毫无保留地进行答复。他文集中的《答窦秀才书》《答李秀才书》《答尉迟生书》以及《答李翊书》等都充分体现了韩愈对学子们不辞辛劳的教诲。另外，韩愈非常提倡尊师重道的思想。在官学衰落、社会上普遍存在耻于从师的风气下，韩愈勇敢地站了出来，积极整顿学风。"他在任四门博士时，曾请求回复国子监的生徒；在任国子博士时，曾写作了《师说》《进学解》等名著；在任国子祭酒时，主张严选教官，坚持每日会讲的制度，积极整顿国学。"在对教师方面，韩愈要求教师德才兼备，精通经史文典，但不计较其资历及长相；对学生则要求其尊重师长，勤奋学习，形成一个严肃、活泼、朴实、勤奋的学习风气。他在进国子监任祭酒后，做的第一件事就是提高教师的地位。曾经有这样一个记载："有直讲能说礼而陋容，学官多豪族子，摈之不得共食。公命吏曰：直讲来与祭酒共食。学官由此不敢贱直讲。"这些事例都充分说明了韩愈对教师这一职业的重视。

韩愈的这些行为遭到了众人的议论和责难。他对青年们的指导教育，被当时社会上一些人嘲笑为"好为人师"。于是韩愈奋而作《师说》一文，严厉地批判了当时士大夫阶层中不学无术而又不肯从师求教的恶劣风习，鼓励自己的学生从师学习。

韩愈的教育思想最突出的一点就在于他提倡尊师重道，这一点在其《师说》中得到了充分的体现。《师说》写于贞元十八年（802年），是一篇集中论述教师问题的文章。全文围绕教师这一中心，对教师的任务、择师标准及师生关系等方面进行了全面论述。

首先，《师说》在开篇就明确提出了教师的任务。韩愈提出教师的任务主要包括三个方面："一是传道，即传授儒家仁义之道。二是授业，即讲授《诗》《书》《易》《春秋》等儒家的六艺经传与古文。三是解惑，即解答学生在学习道和业的过程中所提出的疑难问题。"可见，韩愈在对教师任务的理解上，突破了传统的认识，把教师的任务从"授业"扩大到了"传道"和"解惑"。韩愈认为，教师在教学中达到这三方面才算是完整的教学工作。

其次，韩愈提出了"道之所存，师之所存"的求师原则。他针对一些上层士大夫之族的门第观念，提出择师应不管其门第、出身、年龄、相貌等如何，只要有"道"，即可向其求教。教师则应掌握"道"、忠于"道"，博学多才，只有具备了这些条件才能为人师。这种全新的择师观念拓宽了教师的领域，表现出一种良好的学习风气及不耻下问的胸襟，鼓励着人们思想和文化之间的积极交流。

最后，《师说》谈到"圣人无常师。孔子师郯子、苌弘、师襄、老聃。郯子之徒，其贤不及孔子。孔子曰：'三人行，必有我师'，是故弟子不必不如师，师不必贤于弟子，闻道有先后，术业有专攻，如是而已"。韩愈认为有学问的人没有固定的老师，甚至也可以向不如自己的人学习。教师与学生的关系本就是相对的，师生间应当是一种民主、平等、互动开放的关系，双方可以相互学习、相互促进。

《师说》中的许多观点都十分独特新颖，最可贵的是其中韩愈关于师生关系的见解，打破了传统保守的师法壁垒，把教师与学生的关系合理化、平等化地提了出来。这在当时的封建社会，是具有积极意义的。

传统的教育把师生关系理解成主客体关系，对此，韩愈在其《师说》中提出了自己的看法：一是"弟子不必不如师"。从根本上来讲，教育的目的就是要帮助学生实现自我的全面发展。因而从长远来看，学生是完全有可能并且应该超过教师的。正所谓"青出于蓝而胜于蓝"，在学习过程中，学生所接触的知识越来越广，内容难度也逐步加深，他必然在向上发展进步，因此是能够超过教师的。所以说学生既要虚心向教师学习，也要敢于超过教师；教师同时也要鼓励学生这种敢于超越教师的思想，激发学生的学习积极性。二是韩愈认为"师不必贤于弟子"。教师受其学科专业限制，不可能事事精通，学生向教师学习，主要是学其所长。因而在教育过程中，对教师的某些方面的不足不能过于严苛。但是，教师也不能因此就满足于现有的知识，随着知识的不断进步更新，教师必须继续学习来补充完善自己，这样才能跟上时代的步伐，带给学生全新的知识。三是“闻道有先后，术业有专攻”。闻道在先、学有专长是成为教师的前提条件。所以，“在一定条件下，老师比学生懂得道理要早一些，多一些，在某方面是有专长的，做学生的向老师学习这是必然的。”

另外，学生在教师的启发下不断进步，在某些方面甚至超过了教师。因此，教师也可以虚心向学生学习，两者互相学习，共同进步。

第一句实为本篇总纲，是文章的大前提。然后提出“师”的作用是“传道授业解惑”，一共是三层。但在本段内只谈到了两层。从“人非生而知之者”到“终不解矣”是就“解惑”一层来深入发挥，人不求师则不能解惑，而择师的标准则在于所求之师是否已经“闻道”。“道之所存，师之所存”是就“传道”一层来深入发挥。作者的意思很明确：不求师是根本错误，求师而只从表面去考虑为师者是否年长、是否位高也是不对的。关键还在于他是否有“道”可“传”。这样一分析，我们就会发现，在结构上似乎漏掉了“授业”这个环节。但从实质来看，“授业”只是现象和过程，“传道”和“解惑”才是求学的真正目的。所以讲了第一、第三层（实际上是从第三层倒着讲的），第二层自然包括在内，可以从略了。

从“嗟乎”到“其皆出于此乎”是第二段，从“爱其子”到“吾未见其明也”是第三段，从“巫医乐师百工之人”到“其可怪也欤”是第四段。这三段总的意思只有一个，即不从师之弊。但一段比一段写得深入，第二、第三两段都点到了一个很重要的问题，即人们以求师为耻，故“耻学于师”，致使“圣”与“愚”向两极分化；第三段则说有些成年人并非不择师求师，他们认为还是需要老师的，但只想到为孩子择师求师，让“童子”读点启蒙的书，有点起码的知识，却忘了自身的学道和解惑。这种人觉得自己年纪已长，地位已高，再向人谦卑求教，未免让人瞧不起，以至于“小学而大遗”，其病因还在“耻学于师”。所以第四段更深地往下挖，终于挖出了“位卑则足羞，官盛则近谀”的真正症结所在。“耻学于师”的原因还在于年龄、地位及由此产生的面子问题。从有惑不解说到“未见其明”，再由社会上“群聚而笑之”的恶劣风气深挖到“君子”的不“智”，一层深于一层，文章的说服力确是很强的。

第五段从“圣人无常师”到“如是而已”，从正面阐明多师之益，既与“古之圣人”一段遥相呼应，又把前面“道之所存，师之所存”的意义说透。文章至此乃达到严谨完整的地步，正反两面面面俱到。至于第六段只是点明作意，说明这篇文章是送给一位青年人李蟠的，正由于作者同他有共同语言，才写了《师说》勉励他。这是全篇尾声，不是重点所在了。

说理文不仅要从正面说，而且要学会从反面说。本篇第二、三、四段就是侧重于从反面说的，反而更有力。不仅要进一步说，还要学会退一步说。进一步说是为了越说越深入，退一步说仍是为了说得更深入。如本篇第三、四段就是退一步说，而第五段则为进一步说。第三段的退一步说，是指一个人宁可为孩子择师求师，却不肯为自己择师求师。到底是孩子重要，还是自己糊涂一辈子损失更大？这就是退一步说。第四段则说士大夫难道还不如“巫医乐师百工之人”吗，也是退一步说。其实这是反复申述，从各个不同角度来讲道理，因此较全面，有足够的说服力。当然，不同的对比手法也因作者的艺术风格和文章的主题思想而各有差异，如本篇第一、二段是古今社会风气、学术风气的对比，第三段承第二段而言则为贤愚对比（对其子未尝不贤，而对自己则愚）；第四、五段则是以一般普通人与出类拔萃的圣人对比，而今之“士大夫之族”却又上不及“圣人”、下不如“巫医乐师百工”，更是鲜明对比。此外，年龄、地位与“闻道”的程度和水平相对比，而年龄分长幼，地位分贵贱，老师和弟子，多数人（“众人”“群”）和少数人（如作者与李蟠）也无一不是对比，不过有的明显，有的不太明显而已。通过几个对比，作者锋芒所指究竟在何处，便一清二楚了。但作者心目中一定要先有准确的目标，究竟肯定谁批判谁，批判的是人还是事，然后再进行各种对比，文章才有主干，重点才能突出。否则虽用了对比手法，却收不到应有的效果，这在古今的作家作品中，也不是没有教训可汲取的。但是，运用一些整齐和对仗的句式还是有必要的。比如作者在一系列排句中却用了错综句法，如“句读之不知，惑之不解，或师焉，或不焉，小学而大遗，吾未见其明也”这几句，实际上是两组对称的排句，再加上一句中本身有一对对仗的词语，然后以一句散体句式作收。但这两组对称的排句却是错综的，即“（童子）句读之不知”应与“或师焉”（倒给他请了老师）相连，“（本人）惑之不解”应与“或不焉”（却不去求教师长）相连，现在作者却把它们给错开了。“小学”和“大遗”是一对相对仗的词语，“小学”承“句读”两句而言，“大遗”承“惑之不解”两句而言。这样散与整相结合，文章就有了变化。再如指摘时弊要抓住要害，作者便用一组对句，形成诛心之论，即“位卑则足羞，官盛则近谀”是也，这是“破”得准。另外，还要“立”得准，用排句以为警策使读者读了精神为之一振，立即体会到这是文章的正面核心，如“是故弟子不必不如师，师不必贤于弟子”“闻道有先后，术业有专攻”，都是重点突出的地方。

王俊鸣认为《师说》“开头第一句就是论点句”，全文说的是“古之学者必有师”这个理。徐江却认为“曾有相当长一个时期人们把它看作该文的论点，想来现在已无人再这样说了”，他用“想来”一词表达了他的推测。而郑新贤则认为，文章的论点有两个：“①拜师学习是非常重要的；②择师的标准是‘道’和‘术业’。”

他们的探索固然有很多可贵的地方，但这些看法却不能令人完全信服，所以引起了进一步的争论。细读《师说》会发现，第二段开头一句“嗟乎！师道之不传也久矣”来得很突兀，好像与上文不沾边儿，与下文也不怎么连贯。而且“嗟乎！师道之不传也久矣！欲人之无惑也难矣”三个感叹句连用，二句和三句之间的联系好像也不怎么紧密，甚至觉得割裂，这确实令人费解，以往的论者对此大多有或多或少的忽略。

我们相信，“嗟乎！师道之不传也久矣”加在这里，绝非位居唐宋八大家之首的韩愈的率性而为，也非他“智者千虑必有一失”似的笔误或失误，一定是有他的用意的。

一般而言，一个句子插在两段之间，其结构上的作用可能是承上，可能是启下，甚或是既承上又启下。如鲁迅的《拿来主义》中“他占有，挑选”插在第八、九段之间，“占有”承接第八段的“怎么拿来”，“挑选”开启第九段的如何“去腐取精”。“嗟乎！师道之不传也久矣”既然紧接《师说》的第一段，那么它在意义上也应紧承第一段，或开启第二段。

我们认为，第一段既不是在提出王俊鸣先生所谓的一个中心论点，也不是在提出郑新贤先生所说的两个中心论点，而是在阐明什么是古代的“师道”，是在揭示“师道”的内涵。“嗟乎！师道之不传也久矣”承接第一段的意思，慨叹古代的师道不传很久了，为下文揭示其危害举纲张目。

《师说》的行文不同于今天的议论文段，不能用今天的理论去套解古代的文章。韩愈在文章的第一段，不是先提观点，然后论证分析，最后得出结论，表达的重点也不像今天的论文那样放在段首。他是先陈述事实，再讲道理，最后得出结论，表达的重心放在了段末。在第一段中，韩愈先陈述了两个事实："古之学者必有师"，古代的"学者"一定有他请教的人；"师者，所以传道授业解惑也"，老师就是这样的人。然后讲了两个道理：人人都有疑惑，不从师就解决不了疑惑；闻道有先有后，谁有道谁就是老师。最后用"是故"推导出结论——"无贵无贱，无长无少，道之所存，师之所存"，这个结论就是后面所说的已经"不传"了的"师道"。作者用"是故"连接事实、道理和结论，表明前是因后是果，后面的果是由前面的因推导而来的。所以，第一段的中心任务是阐明什么是"师道"——"无贵无贱，无长无少，道之所存，师之所存"就是古人的"师道"。

这种写法，在韩愈竭力推崇并力图复兴的"古文"中有很多。荀子《劝学》在论述"为什么要学"的两个理由和"怎么学"的三个方法时，都不是用现代论文的思路先提观点，然后论证分析，最后得出结论。例如，他在主张学习要重视"积累"时这样写道："积土成山，风雨兴焉；积水成渊，蛟龙生焉；积善成德，而神明自得，圣心备焉。故不积跬步，无以至千里；不积小流，无以成江海。"没有总起句"要积累"，开始就是三个类比句，论述"积累"的作用，然后用"故"引出"不积累"的危害，从而阐明学习不积累不行的道理。

韩愈用同样的方法在《师说》的第一段阐明了什么是"师道"。接着，紧跟"嗟乎！师道之不传也久矣"一句，慨叹这"师道"的"不传"太久，既承接上文，又为下文分析其危害张目，使上下文连接自然，衔接紧密。这着实是韩愈的用心安排。

从以上分析可知，"师道之不传也久矣"中的"师道"承前指"无贵无贱，无长无少，道之所存，师之所存"，即不分地位贵贱，不分年龄长少，谁有道谁就是老师。这是古人的"师道"，是韩愈竭力要恢复并做表率的"师道"。因此，"师道之不传也久矣"中的"道"是"道路、途径和方法"的意思，不是教材注释的"风尚"，而且查遍所有的权威古汉语字典辞典，"道"都无"风尚"之义；"师道"就是"从师之道"，也是后文"余嘉其能行古道"中的"古道"（古代的从师之道），并不是教材注释的"从师的风尚"。

古人从师之道是什么？是"无贵无贱，无长无少，道之所存，师之所存"，这个方法已经"不传"很久了。这是《师说》要说的议题，全文紧紧围绕"师道"的"不传"来谈作者的看法，包括："不传"的"师道"是什么，"不传师道"有什么危害，"师道"应该怎样"传"，撰写文章嘉奖行

"师道"的人等内容。

简言之，"嗟乎！师道之不传也久矣"其实应该划分到第一段（单独成段也可以）。古人写文章没有段落和标点，现在的断句和分段都是今人所做，有可能违背古人的表达。例如，《论语·泰伯篇》："民可使由之不可使知之"，先前断句为"民可使由之，不可使知之"，意思是"百姓可以让他们按照我们指引的道路走，没必要让他们知道为什么"，表明儒家主张愚弄百姓，可是儒家主张以民为本，孔子主张"有教无类""诲人不倦"，怎么又要愚弄百姓呢？后来断为"民可，使由之；不可，使知之"，意思是"百姓（的行为）符合（'礼'的）要求了，就随他们；不符合，就要使他们知道"，这样断句就符合了儒家德化政治、开启民智的思想，符合说话人的表达意图，才算正确。

把"嗟乎！师道之不传也久矣"归于第一段后，《师说》的思路就豁然贯通，围绕其"说什么""怎么说"的争论就迎刃而解。加上"嗟乎！师道之不传也久矣"后的第一段，用摆事实讲道理的方式，阐明了什么是古代的"师道"，并慨叹这"师道不传"已经很久了，其主要目的是摆出下文要批判的靶子。除去"嗟乎！师道之不传也久矣"后的第二段，运用三组对比，从不同的角度揭示了"师道不传"的危害。先总说人要"无惑也难"，那么有"惑"而不行"师道"有什么危害呢？韩愈用了三组对比进行论述：

第一组，对比对象是"古之圣人"与"今之众人"。对比点为是否行"师道"，圣人"从师"和众人"耻学"。对比的结论是行"师道"者"益圣"，不行"师道"者"益愚"。也就是说，有"惑"却不行"师道"的人会变得更加愚蠢、愚昧。

第二组，对比对象是"其子"和"其身"。对比点仍为是否行"师道"，"其子"是"择师而教""师焉"，"其身"是"耻师""不焉"。对比的结论是小孩"小学"，大人"大遗"，不行"师道"的人"惑矣""不明也"，即糊涂，不明达。

第三组，对比对象是"巫医乐师百工之人"和"士大夫之族"。对比点仍为是否行"师道"，前者"不耻相师"，后者是"群聚而笑"，认为或"羞"或"谀"。对比的结论是后者之"智"反不及前者。也就是说，不行"师道"的"君子"的智慧竟然不如自己"不齿"的百工。"圣人与众人""其子与其身""百工与士大夫"三组对比一起阐明了不行"师道"的危害：使自己"更加愚昧""糊涂，不明达""智慧反而不及"。

第三段用孔子的事例和名言，阐明如何行“师道”。先举一个典型的事例——圣人孔子向四位贤不如他的人学习，再引用孔子“三人行，必有我师”的著名言论，最终阐明韩愈关于行“师道”的主张：“弟子不必不如师，师不必贤于弟子。”因为闻道有先后，术业有专攻。这一段与第一段一样，不是按照今人的思维先提出问题，再分析问题，最后解决问题来展开的。“圣人无常师”不是观点，而是事实，“孔子师郯子、苌弘、师襄、老聃”是这个事实的具体化，“郯子之徒，其贤不及孔子”是对事实的分析，是为“弟子不必不如师，师不必贤于弟子”的结论做论证。同样，“孔子曰：三人行，则必有我师”也不是证明“圣人无常师”，几个人一起行走都有人可以做孔圣人的老师，也印证了“弟子不必不如师，师不必贤于弟子”。段中的“是故”也表明本段是先摆事实，再引言论，最后推导出如何行“师道”的主张——“弟子不必不如师，师不必贤于弟子”。为避免将“圣人无常师”当成观点，建议教材编者将其后的句号改为逗号，两句意思更贴近。

第四段是作者写文章嘉奖行“师道”的人。这一段不仅仅是交代写作《师说》的原因，更重要的是用赠送文章的方式嘉奖行“师道”的行为，鼓励人们行“师道”。所以，《师说》是这样说理的：师道不传久矣—师道不传害矣—师道如何传矣—师道传当嘉矣。

全文围绕“师道不传”的现象展开，先阐明什么是“师道”，感叹它“不传也久”，再论述“师道不传”的危害，然后提出自己的主张“弟子不必不如师，师不必贤于弟子”，最后嘉奖行“师道”的行为，并没有遵从现代议论文“引论—本论—结论”的写作思路。按照现代的思路去套解古代的文章，这是我们总是理不出符合现代构思的结论的原因，也是反复争论而没有令人信服的结果的原因。

韩愈所说的“师”并非指当时“学校”中的老师，批判的对象也不是当时的“学生”。在唐代，贵族子弟入弘文馆、崇文馆和国子监，韩愈写《师说》时正在国子监任教，他正是师，那里的学生是行从师之道的。

唐朝沿袭隋制，兴科举，寒门的读书人也不少，他们也是有师的，也是行从师之道的。韩愈的《师说》也并非针对当时国学馆或私塾教育，韩愈自己都说“彼童子之师，授之书而习其句读者，非吾所谓传其道解其惑者也”。《师说》针对的是当时的“士大夫之族”。唐代的“士大夫”主要由三种制度选拔：一是门阀制度，世家子弟凭门荫即可入仕，而且其升迁速度并不比进士及第慢；二是科举制度，下层文人可借此入仕，但步履艰难，如韩愈“四举于礼部乃一得，三选于吏部卒无成”；三是举荐制度，一些科举失利或自命清高的文人利用这制度，隐居长安附近的终南山，把自己的作品通过各种途径源源不断地送达朝中贵人，以图谋官职，形成了一条入仕的终南捷径。前者不需要从师，中举后出仕需要权贵的考核，隐居者更需要权贵的推举，因此，唐代官场沿袭了六朝以来的轻学识、重门第的风气。

他们自己不仅不从师道，甚至还嘲讽、打击循“师道”的人。韩愈在《师说》中对此有所揭露：“士大夫之族，曰师曰弟子云者，则群聚而笑之。问之，则曰：‘彼与彼年相若也，道相似也。位卑则足羞，官盛则近谀。’”由此看来，他们不仅自己不从师道，还以别人从师为耻辱。韩愈写《师说》针对的正是士大夫之中这种“益不事师”“师道之不传也久矣”的现实。他“奋不顾流俗，犯笑侮”，甚至“收召后学”“抗颜而为师”，意图恢复古代的从师之道。这与他为反对讲求声律及辞藻的六朝骈文，提倡文以明道的两汉“古文”一样，目的都是恢复古代的儒学道统。

这篇文章的另一特色是：它不仅有说理，还带有强烈感情。这种感情是从反抗流俗的嘲笑来的。“嗟乎!师道之不传也久矣!欲人之无惑也难矣。”“呜呼!师道之不复可知矣。”这两句感叹的话，反映了他的感情。“圣人之所以为圣，愚人之所以为愚，其皆出于此乎？”“今其智乃反不能及，其可怪也欤!”用疑问句来表示感叹。

文章除了说理外，还举出例证来加强说服力。例证有两种：一种是一般地说的，像“巫医乐师百工之人，不耻相师”，接下来就指出士大夫耻相师的错误。一种是具体指出的，如“孔子师郯子、苌弘、师襄、老聃”，接下来就指出“郯子之徒，其贤不及孔子”；又如“孔子曰：三人行，必有我师。”接下来就说明“是故弟子不必不如师，师不必贤于弟子”。这样说，就回答了上面“道相似也”的问题。不仅“道相似也”的可以相师，就是对不如自己的人，只要他有一技之长，也可以认他为师来学习他的技艺。从而显出“古之学者必有师”是符合圣人之道，是符合师道的，今之学者以从师为可耻是错误的。

全篇围绕着“传道授业解惑”来立论，善于运用对比、排偶来展开议论，富有说服力。在对比排偶上又出以变化，如古之学者必有师与今之学者耻相师对比，孔子不耻相师与今之学者耻相师对比，最后以今之学者李蟠的不耻相师与今之学者耻于相师对比，经过这样的对比阐明：李蟠的不耻相师与孔子的不耻相师一致，与古之学者必有师一致，是符合师道的，从而显出今之学者耻相师是背离孔子之道，背离师道，是错误的。但作者的行文又出以变化，不像上面讲的那样呆板。例如，他不提今之学者，说“士大夫之族”，不提孔子不耻相师，说“圣人无常师”，不提今之学者李蟠不耻相师，说“李氏子”“六艺经传皆通习之”，显然他已是个学者了，却“不拘于时，学于余”。在形式上不像对比，实际上是对比，显出行文的灵活多变。

再像“生乎吾前，其闻道也固先乎吾，吾从而师之”，与“生乎吾后，其闻道也亦先乎吾，吾从而师之”，是排比句。“古之圣人，其出人也远矣，犹且从师而问焉”，与“今之众人，其下圣人也亦远矣，而耻学于师”，也是排比句。排比句是对偶的，可以加强气势，但接下去的句子又有变化。像前一个排比句后接“吾师道也”，是用散句；后一个排比句后接“是故圣益圣，愚益愚，圣人之所以为圣，愚人之所以为愚，其皆出于此乎？”从“是故”到“其皆出于此乎”这一长句是散句，但这一长句中的“圣益圣，愚益愚”“圣人之所以为圣，愚人之所以为愚”又是对偶句。再像“位卑则足羞，官盛则近谀”“是故弟子不必不如师，师不必贤于弟子。闻道有先后，术业有专攻”都是对偶句，下面的句子又都是散句。正是这些散句和对偶句的错综变化，使文章写得有气势，又灵活变化，构成这篇文章语言上的特色。

《师说》可以说是“前无古人，后无来者”的经典。韩愈在《师说》中推行“吾师道”运动，是要有相当大的“勇”作为支撑的——这在当时是要冒很大风险的。但也正是因为有这种敢为天下先的品质，苏轼才称赞他“文起八代之衰，道济天下之溺，忠犯人主之怒，勇夺三军之帅”。韩愈在《师说》中提出的“吾师道”的论题，其真正价值或者其背后的意义，很多人还没有从“勇”上认识透。

韩愈为什么要写《师说》，掀起“吾师道”运动？这首先与当时的封建门第观念和学习风气有关。韩愈要挑战当时的不良风气，《师说》就是当时的“战书”。

在唐代，门第观念源于魏晋南北朝的九品中正制。魏文帝曹丕实行九品中正制后，全国形成了以士族为代表的门阀观念制度，时人“重门第之分，严士庶之别”。也就是说，士族的子弟，凭高贵的门第出身就可以做官了，他们不需要读书学习，也看不起从事教学的老师。到了唐代，九品中正制废除了，却改以官爵的高下作为区分门第的标准。在中唐士大夫阶层中，普遍存在着从师是“位卑则足羞，官盛则近谀”的心理。韩愈为什么要写《师说》，掀起“吾师道”运动？我想，他主要是想扼制这种错误的观念，才提出以“道”为师，“道”在即师在的“吾师道”思想。显然，这背后要有大智大勇，方能看到“吾师道”之风景。

据方成珪先生的《昌黎先生诗文年谱》考证，《师说》写于唐德宗贞元十八年（802年），当时韩愈任国子监四门博士，是个“从七品”的学官，职位不高，但当时他已是“古文运动”公认的领袖。韩愈写《师说》，掀起“吾师道”运动，主要是针对门第观念影响下“耻学于师”的坏风气的，而要反对“耻学于师”就要打破门第观念。韩愈非常热情地对待一切向他请教的青年。韩愈认为与青年在学问上的交往不存在“礼逾”和“情过”的问题。

他在《重答李翊书》中写道：“言辞之不酬，礼貌之不答，虽孔子不得行于互乡，宜乎余之不为也。苟来者，吾斯进之而已矣，乌待其礼逾而情过乎？”可见，韩愈掀起的“吾师道”运动，主要是为了“广圣人之道”。这样，中唐士大夫阶层中存在着的门第观念就会有渐渐瓦解的趋势，从而引发士大夫阶层的恐慌。所以，他们合力反对韩愈的“好为人师”。而韩愈能不应战吗？这应战的背后，就是“勇敢”精神。

当然，韩愈也讲究策略。他在《师说》中这样引经据典——圣人无常师。孔子师郯子、苌弘、师襄、老聃。郯子之徒，其贤不及孔子。孔子曰：“三人行，必有我师。”是故弟子不必不如师，师不必贤于弟子。闻道有先后，术业有专攻，如是而已。

尽管韩愈引经据典，为自己“为师”辩解，但在“吾师道”运动中，他仍然备受攻击。他在《答胡生书》一文中说：“夫别是非，分贤与不肖，公卿贵位者之任也，愈不敢有意于是。如生之徒，于我厚者，知其贤，时或道之，于生未有益也。不知者乃用是为谤！不敢自爱，惧生之无益而有伤也，如之何？”在“吾师道”运动中，他对那些恶意中伤诽谤者，表示了极大的愤慨。在《师说》的最后一段中，他一再声明——李氏子蟠，年十七，好古文，六艺经传皆通习之，不拘于时，学于余。余嘉其能行古道，作师说以贻之。

这是对《师说》写作原因的交代。不过，这不是简单地为一个“好古文”“能行古道”的青年李蟠而作，实际是对那些诽谤自己的人做一个公开的答复和严厉的驳斥。所以，我们说，《师说》背后彰显的还是作者的大无畏精神。

对于韩愈为什么要掀起“吾师道”运动，我想，这还应该与韩愈的追求密切相关。在中唐，韩愈认为时代需要圣人出现，需要圣人精神浸润。因此，韩愈写《师说》，不只是简单地掀起“吾师道”运动，引导士子们向老师学习文化，韩愈的精神追求更加高远。这种追求在《原道》中可以见出一二。

在《原道》中，他这样写：“尧以是传之舜，舜以是传之禹，禹以是传之汤，汤以是传之文、武、周公，文、武、周公传之孔子，孔子传之孟轲；轲之死，不得其传焉。”

的确，在历史变迁中，作为中华优秀传统文化的儒家之道，得之极难，失之极易。韩愈自信地认为，孟子之后，就没有承继者出现。他认为，唐人应该郑重地来一次“吾师道”运动，重拾儒家坠绪，重建儒家精神大厦。所以，韩愈掀起的“吾师道”运动，精神追求非常高。而要真正继承孔孟传统，重建儒家精神家园，韩愈认为只有通过全民“师道”这种方式才能实现。韩愈说：“古之圣人，其出人也远矣，犹且从师而问焉。”显然，这里韩愈借“圣人”来推行“吾师道”运动。是的，像圣人这样有名望的人都在“师道”，作为学有成就、艺有长进、有一定社会地位威望的人，难道不应该像圣人那样不断学习，不断提高自己的精神境界，不断深化对儒家之道的认识体悟吗？

而要推行“吾师道”运动，就要有“师”。为什么？“圣人犹且从师而问”，虽然作者没有首先点明圣人向谁学、向谁问，但“圣人从师”，就有人为师，是谁呢？文章最后揭示了，就是郯子、苌弘、师襄、老聃等。孔子曾经以少昊氏的“以鸟名官”请教郯国国君郯子，以音乐上的事请教鲁国乐师苌弘，并且向师襄学琴，以礼上的疑问请教老子。课文中的“师”虽然是与“学者”相对出现的，但“彼童子之师”“非吾所谓传其道，解其惑”之“师”。作者交代得非常清楚，他倡导学生学习的内容就是儒家精神。这一点，从作者在《原道》中的论述来看，其观点更加明了。所以，《师说》中的“师”，是要能向众人传播儒家之道、做众人思想导师的“闻道者”。

在《师说》中，作者把自己放到相对较低的位置上，他更加愿意像师襄、苌弘那样，而把当世之儒生、文士、达官送到“圣人”的位置上，从而警策世人，恢复师道的风气，加快时代精神导师横空出世的步伐。因此，文章最后，作者表明自己甘愿为师，做李蟠的思想导师。《师说》中，虽然作者没有标榜自己就是儒家道德的精神领袖，但在门第观念盛行的当时，作者还是被别人看出有想做领袖的动机，所以被世人诬为“狂人”！所以，我认为《师说》背后彰显的还是韩愈的勇敢自信、见识高远。

韩愈之“勇”源在哪里？著名学者季镇淮先生认为，韩愈由于幼年的家庭教养和天宝以来复古主义思潮的影响，从青年时代起，就以一个传道的古文家自命。尽管韩愈在当时提出的“吾师道”的论题非常有远见，但还是被达官贵人歪曲诽谤。而我们仅从作者勇于为师、甘作儒家精神的传播者这一方面就足见韩愈胸襟宽广、气度豪迈，且有开拓进取、积极向上的精神境界。因此，“勇”才是韩愈在“吾师道”运动中真正的精神品质，所以，苏轼大赞他有“忠犯人主之怒，勇夺三军之帅”的品质。

参考文献

[1] 周振甫.散文写作艺术指要[M].北京：东方出版社，1997.

[2] 吴小如.古文精读举隅[M].天津古籍出版社，2002.

[3] 王俊鸣.《师说》的解读与教学[J].中学语文教学，2016（5）.

[4] 周彬彬.勇夺三军之帅——另一视角读《师说》[J].中学语文教学参考，2018（16）.

[5] 菅彦玲.主体视角观照下的《师说》阅读新解[J].中学语文，2019（21）.

[6] 陆秋华.我看《师说》整体结构[J].作文成功之路（中），2019（2）.

北京师范大学台州附属高级中学　周　刚

共山间明月　适江上清风

——《赤壁赋》品读

《赤壁赋》（指《前赤壁赋》）是苏轼的文章代表作，后世文人对其推崇备至，清代陆以湉在《冷庐杂识》里说："至于宋之文章，苟持此意衡之，其惟坡公之《赤壁赋》乎？"《赤壁赋》作为经典篇目入选高中语文教材苏教版、人教版，本次也毫无争议地入选部编普通高中语文教材。而且，历经久远的时空，《赤壁赋》仍然有着无穷的宝藏和魅力，值得我们一再去挖掘和体会。

一、真假赤壁

要走近苏轼，读懂《赤壁赋》，避不开讲"乌台诗案"。

北宋神宗时期，王安石推行"熙宁变法"，苏轼因为不赞同变法而要求外放，离开京城以避事端。他这个直言坦率的人，虽不赞同变法打算离开，但却忍不住表达因变法而产生的牢骚。元丰二年（1079年）四月，苏轼赴湖州就任，依惯例写了《湖州谢上表》。他在文中写道：陛下"知其愚不适时，难以追陪新进；察其老不生事，或能牧养小民"。句中"其"为自称，以自己同"新进"相对，这"新进"就是指追随王安石"熙宁变法"的新锐改革者。苏轼说自己"不生事"，暗示新进人物"生事"，"我"不合时宜，不能陪改革派同行，但陛下知道我不会惹事，还有能力管理地方百姓，所以派我到湖州做太守。没想到他这封《湖州谢上表》很快就传开了，监察御史舒亶说苏轼包藏祸心，反对新法，并在苏轼其他诗歌作品里找到一些"讥谤"新政的证据，于是苏轼被拘捕，关押在乌台即御史台监狱，御史中丞李定等人力主治苏轼的罪，是为"乌台诗案"。

苏轼面临灭顶之灾。所幸，当时参知政事、也是苏轼好友的张方平和一众苏轼的“粉丝”极力营救，苏辙也上疏请求用自身的官职赎哥哥苏轼的罪。最终，宋神宗免了苏轼的死罪，但活罪难饶，苏轼被贬为检校水部员外郎、充黄州团练副使，不准擅离该地区，并无权批复公文。

苏轼被贬黄州，从此开启了他以黄州为始，以儋州为终的流贬生活。这些岁月的风烟，可以从苏轼晚年所作的简短的《自题金山画像》一诗中感受到：“心似已灰之木，身如不系之舟。问汝平生功业，黄州惠州儋州。”“心似已灰之木，身如不系之舟”渗透的悲情与伤感，“问汝平生功业，黄州惠州儋州”显示的自嘲与乐观，让我们即使隔着久远的时空也都能感受到。这样走过一生，实在是21岁时随父苏洵出川到京城开封、22岁时与弟弟苏辙同时金榜题名的苏轼一家都没能想到的。

苏轼被贬黄州时45岁，正值年华和创作的盛年。他抵达黄州后写过一首《初到黄州》的小诗，以自嘲口吻开头——“自笑平生为口忙，老来事业转荒唐”。“事业转荒唐”指“乌台诗案”，屈沉下僚尚可忍耐，无端的牢狱之灾实在让人痛苦，这种深沉的人生不当如是而如是的痛苦，让苏轼思想多有纠结，并借诗词文展现出来，让人看到了他多重的心理世界。他傲慢而孤独，犹若“拣尽寒枝不肯栖”（《卜算子·惠州定慧院寓居作》）的孤鸿；又希望是自己的“偶像”陶渊明，“梦中了了醉中醒，只渊明，是前生”（《江城子·梦中了了醉中醒》）；有时灰心颓唐，说人生何需空忙，“百年里，浑教是醉，三万六千场”（《满庭芳·蜗角虚名》）；有时又豁达洒脱，仿佛丝毫没有贬谪的阴影，“回首向来萧瑟处，归去，也无风雨也无晴”（《定风波·莫听穿林打叶声》）……

黄州有“赤壁”。苏轼在黄州写出了他笔下最精的作品：两篇“赤壁赋”（前者人们习惯称《前赤壁赋》，后者名《后赤壁赋》）和一首《念奴娇·赤壁怀古》。读过这三篇诗文的，都知道这赤壁是个“假”赤壁，不是三国时曹操与周瑜“赤壁大战”的赤壁。高中语文教材苏教版必修一《赤壁赋》中注释说：“苏轼所游赤壁实为黄州赤鼻矶（在今湖北黄冈），当地人误读为‘赤壁’，进而以为是赤壁古战场的遗址。一般认为，三国时的赤壁古战场，当在现在的湖北蒲圻。”那么，苏轼知道这是个“假”赤壁吗？

苏轼在黄州曾给友人范子丰写过一封信，信中说：

黄州少西山麓，斗入江中，石室如丹。传云曹公败所——所谓赤壁者。或曰：非也。时曹公败归华容路，路多泥泞，使老弱先行，践之而过，曰：“刘备智过人而见事迟，华容夹道皆葭苇，使纵火，则吾无遗类矣。”今赤壁少西对岸，即华容镇，庶几是也。然岳州复有华容县，竟不知孰是？今日李委秀才来相别，因以小舟载酒饮赤壁下。李善吹笛，酒酣作数弄，风起水涌，大鱼皆出。山上有栖鹘，亦惊起。坐念孟德、公瑾，如昨日耳。（《与范子丰》其七）

苏轼在《念奴娇·赤壁怀古》里也明确写明“故垒西边，人道是，三国周郎赤壁”。“人道是”是说“别人都说”，隐约透出自己的态度：我不认同这里是三国赤壁。

由此可见，苏轼应该是知道赤鼻矶非发生过鏖战的真赤壁，而是被当地人讹传的假赤壁，至少，也是颇为怀疑的。苏轼为何要以假作真、煞有介事地在“假赤壁”缅怀三国英雄、凭吊风流人物，且对着这假赤壁一再抒怀，写下《赤壁赋》《后赤壁赋》和《念奴娇·赤壁怀古》？

在古诗词中，怀古和伤今是联姻的，“怀古”两字包含着强烈抒情的意味。换言之，苏轼有着伤今的强烈愿望，太想借古人酒杯浇自己心中块垒了，以至于这个“古”是真是假都不管不顾了。意大利哲学家克罗齐曾经提到，每段历史的过去与现在都是有关联的。“赤壁何须问出处，东坡本是借山川。”苏轼的意图就是引出历史上精妙绝伦的赤壁之战，借赤壁之战抒发今日之情怀。

二、“客”为何人

众所周知，《赤壁赋》的主角当数“苏子与客”。这个客人会吹洞箫，和苏轼一样有满腹才华，且颇懂苏轼，看起来应该是苏轼的至交。

那天晚上，苏轼肯定是喝醉了。他睡倒在如苇子叶大小的小船里，任其在水上漂荡着。月亮升起，他看到的是“白露横江，水光接天”的长江的浩瀚，然后就有了“浩浩乎如冯虚御风，而不知其所止；飘飘乎如遗世独立，羽化而登仙”的出世的感觉。这一刻，他猛然明白了，自己真的太渺小了！不要因为自己才华横溢，是个大文豪，不要因为自己深受太后、皇帝宠爱，不要因为自己拥有朝廷、民间众多“粉丝”的热捧，就可以张扬自己的个性、放任自己的言行。不，你，差点被处死，最后能保全性命、留在遥远陌生的黄州已经是很宽大的处理了。

苏轼喝得酩酊大醉，继而放声高歌：“桂棹兮兰桨，击空明兮溯流光。渺渺兮予怀，望美人兮天一方。”这里的美人，很多人解读为刚刚贬了苏轼的神宗皇帝。这时，客的箫声完美地响起，“如怨如慕，如泣如诉，余音袅袅，不绝如缕。舞幽壑之潜蛟，泣孤舟之嫠妇。”苏子顿时“愀然”，问客人“何为其然也？”客人说了一长段的话，当年的曹操戎马倥偬，声名赫赫，一死什么也没有留下；我和你又怎么样呢，“渔樵于江渚之上，侣鱼虾而友麋鹿”，渺小得跟只能活几分钟的蜉蝣一样，连大海里的一滴水都不到。人生短暂，今晚我也猛然有了游仙出世的感觉，我也希望我和今晚的月光一起死去……

苏轼对答：“客亦知夫水与月乎？”你也懂得江水和月亮的真谛吗？从变化的角度看，它们每时每刻都在变化着；但从长远角度看，江水还是江水，月亮还是月亮——一切事物，包括我们的生命都是这样的，功名利禄那些身外之物，本来就不属于我们，真正属于我们的，是江上清风、山间明月……

这时，苏子由伤感惆怅变成了乐观旷达，俨然达到了一种超脱的境界。虽然自己被贬了官，但仍然能去劝慰比自己更悲观的“客”。这里的客千百年来一直很神秘，无名无姓，却在文章当中扮演着甚至比苏轼更重要的角色。

他是谁?

有人说，是刚才这封信中的李委秀才。信里说李委与他“以小舟载酒饮赤壁下”。但苏轼还有一首《李委吹笛》的诗，诗的小引里说：

元丰五年十二月十九日，东坡生日也。置酒赤壁矶下，踞高峰，俯鹊巢。酒酣，笛声起于江上。客有郭、石二生，颇知音，谓坡曰：“笛声有新意，非俗工也。”使人问之，则进士李委，闻坡生日，作新曲曰《鹤南飞》以献。

这“十二月十九日”晚于《赤壁赋》的创作时间，而且《赤壁赋》中客为吹洞箫者，而李委为吹笛者。所以，李委秀才不是《赤壁赋》里的“客”。

有人说，这“客”是会吹箫的绵州武都山道士杨世昌。例如，林语堂先生的《苏东坡传》第十六章《赤壁赋》里就写道：“苏东坡正和同乡道人杨世昌享受夜景，那是七月十六仲夏之夜……”苏轼曾在《蜜酒歌》里咏过“西蜀道士杨世昌”，他被贬黄州时，杨世昌的确来看望过他，不过那时间、情景与《后赤壁赋》的叙说和描写相合。但《后赤壁赋》的写作时间与《赤壁赋》相距三月。

如果我们能真正融入《赤壁赋》这篇文章就会发现，那晚上的“客”，是苏轼的绝对知己。他懂苏轼的志向、情怀，失意、失落，痛苦、纠结……他犹如另一个苏轼。是的，那个晚上，和苏轼一起消愁的，其实只是苏轼的灵魂！

中国的文人是孤独的，尤其是苏轼那样的高境界的文人，他们的灵魂深处其实是没有几个知己的。中国的文人，只能在肉体与灵魂的争斗中挣扎，跋涉，喘息，哀叹……

就如屈原。苏子吟唱的“桂棹兮兰桨，击空明兮泝流光。渺渺兮予怀，望美人兮天一方”出自屈原的《九歌·少司命》。“望美人兮天一方”脱胎于《诗经·蒹葭》“所谓伊人，在水一方”。屈原在此以“美人”喻君王，表达自己的政治追求，如同《离骚》中著名的“三求佚女”篇章，明说思美人，暗地里却是思明主贤君，蕴含了自我人生的不得意。被贬黄州的苏轼，似乎也像屈原一样，借此表达自己命运坎坷。

屈原也在《离骚》里以美人自喻，如“众女嫉余之蛾眉兮，谣诼谓余以善淫”“民生各有所乐兮，余独好修以为常”。被贬黄州的苏轼吟唱“望美人兮天一方”，不仅是像屈原一样表达自己的不得志与坎坷，也是想告诉人们，他也希望宋神宗知道他的孤独，知道他想为君王所用。

现实中的苏轼豪放达观，他面带微笑，淡泊名利，能屈能伸，什么都可以不在乎；而那个灵魂更深处的苏轼，却始终挣扎在庙堂与现实的泥泞之中，双眼含泪，忍受着妻离子散、亡命天涯的痛苦。

这是两个苏轼！真实的苏轼是只能压抑在内心深处的，不能表露出任何的消极与不满，因为他曾经是朝廷重臣，因为他还是一个“天朝”的男人。所以，当“客”的洞箫响起，表露出孤独和哀怨时，苏轼反而去安慰、劝慰……于是，一个苏轼明白了另一个苏轼：“客喜而笑，洗盏更酌，杯盘狼藉。相与枕藉乎舟中，不知东方之既白。”

况且，主客问答构成全文是汉代辞赋中常见的形式。我们从这一角度思考，也可印证，“客”之箫声来自苏轼心底，“客”之言语其实是苏轼的“代客言”。

何曾有客？不曾有客，客亦是苏子。

三、变与不变

苏轼一生特别喜欢读《周易》，并善于从中获取排忧解难的方法和精神的力量。他在《病中闻子由得告不赴商州》（其三）里写道：“策曾忤世人嫌汝，《易》可忘忧家有师。”

在被贬黄州之后，苏轼一度心如死灰，且不敢轻易作诗抒怀，就致力于穷究《易》理，如他在黄州给滕达道写信说：“某闲废，无所用心，专治经书。一二年间，欲了却《论语》《书》《易》。”又在《黄州上文潞公书》

中说："到黄州，无所用心，辄复覃思于《易》《论语》。端居深念，若有所得，遂因先子之学，作《易传》九卷。"

从"无所用心""专治经书""端居深念"等表达中，不难看出他此时百无聊赖的心境，直到元丰五年（1082年）写作《赤壁赋》之时，《东坡易传》已经初步完稿。

一些学者以为，《赤壁赋》主要体现了苏轼的佛道思想，如"羽化而登仙""无尽藏"等。的确，在黄州的那段日子，苏东坡开始钻研佛道。但我们将《赤壁赋》与苏轼其他经学、文学著作进行互证，发现《赤壁赋》虽然对佛、道二家的思维方式和语言表达有所借鉴，但其核心思想却与《东坡易传》《东坡书传》如出一辙，受到了诸多儒家经典的影响。由此，我们可以认为苏轼的思想体系是以儒家为体，以佛家、道家为用的独特的思想体系。

《赤壁赋》的核心思想主要包含在以下几个句子中：

逝者如斯，而未尝往也；盈虚者如彼，而卒莫消长也。盖将自其变者而观之，则天地曾不能以一瞬；自其不变者而观之，则物与我皆无尽也……

这几个句子的思想内涵颇为深刻难解，引发了后人无数争论。的确，《赤壁赋》里这几个形同悖论的命题实在令人费解：为何"逝者如斯"却又"未尝往也"？为何"盈虚者如彼"却又"卒莫消长也"？为何"自其变者而观之"，连天地都"曾不能以一瞬"，但"自其不变者而观之"，物与我却"皆无尽也"？

如果读过《庄子》，我们会发现这些句子无论是思维方式还是表达方式，都仿佛是《庄子》的回响：

"自其异者视之，肝胆楚越也；自其同者视之，万物皆一也。"（《庄子·德充符》）

"以差观之，因其所大而大之，则万物莫不大；因其所小而小之，则万物莫不小……"（《庄子·秋水篇》）

《庄子·齐物论》云："天下莫大于秋毫之末，而泰山为小；莫寿于殇子，而彭祖为殀。天地与我并生，万物与我为一。"意思是：事物是相对存在的，要说大，野兽秋天毫毛的末端最大，泰山最小；寿命最长的是一生下来就死去的婴儿，寿命最短的是相传活了八百年的彭祖，因为天地之间还有比秋毫之末更小的，有比彭祖寿命更长的；但天地万物与"我"都有自然的规则，在自然这一点上，彼此一样。苏轼说的水月变与不变也是相对的。说变，天地万物时刻都在变；说不变，天地万物和我都没有穷尽。"客"不必

"羡长江之无穷"，也不必"挟飞仙以遨游，抱明月而长终"。

那么，《赤壁赋》是《庄子》思想的翻版吗？以往学者们大多强调苏轼思想有吸收老庄的成分，却较少探讨其具体理路。事实上，苏轼这里是以《周易》为基础，吸收了部分老庄思想。他在《上清储祥宫碑》一文中就曾提及融通《周易》与道家思想的理路："道家者流，本出于黄帝、老子，其道以清净无为为宗，以虚明应物为用，以慈俭不争为行，合于《周易》何思何虑、《论语》仁者静寿之说，如是而已。"他甚至还说："庄子盖助孔子者。"可见，苏轼是以儒为体，以老、庄为用，以形成自己全新的思想。

"变"与"不变"看似矛盾，却能在矛盾中实现辩证与统一的思想，《赤壁赋》中言之未明者可以从《东坡易传》中找到答案。《东坡易传》中，把"变者"与"不变者"的关系界定为"二"与"一"的关系，"变者两之，通者一之"。"二"即变者，是就现象而言，指天地万物各有不同，而且都处于不断变化之中；"一"即不变者，如苏轼自己所言，"一者，不变也"，是就道体而言，指天地万物生成、变化的背后都有永恒不变的道体居之。"一"与"二"相互依存，缺一不可。天地万物的生成与变化皆出于"一"而形于"二"："世之所谓变化者，未尝不出于一，而两于所在也。"并且，只有执"一"而变，以不变者"一"为基础，并"及其未穷而变"，才能令天地万物的变化终始相受，生生不已。

但世人却常常只见"二"不见"一"，正如《赤壁赋》中的"客"，只看到个人的生死祸福、国家的存亡治乱、天地的变化无常，由此感叹生命的短暂、个人的渺小，羡慕长江的无穷、明月的长终，却不知天地万物的生成与变化皆出于"一"。例如，《东坡易传》云："天地与人一理也，而人常不能与天地相似者，物有以蔽之也。变化乱之，祸福劫之，所不可知者惑之……夫苟无蔽，则人固与天地相似也。"

因此，苏轼在《东坡易传》中特别强调"一"的重要性，"变者两之，通者一之。不能一，则往者穷于伸，来者穷于屈矣"。不能"一"，天地万物就无法保持变化相续、生生不息的状态。形于江河，则是有往而无来；形于月亮，则是亏而不能盈。

"通二为一"是《赤壁赋》的核心思想，此命题本身就是以《周易》为基础，兼采佛、道相通之思想而来。庄子过于强调客观事物的不可知性和认识的局限性，甚至有不少学者据此认为他陷入了虚无主义的泥潭。苏轼则不同，他虽然也强调天地万物的不断变化及人类认识的局限性，但他认为所有变化的背后都有“一者常存而不变”，并且人们是可以通过变者“二”把握到不变者“一”，对道进行正确体悟的，这就是“通二为一”的思想，这就使得其认识既具有辩证的色彩，又没有走向虚无主义。

四、风月共适

在阐述了“变”与“不变”的辩证之理后，苏轼说出了《赤壁赋》中最富意味的一段话：

> 且夫天地之间，物各有主。苟非吾之所有，虽一毫而莫取。惟江上之清风，与山间之明月，耳得之而为声，目遇之而成色；取之无禁，用之不竭，是造物者之无尽藏也，而吾与子之所共适。

关于这两句的思想内涵，也一直是众说纷纭，莫衷一是。在阅读了一些相关典籍之后，笔者觉得应该从“一毫莫取”的典故“溯源而上”，终得正解。

“一毫莫取”典出《孟子》。孟子曰：“……伊尹耕于有莘之野，而乐尧、舜之道焉。非其义也，非其道也，禄之以天下，弗顾也；系马千驷，弗视也。非其义也，非其道也，一介不以与人，一介不以取诸人……吾未闻枉己而正人者也，况辱己以正天下者乎！圣人之行不同也；或远或近，或去或不去；归洁其身而已矣。”

伊尹是商朝开国元勋、道家学派创始人。在宋代，作为千古名相的伊尹被很多儒者奉若典范。周敦颐的《通书·志学第十》云：“圣希天，贤希圣，士希贤。伊尹颜渊，大贤也。伊尹耻其君不为尧舜，一夫不得其所，若挞于市……志伊尹之所志，学颜子之所学。”伊尹与颜回分别代表了宋儒人格、政治理想的两个基本面向——“外王”与“内圣”。“志伊尹之所志，学颜子之所学”一语便成为宋儒的座右铭，不断被阐释、践行。

苏轼也非常尊崇伊尹，他在《上刘侍读书》中也使用过“一毫莫取”的典故：“夫天下有分，得其分则安，非其分，而以一毫取于人，则群起而争之。天下有无穷之利，自一命以上，至于公相，其利可爱，其涂甚夷，设为科条，而待天下之择取。然天下之人，翘足跂首而群望之，逡巡而不敢进者，何也？其分有所止也。”

一对比，我们发现，以上这一段文字，语意和语言表达都与《赤壁赋》极为相似：“夫天下有分，得其分则安”与“天地之间，物各有主”大同小异；“非其分，而以一毫取于人，则群起而争之”与“苟非吾之所有，虽一毫而莫取”也颇为相似。

苏轼化用“一毫莫取”典故的例子还有不少，因此我们可以推断，《赤壁赋》中写“虽一毫而莫取”绝非兴之所至、偶然为之。

至此，我们将《赤壁赋》《孟子》《上刘侍读书》《伊尹论》中的相关内容进行互证，就会豁然开朗——苏轼使用“一毫莫取”的典故，是借伊尹自况，体现出苏轼虽然被贬黄州，却欲效法伊尹，坚持“一毫莫取”的立身之节。

“一毫莫取”句说天地之间的事物各有其主，如果不是归属于自己，即使一介一毫也不能获取。但紧接着语义一转，又说“江上之清风，与山间之明月”可取可得，“吾与子之所共适”。这意味着苏轼把世间之物分为两类，一类是自然的清风、明月，另一类是非自然的世间之物。那非自然的世间之物是什么呢？苏轼在黄州填了一首《满庭芳·蜗角虚名》，如下：

蜗角虚名，蝇头微利，算来著甚干忙。事皆前定，谁弱又谁强。且趁闲身未老，尽放我、些子疏狂。百年里，浑教是醉，三万六千场。

思量。能几许，忧愁风雨，一半相妨，又何须，抵死说短论长。幸对清风皓月，苔茵展、云幕高张。江南好，千钟美酒，一曲满庭芳。

这首词上片讽世、愤世，真实地展现了一个失败者复杂的内心世界。《赤壁赋》说的“苟非吾之所有，虽一毫而莫取”，莫取的就是《满庭芳》中的“蜗角虚名，蝇头微利”。“事皆前定”“莫取”的自足，也意味着认命以及对名利的漠视。

这首词下片转为自叹、自适，生动地刻画了苏轼从人生的矛盾、感情的旋涡中解脱出来，最后达到精神上的解放。词中的“清风皓月”“苔茵”“云幕”，与《赤壁赋》中“江上清风”“山间明月”一样，不同于各有其主的官爵利禄等，大可为我辈闲人自由享用。

如果说“一毫莫取”句表达的是苏轼的立身之节，那么“风月共食”句表达的则是苏轼的自适之乐。苏轼对“客”说这清风明月是我们没有穷尽的宝藏，“取之无禁，用之不竭”，我们共同享有，因之也拥有了无比的人生快意。于是，小舟上出现了苏轼与“客”欢乐的场景：“客喜而笑，洗盏更酌。肴核既尽，杯盘狼藉。相与枕藉乎舟中，不知东方之既白。”

习习清风不语，皎皎明月孤悬。清风明月，亘古不变，是跨越时空的永恒见证者，也是对个人命运、人生价值思考的启发者。

参考文献

[1] 陆以湉.冷庐杂识 [M] .北京：中华书局，1984.
[2] 林语堂.苏东坡传 [M] .北京：群言出版社，2009.
[3] 曾枣庄，舒大刚.三苏全书 [M] .北京：语文出版社，2001.
[4] 谢建忠.苏轼《东坡易传》考论 [J] .文学遗产，2000（6）.
[5] 苏轼.东坡易传 [M] .北京：中国书店，2018.

浙江省台州中学　项 琪

散文有味是清欢
——《登泰山记》品读

山水是自然的造化，文人是世间的灵秀。自古以来，中国的文人墨客与自然山水总是有着不解之缘，山水给予文人创作的灵感，文人又给山水留下不少经典名篇。泰山是我国五大名山之一，其最高峰叫玉皇顶，海拔1545米。泰山风景以雄浑壮丽著称，层层倚叠的山峦，厚重雄伟的体势，山上苍松巨石林立，又有云烟雾霭缭绕，使泰山之景在雄浑中兼有明丽，静穆中透着神奇。因此，泰山成为我国著名的山水名胜，也成为游览的胜地，历代文人在此留下了许多经典的山水游记和诗篇。清代桐城派代表姚鼐创作的游记散文《登泰山记》就是以泰山为题材的山水名篇，文章记述了作者与友人在寒冷的冬日冒雪登临泰山、观赏日出的经过，描写了泰山雪后初晴的瑰丽奇绝和日出全景的雄浑壮观，表达了作者热爱祖国河山的思想感情。

姚鼐是桐城派的集大成者，他的古文主张“义理（内容合理）、考据（材料确切）、词章（文词精美），三者不可偏废”。他在《古文辞类纂》序中说：“凡文之体类十三，而所以为文者八，曰：神、理、气、味、格、律、声、色。神、理、气、味者，文之精也；格、律、声、色者，文之粗也。然苟舍其粗，则精者亦胡以寓焉？学者之于古人，必始而遇其粗，中而遇其精，终则御其精者而遗其粗者。”“文之精也”是指文章的精神。“神”指作品所表现出来的精神力量，“理”是“理趣”，“气”是“气势”，“味”是讲究言有尽而意无穷。“文之粗也”是指文章的形式。“格”“律”“声”“色”相当于文格、篇章结构、句法、音节、辞采。姚鼐认为，学习古人，先要掌握形式，即格、律、声、色，然后再体会精神，这样才不受形式束缚，驾驭其精神，达到入神忘形的境界。姚鼐的散文理论在《登泰山记》中得以体现。《登泰山记》短小精悍，结构清晰谨严，语言雅洁洗练，句式短促有力、灵活多变，文风朴实自然。细细品读，内容丰富，情感蕴藉，境界高妙，言有尽而意无穷。整篇文章语言中有诗味、景色中有趣味、作者融入自然中有意味，三者融为一体，别有一番滋味在心头。

一、淡语无华有诗味

辞赋大师潘承祥先生曾言：“桐城古文运动，是唐宋古文运动的继续、发展、终结。”桐城派的文学运动主要体现在散文创作上的造诣。桐城派的散文，以白描为主，反对藻饰，以写实为主，反对浮夸。语言力求简明达意，为文追求清真雅正。姚鼐的《登泰山记》以其朴实无华而又简洁洗练的语言风格、文短量大的艺术形式、诗味隽永的艺术影响成为桐城派散文的经典名篇。作者妙笔生花，语言精练简明，不枝不蔓，用词讲究，诗意盎然。全篇不到500字，基本上以短句呈现，句式灵活多变，连贯通畅，淋漓尽致地勾勒了泰山的巍峨雄奇景象，表现了作者和友人登临泰山的旅途艰辛。

1. 语言简洁，尽显简约之风

简洁是文章语言的基础，又是文章语言的最高境界。散文语言的简洁明晰，就是要用最少的语言符号表达出最丰富的内容。姚鼐认为：“理得而情当，千万言不可废，犹之其寡矣。”他遵从其桐城文派祖师刘大櫆的教诲：“凡文笔老则简，意真则简，辞切则简，理当则简，味淡则简，气蕴则简，品贵则简，神远而含藏不尽则简，故简为文章尽境。”姚鼐的散文用语简洁，这绝不是表现在个别字句的选用上，而是反映在通篇文章的整体构思、选材和描写上。《登泰山记》以时间和游踪为序，依次记述了诗人在隆冬季节从泰山南麓经中岭登上泰山的沿途观感，如在日观亭上见到日出，以及在归途中看到的庙宇、石刻等古迹。文章先写作者登山之前的景象：

泰山之阳，汶水西流；其阴，济水东流。阳谷皆入汶，阴谷皆入济。当其南北分者，古长城也。最高日观峰，在长城南十五里。

开篇仅仅用了46个字就清晰地点明了泰山的地理位置、周边的河流走向和山形的南北分界，让读者顿时明白泰山南北分界处便是古长城的遗址，在古长城以南的十五里便是最高的日观峰，即到泰山观日出的地方。姚鼐对泰山的地理位置与古长城的关系做了准确的考证和记述，这体现了他散文创作注重考证的特点。文章开篇从空间角度将泰山的地理形势由面到线再到点一一介绍清楚，泰山的轮廓便被清晰地勾勒出来，为下文描写观日情景埋下了伏笔。语言洗练，节奏明快，读起来朗朗上口，有韵味。

第五段描写的自然景观概括了泰山顶端的地貌，语言极为精简洗练，作者是这样描述的：

山多石，少土。石苍黑色，多平方，少圜。少杂树，多松，生石罅，皆平顶。冰雪，无瀑水，无鸟兽音迹。至日观数里内无树，而雪与人膝齐。

这部分句子句式灵活多变，错落有致，语言直白简洁，整个画面宛若在眼前。虽用语极少，蕴含的信息却很丰富。作者概括介绍了泰山自然景观的“三多”“三少”“三无”特点，“三多”即多石、多平方、多松，“三少”即少土、少圜、少杂树，“三无”即无瀑水、无鸟兽音迹、无树。景物之间形成鲜明对比，写出了泰山的奇特之处：泰山山顶多山石，山石都呈青黑色，大多是平的、方形的，多松树，松树都生长在石头的缝隙里，树顶是平的。泰山泥土少，山石圆形的少，杂树很少。泰山没有瀑水，没有鸟兽音迹，日观峰附近几里以内没有树。作者将泰山的山、水、树、石的特征展现得一览无余，表现了泰山独具特色和极富个性的自然景观。不难看出，这是作者考证后的结果。

综上，可以说，作者是文字表达的高手，句中无余字，篇中无余句，言简意丰，尽显简约之美。同时，这也体现了桐城派散文语言的“雅洁”特点，给人带来耳目一新的感觉。

2. 用语平淡，尽显质朴之美

姚鼐散文创作主张“文章之精妙，不出字句声色之间”。他所追求的“字句声色”是平淡和自然，他认为“文章之境，莫佳于平淡，措辞遣意，有若自然生成者”。《登泰山记》就是他对“字句声色”的有意追求，他的“平淡”不是“淡而无味”，而是朴实无华的自然之美。这篇文章的语言不事雕琢，平实质朴，清淡如水，含蓄隽永。

文章第二段中，作者采用化繁为简的笔法，交代了自己观日之前的行踪，传递了丰富的含意，给人以无限遐想：

余以乾隆三十九年十二月，自京师乘风雪，历齐河、长清，穿泰山西北谷，越长城之限，至于泰安。是月丁未，与知府朱孝纯子颍由南麓登。四十五里，道皆砌石为磴，其级七千有余。泰山正南面有三谷。中谷绕泰安城下，郦道元所谓环水也。余始循以入，道少半，越中岭，复循西谷，遂至其巅……

以上内容记述了从京城到山东泰安的这段旅程的时间和路程，准确连用了“乘、历、穿、越、至”五个动词来展现。实际上，这里言外有意，从京师、齐河、长清、泰山西北谷、长城和泰安等历经之地来看，时间和地点的跨度都相当大。可见，这一路奔波而来，道路艰险，天寒地冻，旅途异常艰辛。而连续使用这五个动词则将这段旅程表现得轻松自在，轻而易举，活画出作者风尘仆仆的奔波之态，写出了他登临泰山的急切心情和浓厚兴致。文章围绕一个“登”字，记述了作者和友人登山的起点（南麓）、全部里程（四十五里）、山间石阶的数目（七千有余）和经由的具体路线，从这条“由南麓—入中谷—越中岭—循西谷—至山巅”的登山路线看其言外之意，一方面，它勾勒出了泰山的蜿蜒起伏和跌宕崎岖的样貌，令人生畏。另一方面，五个连续性的动词展现了攀登泰山的路途艰辛遥远，但作者丝毫不露惧色，反而表现出气定神闲和兴致勃勃的样子，甚至是迫不及待的喜悦之情，用语平淡而用意颇深。明代袁中道曾说：“天下之文，莫妙于言有尽而意无穷。”文章寓深意于言外，使散文达到与诗歌一样含蓄有味、饶有趣味的优美境界。

文章的主体部分是观日之景，行文至此，作者并未泼墨挥毫，大肆渲染，而是继续惜墨如金，用语简短精练，运用白描，不加夸饰，以清新的文辞写出了泰山之巅雪景明净、夕阳映照、云雾缭绕的景象。凭高俯瞰，作者为我们描绘了一幅气象雄浑、意境开阔的画面，给人以无限的想象，使人仿佛置身于一幅幅浓墨重彩的山水画中。在描写泰山日出盛景时，行文先叙述观日的时间及地点，在描写日出前后景象时，同样没有铺陈渲染，只用了几个色彩词语，如“白云”“异色”“五彩”“赤色”“红光”等，寥寥数语，却勾勒出泰山日出时绚丽壮美的景象，蕴含着自然清新、质朴文雅的诗味，虽不着痕迹而境界全开，让人仿佛置身于如诗如画的意境之中。

二、美景如画添趣味

泰山的独特首先在于它的自然景观，最重要的标志之一就是泰山的日出，泰山日出是壮观而动人心弦的，尤其是雪后日照美景如画，别有一番趣味。姚鼐在《登泰山记》中着重描绘了泰山日出前后的动人景象，其中泰山夕照和山顶观日的景象是泰山景色中最富特征、最动人心魄的奇景，所以作者精选了这两幅图画进行描摹。

1. 泰山晚晴图

先看登顶后的泰山雪后夕照景色，作者是这样描述的：

苍山负雪，明烛天南；望晚日照城郭，汶水、徂徕如画，而半山居雾若带然。

仅这几十个字就描写了苍山负雪和泰山夕照两幅图画，青黑色的群山连绵不断，覆盖着皑皑白雪，雪光耀眼圣洁，洗涤了山的明净，也照亮了南边的天空。远远望去，夕阳映照着整座泰安城，给白雪蒙上了一层淡红色的轻纱，红装素裹，分外妖娆。泰山雪后晚晴呈现出一派雄浑壮美、明朗开阔的景象，画面美艳，妙趣横生，耐人寻味。山顶上的皑皑白雪和雪光光亮耀眼，苍山与白雪相互辉映，积雪的光泽又与落日的余晖相互烘托，泰安城郭，远处山脚的汶水、徂徕，泰山半山的云雾在泰山夕照中更显恬静美丽，画面色彩斑斓，层次鲜明，壮美明丽。

在艺术表达上，语言准确精巧，艺术造诣深远。从方位角度看，苍山负雪是近景，而如画的汶水、徂徕是远景，半山萦绕如带的云雾又是近景，景物描写由近到远又到近，由高到低又到高，全方位、多角度地写出了泰山的雄浑、壮阔和高峻的特点。运用动静结合、拟人、比喻等手法营造一种轻淡宁静的意境。景色中声、色、光俱全，泰山峰顶因声、色、光的融合而呈现出一幅绮丽优美的山水画。

泰山冬季本是皑皑白雪覆盖青山，银色雪光映照蓝天的一片静景，但作者变静为动，一洗寒冬游山的孤寂之感。例如，“苍山负雪，明烛天南。”作者不言冰雪覆盖青山，却说青山背负着冰雪，又说苍山上的雪像蜡烛一样照着天南，“负”“烛”二字将苍山和雪光瞬间写得生动活泼，用语新颖而传神。“半山居雾若带然”，泰山高耸入云，山间云雾时聚时散，漂浮不定，实为动景，而“半山居雾”中的“居”字把动态的雾写成一种停滞状态，山间本如飘带一般朦胧柔美的流动的云雾变得宁静安谧，成了一幅静态山水画，且设喻新奇，给人以美的享受，简直是神来之笔。可见，作者写景时摄取了大自然的精髓，给整个画面增添了无限的生机和情趣，景美神真，不愧是写景的高手。

2. 泰山观日图

第三段写景内容是全文最精彩的部分，作者用简洁又富有艺术化的笔法描绘了壮丽多彩的泰山观日图：

戊申晦，五鼓，与子颖坐日观亭，待日出。大风扬积雪击面。亭东自足下皆云漫。稍见云中白若樗蒱数十立者，山也。极天云一线异色，须臾成五彩。日上，正赤如丹，下有红光，动摇承之。或曰，此东海也。回视日观以西峰，或得日，或否，绛皓驳色，而皆若偻。

这部分描写了日出前、日出时和日出后的三个画面。作者先是紧扣着积雪，落笔大风、云漫、山峦等景物，生动地描写了泰山雪后初霁的美丽景色，既照应了前文雪景，又引出了清晨日出时的雄浑景象，写出了泰山晨曦神秀壮丽的景象。接下去，作者描写了红日初升的奇伟景象，一眼望去，日观亭东面一片云雾弥漫，朦胧中依稀可见云中几十个白色的像骰子似的山峰。天边的云彩形成一条线，呈现出奇异的颜色，一会儿又变得五颜六色。红日升起时，旭日红得像朱砂一样浓烈，海上有红光晃动摇荡着托着它。红光映照，上下辉映，气势磅礴，无限生气，极尽日出之时斑斓色彩、动感十足的恢宏美景，营造了令人神往的奔放豪迈境界。日出之后，作者不写泰山山色，而是远眺东方，回视西峰，眼前或红或白，颜色错杂，群山之间就像弯腰曲背鞠躬致敬的样子。远近各方，形色俱佳，画面立体而生动。这极富想象力的描写使泰山媚丽动人的壮阔美景喷薄而出，催人奋发。

在艺术手法的运用上，作者以其敏锐的观察力捕捉细节特征，进行简笔勾勒，又不留斧凿之痕，描绘了泰山日出的恢宏壮丽。日出前，作者运用了比喻、拟人等手法，生动地写出了皑皑白雪覆盖着群山叠嶂的概貌。时间副词“须臾”表现云彩变化的一刹那，写出了日出前云霞的瞬息万变，为下文状写日上景象蓄势。在描写日出盛景时，运用比喻，写出红日的绚烂热烈。“动摇”“承”两个动词写出了红光交相辉映、充满无限生机的气势。日出之后，作者着眼于日观峰以西的景色，“而皆若偻”则以拟人、比喻手法写出了西南诸峰的特点，赋予了山峰以人的感情，形象而生动，富有情趣。然而，观日画面是一个统一的整体，文章采用正面描写和侧面烘托相结合的手法，正面描写红日绚烂多彩、红光万丈的景观，侧面烘托日观峰凌驾于群峰之上的高峻巍峨景象。同时，画面还着重描摹了日出前后色彩的变幻多端，从日出前的云雾笼罩的乳白色转而到日出之时的一线异色—成五彩—正赤如丹—下有红光，淋漓尽致地状写了云色、山色、日色和水色，并以云色、山色和水色来烘托日色。

在泰山晚晴图和泰山观日图中，前者为辅，后者为主，前后烘托，张弛有度，动静相宜，相映成趣。描写有致，景中有画，一字一图，字精意工，展现了一幅幅精美绝伦的泰山风貌图，具有很强的视觉感受，使泰山的自然景观别开生面，灵动鲜活，景致生趣，意境悠远，给人以无穷的想象，使人如临其境。同时，泰山美景中也蕴含了作者登山的雅趣，体现了姚鼐散文创作疏密有致、浓淡相宜的特色，堪称“有物有序、清新简洁”的典范。

三、山水情深蕴意味

泰山是中国文明的发源地之一，是中华民族的象征。古老的泰山，在漫长的岁月中渗透着极为丰富的历史文化。古代很多文人墨客都有登临泰山的经历，也曾吟诗壮志，发出独特的喟叹。例如，孔子感叹“登东山而小鲁，登泰山而小天下”，李白赞叹“四月上泰山，石屏御道开”，杜甫浩叹“会当凌绝顶，一览众山小”，可见泰山在文人心中俨然是一道永恒的风景。

一般而言，山水游记包括游踪、景观和情感三个要素，经典的山水游记一般都是围绕自然美景泼墨如画，再现山水景观之美，在美景中流露作者的感情，以此感染读者，使读者得到美的享受。然而，姚鼐在《登泰山记》中的情感却是隐匿的，但是一切景语皆情语，文中虽不涉及情语，却处处有情，意味深长。

1. 热爱自然的生活情趣

刘勰在《文心雕龙·神思》中有言：“登山则情满于山，观海则情溢于海。”山水游记的作者在观察景物时必须全身心地投入，且对景物充满情感，才会有感而发，借景抒怀，而这种情感就表现在作者的游兴上，作者浓厚的游兴便是热爱自然、热爱生活的反映。姚鼐一生钟情于自然山水景观，他曾说：“佳山水名绝著，为古今贤士君子所颂叹，四海之内可百余区。虽其所以称盛之故大体略同，而其间各负绝异之境，非人意度所至，有必不可以相似之地，俪而一之者，此天地之文也。君子因所身遇，览天地之至文，以养神明之用，是为智而已。”（《宁国府重修北楼记》）他认为，名山胜水的奇姿异态，都是“天地之文”，读此大“文”能涵养人之心志，增人智慧。于是他常常流连于大自然的山水田园之中，沉浸在山水乐趣之中，写下了许多脍炙人口又广为传诵的山水之作。

在《登泰山记》中，姚鼐不着一个“情”字或者与“情”相关的词语，但在字里行间仍可以看出他浓厚的游玩兴致，活画出一个雄奇豪迈又愉悦轻松的游人形象，充分表明了作者对自然山川的热爱之情。

景无情不发，情无景不生。作者选择隆冬时节风雪弥漫之时游历泰山，且在除夕之际，寒风刺骨，冰天雪地，道路崎岖，其登山之艰难程度不得而知。文中提到，作者是不远千里从京都“乘风雪”赶去泰安的，与友人——泰安知府朱子颖在跨年风雪中不辞辛劳地登临有四十五里路程的泰山，处处寒意，步步艰险，身体所忍受的寒冷、辛苦是常人无法想象的。但行文对此只字不提，足以表明他纵情登山览胜的迫不及待和喜悦之情，其游兴之豪迈、向往之急切溢于言表。从“道中迷雾冰滑，磴几不可登”“大风扬积雪击面”寥寥几句便知，前路石阶重重，层层迷雾遮挡视线，脚下冰雪湿滑，但作者毫不顾忌，热情不减，他驾驭风雪，快速行进，奋步凭高，观景赏日，尽情展现了文人雅客寻幽探胜、归返自然的身心愉悦和高雅情趣。登临泰山之时，作者笔下并无严冬时节的萧条索寂之景，而是景美如画，绚丽多彩。置身于这雄浑开阔的空间里，看着这瑰丽奇特的雪中景象，作者不禁心花怒放，路途的艰辛早已抛之脑后。

凭高远眺，泰安城沐浴在夕阳的余晖中，汶水和徂徕山相依相抱，宛如一幅自然天成的山水画，环绕山间的云秀宛如轻桑的腰带在飘荡。那一份宁静奇妙的氛围，那一种如诗如画的境界，虽然只寥寥数笔，但作者那心旷神怡之感已经不觉顿生。无论是泰山雪后初晴、瑰丽多姿的景色还是日出时雄浑壮观的景象，抑或是周围独特的自然景观，都生动传神地展现出泰山安详而明媚、肃穆而温柔的独特韵味，一幅幅暖色调的画面充满了无限的生机和情趣，似乎让人飘飘欲仙、遗世独立，作者顿有心旷神怡之感，心生欢愉静穆之情。这体现了作者对鬼斧神工的大自然充满了赞美和敬畏之情，同时，作者兴奋愉悦的游览兴致也感染了读者，使读者得到美的享受。

2. 乐观豁达的生命情怀

在中国古代文学史上，许多文人骚客都有登高情结，其中不乏优游之心，更多的却是避世之意。他们心怀苦闷，愁绪满满，或壮志难酬，或思念成疾，或对小人不屑，或对时局不满，或对亡国不平，只好寄情山水、超脱世俗，把高山作为一种博大崇高的精神象征，在登高望远、凭栏远眺中表达了一种天人合一、物我两忘的境界。“心凝形释，与万化冥合”，这是对自然的敬畏心理，也是对自我的释然心态。例如，李白“且放白鹿青崖间，须行即骑访名山”，是因遭到权贵排挤而寄情山水排遣忧愁之意。杜甫“万里悲秋常作客，百年多病独登台”，是因人事变迁而登高望远抒发家国之愁。柳宗元是因被贬异乡而登临西山表达不同流合污之志。那么，姚鼐登高又是在怎样的背景之下进行的？为何除夕之时不与家人团圆却选择风雪天登临泰山？我们若是将这篇游记单纯列入赞美山水奇景的游记似乎并不到位，也难得文心。要领悟文章真正的文意和作者的情意，那也不可绕开作者游历的背景和经历。

乾隆三十九年（1774年），姚鼐45岁，这一年是其生命中的转折点。

他在《古文辞类纂序目》提到自己“以疾请归”，他选择黯然隐退，表面上是因病请辞，实际上有颇多无奈。姚鼐在官场沉浮多年，却屡屡不得志。当时京师云集了一批汉学家，他们讲求实学，这与姚鼐所遵奉的程朱理学是背道而驰的，而在当时，文字考订、文献整理、经史考据俨然成为学术主潮。姚莹在《惜抱公鼐》中记载：“纂修者竞尚新奇，厌薄宋元以来儒者，以为空疏，掊击讪笑之不遗余力。公往复辩论，诸公虽无以难而莫难从也。将归，大兴翁覃溪学士为叙送之，亦知先生不再出矣，临行乞言，先生曰：诸君皆欲读人未见之书，某则愿读人所常见书耳。”姚鼐学术上难以寻到志同道合之人，自然不免郁郁寡欢。古代文人的选择大致有两条：一是居庙堂之高，二是处江湖之远。而此时的姚鼐，自觉功业难成，官位也已无可留恋，于是从容而退，挂冠归去。他曾说：“余驽怯无状，又方以疾退，浮览山川景物，以消其沉忧。”（《晴雪楼记》）厌倦了仕宦生涯的姚鼐，似乎要把精神寄托于自然山水，以消解内心的无奈与不平。就在他辞官离京之后、归里之前，专程去约好友游览泰山。据说，姚鼐离京后犹如得道神仙一样快乐悠然。显然，作为一位传统的知识分子，他寻访名山、贴近自然其实是在追寻内心的平静和审美的快乐，表现了他的生活理想与审美趋向。他在《登泰山记》中将游历的行踪和泰山的美景娓娓道来，在漫长而冰滑的山道中顶着风雪踽踽前行，却将登山之苦化作乐趣。无论在登山过程中的不惧严寒艰险还是登顶观日时的热情期盼，都在作者笔下自然流露出来。当作者站立于泰山之巅，傲视群山，在皑皑白雪中，等来一轮红日，霎时间，红日喷薄而出，红光万丈，洒满大地，壮美之景不言而喻，表达了作者对壮美山河的讴歌与赞美，也是对他人生境界的诗意表达。他在孤独感伤之时，深感自然山水“隐然与人之心相通”（《左仲郛浮渡诗序》），这是一种深刻的自我反思，让他成功摆脱了官场上的纷扰杂念，寻到一条内心回归平静的人生之径，他选择自觉地将自然山水融入自己的生命里，蕴含了他乐观积极的人生态度以及洒脱豁达的生命情怀。

综上所述，姚鼐《登泰山记》描绘了一幅雄伟多姿又美不胜言的泰山奇景图，使我们领略到泰山的雄伟多姿和绚丽多彩，也品读到游记散文语言的平淡简约之美，更是被作者热爱自然、融入山水的雅趣感染，被他积极乐观的人生态度折服。难能可贵的是，文章蕴含了天人合一的审美境界和物我相融的生命情怀。同时，文章思想内容与辞章技艺的完美结合体现了以姚鼐为代表的桐城派散文的创作风格，也体现了山水游记散文清新淡雅的独特韵味。总之，本文“字字紧要，字字珠玑”，一字一句，不雕不饰，于平淡中显清雅，于质朴中有诗味，于美景中添趣味，于自然中蕴意味。其中的诗味、趣味和意味共同酿造了这篇游记散文的“三味”，给人以强烈的审美愉悦和美好的生活雅趣，真可谓散文有味是清欢，令人回味无穷。

参考文献

[1] 陈素英.由桐城理论与实际评姚鼐《登泰山记》[J].枣庄学院学报，2012（3）.

[2] 周丽.姚鼐“文章”论探微[J].辽宁工业大学学报（社会科学版），2017（6）.

[3] 周中明.论姚鼐的语言艺术[J].东南大学学报（哲学社会科学版），2011（11）.

[4] 姚鼐.古文辞类纂[M].合肥：黄山书社，1992.

[5] 姚鼐.姚惜抱先生尺牍（卷8）[M].小万柳堂据海源阁本重刊本.

[6] 郭绍虞.中国历代文论选（上册）[M].上海：中华书局上海编辑所，1962.

[7] 姚鼐.惜抱轩全集[M].上海：世界书局，1936.

浙江省三门中学　陈佳

只因为在人群中多看了你一眼
——《鹊桥仙·纤云弄巧》品读

秦观，字少游，一字太虚，与黄庭坚、晁补之、张耒并称为“苏门四学士”，被尊为婉约派一代词宗，颇得苏轼赏识，王安石称“其诗清新妩媚，鲍、谢似之。”

秦观15岁丧父，自幼研习经史兵书，他生性豪爽，洒脱不拘，溢于文辞，兼之天赋才情，文学成就灿然可观。他在政治上倾向旧党，新党执政时，被贬为监处州酒税，又被贬监郴州、横州、雷州等地，至藤州而卒。

作为北宋文学史上的一位重要作家，秦观一生仕途坎坷，所写诗词高古沉重，寄托身世，感人至深。秦观长于议论，文丽思深，兼有诗、词、文赋和书法多方面的艺术才能，尤以婉约词驰名于世。

苏轼评价他“有屈、宋之才”。东坡绝爱其“郴江幸自绕郴山，为谁流下潇湘去！”句，曰：“少游已矣，虽万人何赎。”李清照《词论》：“专主情致，而少故实，譬如贫家美女，虽极妍丽丰逸，而中乏富贵态。”陈廷焯《白雨斋词话》：“少游《满庭芳》诸阕，大半被放后作。”“他人之词，词才也；少游，词心也。得之于内，不可以传。”清代王国维《人间词话》：“少游词境最为凄婉，至‘可堪孤馆闭春寒，杜鹃声里斜阳暮’，则变而为凄厉矣。”“少游虽作艳语，终有品格，方之美成，便有淑女与倡伎之别。”

读词需细嚼慢咽，从字里行间读出诗情，读出诗心，读出无数个你我，方得诗词之真谛。下面从词的意境氛围、表情达意和遣词造句三个方面来解读：

一、意境氛围的营造

秦观很擅长营造意境和氛围，调动想象，使人回到词本身，回到词中所描绘的情景中。“纤云弄巧，飞星传恨，银汉迢迢暗度。”天上的云似乎也含情带意，云卷云舒，像一个千姿百态而多情的女子，流星飞逝，传达着爱恨情仇，悄悄地渡过了遥远璀璨的银河，这是美丽的神话故事发生的背景，也是凄美之境。此情此景此境，却是良辰美景虚设。无边无际的银河是阻隔我们的难以跨越的障碍，但哪怕是遥相望，哪怕是天涯海角，海枯石烂，我也绝不放弃，我内心坚如磐石，这份坚贞不渝的爱从未改变。

第一句写赴会的过程，“银汉迢迢暗度”，这里用了“暗度”，有“暗度”，就有“明度”，为什么不“明度”？这个“暗”字倒不是说他们的相见是偷偷摸摸进行的，不能让人知道，其营造的是一种温柔的画风，柔和的意境和氛围。类似于“笑语盈盈暗香去”“有暗香盈袖”“暗香浮动月黄昏”，传达的是一种别样的美的感觉。

第二句写相逢的场面，“金风”点明是在秋天，风本身是无色无味的，只因为秋天是金黄色的。“便胜却人间无数”，人间无数的美好都抵不过这一相逢，情人久别重逢，所有积蓄的情感和无穷的思念都在今晚迸发，或许当初只是因为在人群中多看了你一眼，再也没能忘掉你的模样。只因为这一次相遇，便注定永生永世的相守，不离不弃。

同样是以这个故事入诗，《古诗十九首》中这样写：迢迢牵牛星，皎皎河汉女。纤纤擢素手，札札弄机杼。终日不成章，泣涕零如雨。河汉清且浅，相去复几许？盈盈一水间，脉脉不得语。可见，这首诗营造的氛围截然不同，它是悲伤到极致，以女子的角度和心情来抒写内心的愁苦和寂寞。这里我们看到的是一个柔柔弱弱的女子，面对这样的分离，无可奈何，只有终日以泪洗面，有苦说不出，因为长河相隔，只有自己独尝这份苦果。少了很多的洒脱，少了对相逢的期许，少了对爱情的誓言，整首诗表现出来的意境也就不一样了。

抒情诗人李商隐在《辛未七夕》中又描写了另一种意境：“恐是仙家好别离，故教迢递作佳期。”俨然把这个悲伤的故事喜剧化，好像是神仙故意给他们精心安排挑选的好日子。“由来碧落银河畔，可要金风玉露时。”秋天正是离人心上秋，上天却将它安排为相逢之时，真是令人费解。“清漏渐移相望久，微云未接过来迟。”就这样久久相望，相顾无言，但此时无声胜有声，连天上的云都害怕打扰到他们，迟迟不肯来接走织女，想让他们多待一会儿，再多一会儿。“岂能无意酬乌鹊，惟与蜘蛛乞巧丝”，这里又全然没有痛苦，只剩下相见的幸福。

二、表情达意的节制

秦观的词在表情达意上不是肆无忌惮地直抒胸臆，而是“乐而不淫，哀而不伤”，表现出一种中庸的节制，不过度，也不躲躲藏藏，分寸拿捏得很好。第三句写离别的情境，两人相会时柔情蜜意，然而下次再见的日子要很久，久得让人难以忍受，所以用了一个“梦”字。“忍顾鹊桥归路”，其实是“不忍顾”，不忍心回头看回去的路，忍即不忍，忍即无奈，有一种“执手相看泪眼，竟无语凝噎”的感觉，最后的分别千言万语，都化作最深情的一顾。

最后一句“两情若是久长时，又岂在朝朝暮暮”写出了爱的升华，这种爱是能够经受岁月考验的，它反映出两人坚贞的、不屈的、永恒的爱情。这种爱情无关贫富、地位、出身等，它超越了人间烟火，没有了柴米油盐酱醋茶的小日子，没有了每天的长相厮守，没有了浓情蜜意的卿卿我我，这大概是世间最纯真的爱情吧？

想见而难得一见，是一种无奈，也是一种真爱。只要我还能见到你，这又算什么呢；只要我们的心是在一起的，哪管一路艰辛，即使常年分隔两地，但彼此的眼神是可以跨越遥远的银河而交会的。或许上天嫉妒我们的幸福，才让我们天上人间相隔，又或许是想留住这份纯粹的爱情，不让它沾染上人间的滚滚红尘，不让它在时间的长河里变质而有意为之的一场安排。否则，如果所有故事的结局都是王子与公主结婚了，从此过上幸福的生活，这千篇一律的调子怎么会有这个故事来得更让人荡气回肠？又怎会流传至今、传吟不绝呢？

词人表达情感的方式多种多样，不尽相同。同样是写恋人之间的相思之情，杜甫是这样抒情的：今夜鄜州月，闺中只独看。遥怜小儿女，未解忆长安。香雾云鬟湿，清辉玉臂寒。何时倚虚幌，双照泪痕干。诗人仿佛看到家中的妻子站在月光下遥望远方，盼着心上人归来。孩子无法理解母亲的思念，妻子望月怀人，倚靠着窗帘，不愿离去，长夜无眠，晚上的露水打湿了她的发髻，她的眼泪似乎已流干，却等不到与丈夫的团聚。诗中对情感的抒发还是很直白的，孤独与思念之情在眼泪中迸发。李商隐的《无题》诗很多，他偏要写出一种超出秦观此词的情感：“刘郎已恨蓬山远，更隔蓬山一万重。”说什么“此去蓬山无多路，青鸟殷勤为探看”，我们之间的距离比这还要远一万重。说什么相思相见知何日，“春心莫共花争发，一寸相思一寸灰”，我的情纵使化成灰也能看到丝丝思念入骨，一定要将情感抒发得淋漓尽致，有那种“恨到归时方始休”的感觉。

三、遣词造句的用心

李调元在《雨村词话》中点评秦观词：“首首珠玑，为宋一代词人之冠。”足见秦观在遣词造句上的用心。词人所用的形容词很特别，“云”是纤云，不是浓云，亦不是卷云或舒云，像极了一位绰约的仙女，纤纤细手，纤纤细腰，引人无限遐想。“星”则是飞星，星星也着急了，归心似箭，恨不能一下子将情感传达。“迢迢”既是路途遥远，也是相思迢递。“金”修饰“风”“玉”修饰露水，冰清玉洁，美妙无比，无与伦比，一如这绝世无双的爱情，它不曾沾染任何现实和物质的味道，这是最纯粹的爱。

词中的比喻，将“情”比作“水”，化抽象为具象，化虚为实，上善若水，美总是与善紧密相连。将“佳期”比作“梦”，又化实为虚，一切太过美好的东西总让人怀疑幸福是不是来得太突然？是不是不够真实？

不仅如此，词中对主人公的神态描写用了一个“忍”字，心上一把刀，短暂的相逢后又要面对即将来临的离别，怎能忍受得了？但值得庆幸的是，我们还有未来可以期许，就是这一年一度的相逢，让我们的人生多了一份希望，这是人生最大的动力。其实，生活最可怕的是表面上什么都拥有，实际精神上却一无所有，无所寄托。

最后两句，用“若是……又岂在……”这样一种假设加反问的句式，是在问自己，更是在安慰彼此，言有尽而意无穷，简洁看似毫无修饰的语言中满含至深至诚的情感。这正是秦观词独有的艺术魅力，它朴素无华，却是洗尽铅华，正如前人评秦词曰：“少游正以平易近人，故用力者终不能到。”

秦观其他的词也体现出以上三方面的特点，如他的《踏莎行·郴州旅舍》：雾失楼台，月迷津渡，桃源望断无寻处。可堪孤馆闭春寒，杜鹃声里斜阳暮。驿寄梅花，鱼传尺素，砌成此恨无重数。郴江幸自绕郴山，为谁流下潇湘去？

暮霭沉沉，楼台消失在浓雾中，月色朦胧，渡口也隐匿不见。望断天涯，理想中的桃花源也无处可寻。怎能忍受得了在这春寒料峭时节，独居在孤寂的客馆，斜阳西下，杜鹃声声哀鸣！远方友人的音信，寄来了温暖的关心和嘱咐，却平添了我深深的别恨离愁。郴江啊，你本来是环绕着郴山奔流，为什么偏偏要流到潇湘去呢？

词的上阕也是以景物描写来营造意境，楼台迷失在雾中，月光下渡口也无处寻了，一眼望去，没有尽头，这是一种朦胧美。后面表达情感，也是“犹抱琵琶半遮面”，以梅花传情，借鱼传信笺，最后也是以问句作结，赋予江水以情感，给读者留下无限怅惘。在用词上也别出心裁，如动词的不断转换——“失、迷、望、闭、寄、传、砌、绕”，着实用心，却不着痕迹。

再如这首著名的《浣溪沙·漠漠轻寒上小楼》：漠漠轻寒上小楼，晓阴无赖似穷秋。淡烟流水画屏幽。自在飞花轻似梦，无边丝雨细如愁。宝帘闲挂小银钩。

一阵阵轻轻的春寒袭上小楼，清晨的天色阴沉得竟和深秋一样，令人兴味索然。回望画屏，淡淡烟雾，潺潺流水，意境幽幽。柳絮飞舞如虚无缥缈的梦境，丝丝细雨落下如同我的忧愁。再看那缀着珠宝的帘子正随意悬挂在小小银钩之上。那种淡烟暮霭之下，佳人倚楼独望，内心的寂寞无以排遣，在这样的意境下，情感的抒发还是显得小心翼翼，梦似飞花，愁如丝雨，现实很无奈，但梦境依然美好，虽然愁绪难消，但并不是如倾盆大雨，一泻千里，而是点点滴滴，细细麻麻，绝不做过多的渲染。

读秦观词总有一种欲说还休的忧伤，但这种忧伤并不是让你痛不欲生，总能给你一丝希望，一点盼头，而不是彻底的悲观主义。无论是《虞美人·高城望断尘如雾》中的“欲将幽恨寄青楼，争奈无情江水、不西流”，还是《满庭芳·山林微云》里的“多少蓬莱旧事，空回首、烟霭纷纷。斜阳外，寒鸦万点，流水绕孤村”“伤情处，高城望断，灯火已黄昏”，忧伤缠绕着你，但总有一江水陪伴你，总有斜阳、寒鸦，还有孤村这样的烟火气在诗词间流动。

浙江省学军中学　余　芳

沂水春风“理想国”
——《论语·侍坐章》品读

《汉书·艺文志》载：“《论语》者，孔子应答弟子、时人，及弟子相与言而接闻于夫子之语也。当时弟子各有所记，夫子既卒，门人相与辑而论纂，故谓之《论语》。”这是对《论语》所下的经典定义，也道出了成书的用意与经过，即“应答弟子、时人”，就是孔子与弟子及同时代人物的对话记录；“弟子相与言而接闻于夫子之语也”，即弟子们私下相互交流，间接听到的孔子的话；“夫子既卒”，弟子们觉得，为了使夫子阐述的大道不致断绝，有必要加以记录，以便世代相传；“门人相与辑而论纂”，众多弟子经过回忆、积累，最后由人统一整理，编纂成书，便形成了《论语》的雏形。

《论语》全书共498章，其中多的是问答体的短章，《侍坐章》虽只有短短315字，但在《论语》中已成“巨制”。其结构完整，叙事曲折，情节生动，形象鲜明，意蕴深远，堪称我国古代散文的滥觞。我们从中既可以领略色彩浓郁的文学之美，也可以感受博大精深的儒家思想。

一、雅洁生动的文学美

《侍坐章》主要由四次对话组成，但记录经过并非平铺直叙、一成不变，而是非常讲究叙述技巧，从而使得内在节奏一波三折，跌宕有致。如果将其视为一篇优美的散文来加以欣赏，可以发现其中包含着起承转合的结构美、整齐之中的变奏美和喧叙相生的图景美，带有诗情画意的美质。

1. 起承转合的结构美

古人谓文章结构有“起承转合”之说，《侍坐章》围绕“四子言志”这一核心情节精心布局，极具摇曳多姿的文学之美：“起”于孔子问志的“如或知尔，则何以哉？”；之后文起波澜，先是“子路率尔而对曰”与“夫子哂之”“求！尔何如？”“赤！尔何如？”“点，尔何如？”三次点名而问，顺势而“承”，师生一问一答，节奏明快，没有枝蔓，简洁利落。但是同一结构反复出现，会形成思维定式。所以文章其后笔锋一“转”，先写曾皙鼓瑟、舍瑟，后写“异乎三子者之撰”，情节跌宕，顿起悬念之感，在孔子“何伤乎？亦各言其志也”的追问下，曾皙答以“莫春者，春服既成，冠者五六人，童子六七人，浴乎沂，风乎舞雩，咏而归”，充满盎然春意、轻快情调，文风与格调也似乎一变，形成文本高潮；最后收于“亦各言尔志而已矣”的孔子评志，又微有波澜，曾皙一开始询问“夫三子者之言何如”，孔子并未回答，在“夫子何哂由也”的追问下，孔子才一一做了评价。

以“问志”始，以“评志”终，整章如游龙蜿蜒，多有波澜，曲折生动，跌宕生姿。

2. 整齐之中的变奏美

《侍坐章》的文学性还体现在相似的四次情节“重而不复”“相映而不相犯”，具有极高的艺术性。

如孔子问志，文中有“求！尔何如？”“赤！尔何如？”“点，尔何如？”而最前面并没有“由！尔何如？”没写就是最好地写，因为抢先答问、当仁不让正好展现了子路性格中率性果敢但有时又失于鲁莽草率的一面。这样不仅结构上更加紧凑，更是一种留白，可让我们想象孔子话音刚落，子路不待其他弟子回答，即全盘道出自己的理想，孔子满含深意的发问，子路胸有成竹的话语、跃跃欲试的神情，千载而下，仍历历在目。此处用一句脂砚斋评《红楼梦》第三回“三春出场”的写法，“个个写去，则板矣”，也非常贴切。

至于曾皙回答前，有“鼓瑟希，铿尔，舍瑟而作”的描写，更增添了变奏之美，其中的音乐之声犹如多幕剧中的间隔，起着调整叙事节奏、舒缓情绪的作用，让人心旷神怡，而音乐的余韵更延伸至“沂水春风”场景的美丽描述，成为伴奏之声，瑟止响腾，余韵徐歇。

这种情况同样出现在“孔子评志”部分，当曾皙向孔子请教“夫三子者之言何如”时，孔子没有马上做出明确答复，而是用“亦各言其志也已矣”使问题迂回了一下，这是“评志”部分的一个小波折，也可看作对叙述节奏的一次短暂延缓。

整齐之中的多次变奏，让本章在厚重之中增添了灵动之美，表面看似千篇一律，实则千变万化。

3. 喧寂相生的图景美

《侍坐章》的图景让人印象深刻，还在于其中有着众声喧响的回荡，如孔子的遽然问志声，子路的慷慨以答声，冉有、公西华的谦逊言志声，曾皙铿然悠扬的瑟声，中间又夹杂着欣然会意声、喟然叹息声，交织成了一曲心灵的交响乐。

同时，其中还有喧寂相生、动静相宜的交织之美。在“一问四答一点评”的结构中，在“子路率尔而对曰”与“夫子哂之”之后，应该有短暂的间歇，这一留白可以让人去玩味子路及其他三人的反应，给读者留下了想象的空间。暂时休止后，才又有了孔子的发问：“求，尔何如？”在曾皙言志之前的系列动作，给画面增添了动态感，而其后夫子“吾与点也！”喟然之叹，更将文章推向了高潮，之后弟子反应付诸阙如，也是留白。在众声交响之中，又有喧寂相生、动静相宜，让整个场景经典鲜活，充满了起伏与张力。

二、各见性情的人物美

《侍坐章》因以对话为主，也犹如一幕生动的话剧，对四位弟子的简洁生动的描写达到一语传神的境界，遗貌写神，寥寥几笔，而人物情态性格毕现。

面对孔子的问题，子路却“率尔而对”，不假思索，脱口而出。“千乘之国，摄乎大国之间，加之以师旅，因之以饥馑，由也为之，比及三年，可使有勇，且知方也。”子路的宏大理想是用3年时间去治理一个内忧外患的千乘之国，使人民勇敢且知礼仪。从中也可见子路率直自信、勇于任事而又鲁莽轻率的性格。子路之语全采用结构基本相同而且音节相等的整齐句式，目标明确，态度坚定，铿锵有力，掷地有声，字里行间流露着强烈的自信。而“夫子哂之”并非笑子路说大话，因为在《论语·公冶长》中有“子曰：由也，千乘之国，可使治其赋也。”即征兵员、修武备、军政之事，正是子路所长，而他的理想也有一部分合乎孔子自己对于从政的设想：“道千乘之国，敬事而信，节用而爱人，使民以时。”所以，孔子之哂并非怀疑子路的能力，而主要在于子路的态度，子路自负，缺少谦虚，后文即言“其言不让”，治理国家缺少礼治的精神是不行的。

冉有是孔子点名之后才作答的，而且明显经过了深思熟虑。“方六七十，如五六十，求也为之，比及三年，可使足民。如其礼乐，以俟君子。”冉有之志——足民礼乐俟君子。子路尚勇，通过不断增加治理难度来表现自己的勇气。

冉有尚实，他为政的目标是小国家，而疆域的一再缩小，不断降低治理难度则体现了他目标的务实可行和性格中的谦逊谨慎。冉有的特长是治赋，“可使足民”，至于礼乐教化之事，他认为超出自己能力范围，所以“以俟君子”，一个“俟”字表现出他的内敛务实。《论语·公冶长》中有孔子的评价：“求也，千室之邑，百乘之家，可使为之宰也。”宰，即邑县的长官和大夫的管家。冉有曾为孔子管理产业，井井有条，还曾担任季氏的管家，展现了善于治赋的一面。孔子52岁时出任鲁司寇，冉有因为长于理财，掌经济出纳，时年24岁，后随孔子周游列国。孔子60岁居陈期间，因季康子召，冉有归鲁，时年31岁，不久出任季氏宰；孔子晚年返鲁，冉有在季氏面前所起作用甚大。冉有更在孔子68岁时率师对齐作战取得胜利，达到了他个人声名的巅峰。

“非曰能之，愿学焉。宗庙之事，如会同，端章甫，愿为小相焉。”公西华之志——宗庙会同为小相，从中可见公西华谦恭有礼的特点。他一谦“非曰能之，愿学焉”，二谦“愿为小相焉”。在宗庙祭祀或者诸侯盟会这些重大的礼仪场合中，穿上礼服，戴上礼帽，仅是小司仪。公西华的理想是治礼，因而言行均表现得彬彬有礼。公西华两次使用了“愿”这个动词，而且把自己定位于“小相”，可谓字斟句酌，娴于辞令。不过公西华为小相的才能不能小看，《论语·先进》中有孔子的评价：“赤也，束带立于朝，可使与宾客言也。”可以担任称职的外交官，主管外国盟会的司仪与朝觐聘问之事。对此，南怀瑾先生在《论语别裁》中解说得极为恰切：“‘愿为小相焉’，辅相是一位很好的幕僚长，或者等于国民大会的秘书长。……一个重要会议中的小相，是很不容易做好的。小相就是总务人才，也就是宰相才；真正的好总务，就是宰相，像萧何就是最好的总务人才。历史上的这类人物是屈指可数的。”公西华言语得体，礼仪周备，举止大方，他已经具备了一名外交官的优良素质，而他也是按照这一志向来发展的，曾担任外交使臣出使齐国。

曾皙是在一片诗意氛围中出场的，开始时边弹边听，听闻孔子点到自己之名，他并未马上作答，“鼓瑟希，铿尔，舍瑟而作”，让乐声渐渐稀疏下来，最后“铿”的一声收住整支曲子，然后才放下瑟起身回答。这一连串动作不慌不忙、从容淡定，充分刻画出曾皙洒脱而又知礼的特点。而“异乎三子者之撰”的回答，顿起波澜，意谓自己的志向与众不同，一句话就刻画出他的卓尔不凡之处。他对自己志向的描述更显诗情画意：“莫春者，春服既成，冠者五六人，童子六七人，浴乎沂，风乎舞雩，咏而归。”曾皙之志——沂水春风咏而归，描绘出一幅春风临远、一路畅歌的动人景象，在与自然相融、无所羁绊中展现了他从容洒脱的一面。在《孟子·万章下》中有载：“‘敢问何如斯可谓狂矣？’曰：‘如琴张、曾皙、牧皮者，孔子之所谓狂矣。’”这个孔子眼中的狂士，从心所欲、率性而为，呈现了不一样的风景和性情。

《侍坐章》中的形象虽只三言两语、着墨寥寥，但都写意传神、形神毕肖，子路的率真鲁莽、冉有的谨慎务实、公西华的少年老成、曾皙的倜傥不群，给人留下了深刻的印象。甚至可以说，《侍坐章》以简练之语传人物之风致，以此为萌芽，不断发展，为魏晋六朝志人小说的出现与成熟提供了条件。“诸子散文的记叙重在写意的精神对后世小说有深远影响。”《世说新语》等运用浓笔重墨、勾勒点染的写意手法予以表现，传神写照，使人物形神兼备，个性突出，显然受《论语》《孟子》的影响，而与史传文学重在写人物生平事迹的写法大不相同。

三、深邃博大的思想美

《侍坐章》作为一段经典鲜活的文字，从思想之美的角度进行品读，除了有一个永恒的话题——各言己志，有一群性情风貌各显的弟子，更有一种臻于各个之妙的教育方式，一种尽善尽美的人生理想。

1. 愤悱启发的教育境界

《论语》多为短章，让人难以直观地窥见孔子如何教学，而《侍坐章》作为完整篇章的记录，却犹如一次公开教学，为后人演绎了孔子作为伟大的教育家的教学作风和教学方法，印证了如颜渊所感叹的“夫子循循然善诱人”。

《侍坐章》是孔子与弟子在侍坐情境中围绕某一问题进行的活动，属于漫谈式教学，与后世的“座谈”有些类似，不拘形式，宽松自由。由此可以看到，首先，孔子之教不同于后世的经学发掘，也不局限于传授某些知识或方法，而是一种人生教育，关于修身做人，关于安邦治国，传递的是一种人生终极的态度。其次，在弟子面前，孔子是一个蔼然长者，“望之俨然，即之也温”。他诚挚恳切，启发弟子畅所欲言，“以吾一日长乎尔，毋吾以也。居则曰：‘不吾知也！’如或知尔，则何以哉？”以平常亲切的话语打消了弟子拘于礼数而不能尽言的顾虑，因势利导，平时总抱怨没有人了解你们，如果有人想了解你们，想重用你们，你们打算怎么办呢？将理想志向的宏大话题转化为日常人伦的轻松问题，启开弟子们一次理想志趣的心扉之旅。据相关资料，《侍坐章》出现的四个弟子中，子路比孔子小9岁，随孔子患难与共，《史记·仲尼弟子列传》载子路“好勇力，志伉直”，孔子于他而言，既是一路相随、用心守护的师长，也是直言不讳、无所避曲的朋友。冉有比孔子小29岁，公西华比孔子小42岁，从年龄上说，他们对孔子更像是晚辈对父辈、祖辈。但不管年龄如何，孔子对学生的平等与尊重、注重营造和谐融洽的氛围，体现了孔子高超的引导艺术，也体现了孔子“不愤不启，不悱不发，举一隅不以三隅反，则不复也”的教育境界。

文章收尾处，曾皙留在最后，是想知道孔子对言志“哂之”“无言”“与点”不同表现的原因所在，孔子各做点评，对子路赏其勇志，抑其自负，对谦逊过度的冉有、公西华则连用“唯求则非邦也与？”“安见方六七十如五六十而非邦也者？”“唯赤则非邦也与？”“宗庙会同，非诸侯而何？赤也为之小，孰能为之大？”通过一连串的反问来肯定他们治国安邦的才能，从一再强调这只是“亦各言其志也已”，可以看到孔子并不否定其他人之志。

这正如刘宝楠在《论语正义》中所言：“凡人赋性刚柔不齐，惟各尽其性，期有所成立，可同归于善也。”因人而异、因材施教，《侍坐章》这一幕正是对孔子教学艺术的生动写照。由此，我们可以感受其中孔子作为师长与儒者的形象：平易的态度、启发的姿态、温和的话语、博大的情怀。

2. 沂水春风的理想世界

曾皙所描绘的这幅“暮春咏归图”兼有天时、地利、人和的内涵：暮春为天之佳时，“天朗气清，惠风和畅”；舞雩台为祭天行礼之处，登上高台，天高地旷，祈福消灾，吉祥美好，这个地点还承载了“复礼”的理想；冠者五六人、童子六七人，群贤毕至，少长咸集，可谓“人和”。这是一首色调明丽、情绪欢快、生趣盎然的诗篇，也正因其形象生动而又意蕴丰富，历来解读众说纷纭。

细究起来，曾皙的表述与子路、冉有、公西华三人所述的不同在于：前三位是直接表达，曾皙则是委婉描绘；前三位重在实现自我，更注重个人功业成就与个人英雄主义，而且着重于政治方面，可说是一种职业的成功，曾皙则把主体扩大到了百姓，强调治理后的结果，以达到大同之世，这是一种人生的理想，而且着重于文教，是用礼乐教化熏陶民众的结果，重在实现天下，成功不必在我。

曾皙所言似乎什么都没有做，但人人各有所安，各得其所，各有所乐，万物莫不能遂其性，显现出一种祥和与诗意。这种境界如此美好，所以连孔子都心生向往，情不自禁地赞叹：“吾与点也！”因为这与孔子在《论语·公冶长》中“老者安之，朋友信之，少者怀之”的理想有相通之处，它深深地打动了孔子，并与孔子取得了心灵上的共鸣。宁静风雅的咏归图景实际上是优美地描摹了理想中的儒家社会，即所治理的国家安定和谐、百姓自由自在，孔子一生都在追求“礼乐治国”，曾皙描绘的图景正是孔子心目中太平盛世的极好写照。正如杨树达先生在《论语疏证》所说的“以点之所言为太平社会之缩影也”，刘盼遂先生在《中国历代散文选·上》中也认为这是“礼乐治国之理想”。

当然，也可认为曾皙描绘的是一种超然的“世外桃源”，无拘无束、自由快乐，即隐士的生活景象，表现了淡泊宁静的心态。孔子晚年周游列国屡屡碰壁、“斥乎齐，逐乎宋卫，困于陈蔡之间”，这隐隐触动了孔子想过宁静自适生活的内心，曾皙之语拨动了孔子深藏于灵魂深处的柔软琴弦，道出了孔子心灵深处的另一种声音，在《论语》中就屡次有“子曰：天下有道则见，无道则隐”“子谓颜渊曰：用之则行，舍之则藏”“子曰：道不行，乘桴浮于海，从我者，其由与？”的感喟。曾皙的这段话，表达了隐士的生活景象，可能隐约触动了孔子周游列国屡遭失败、心力交瘁而想过平静无为的生活的想法。国学大师钱穆先生认为：“曾皙乃孔门之狂士，无意用世，孔子骤闻其言，有契于其平日饮水曲肱之乐，重有感于浮海居夷之思，故不觉慨然兴叹也。”

不管是“礼治说”还是“归隐说”，沂水春风“理想国”那一幅美好的生活图景，那一种理想的人生方式、尽善尽美的理想境界，永远在最深处拨动着中国人的心弦，成为心灵的回响，具有永恒的力量。

参考文献

[1] 刘宝楠.论语正义 [M] .北京：中华书局，1998.

[2] 杨树达.论语疏证 [M] .上海：上海古籍出版社，2013.

[3] 南怀瑾.论语别裁 [M] .上海：复旦大学出版社，2005.

[4] 钱穆.论语新解 [M] .北京：生活·读书·新知三联书店，2005.

浙江省宁波中学　时剑波

由技到道

——《庖丁解牛》的哲学意蕴解读

人到中年，常常被生活中的名利羁绊。总是在抱怨生活的不公，陷入无路可走的境地，但读读庄子，读读他的《养生主》或许能找到答案。《庖丁解牛》就是这样一篇蕴含哲理、给人众多启迪的旷世之作。

《庖丁解牛》选自《庄子·养生主》（《庄子集释》，中华书局2004年版）的第二部分。作为解释庄子养生总纲“缘督以为经”的具体的一则寓言，庄子通过一系列形象的比喻，深入浅出，将养生之道娓娓道来，借此揭示了做人做事“因其固然”“依乎天理”的道理。

为什么庄子要提出这样深刻的养生之道呢？庄子生活在非常激烈的社会转型时期的战国中期，彼时，中国社会正经历着一场沧海桑田的巨变，百姓流离失所，社会动荡不安，人们身处乱世，人生灰暗，前途一片迷茫。在动荡不安的现实面前，人们不能任其心性自由自在地生活，随时面临凄风苦雨，难以尽享天年，他们悚然惊心、韬光养晦、谨慎藏锋，适时顺应、无求远害，想在复杂社会斗争的骨节缝中寻找一个罅隙，从而更好地保全性命，以便在这乱世中游刃有余地活下去。这篇寓言体现的就是当时社会背景下人们安身求命的心境。由此可见，面对社会的纷乱，道家要告诉我们的是该如何游刃有余地安身立命。道家认为万事万物都摆脱不了自然规律的变化，因而人不能僭越自然，也必须遵循自然规律而生活。于乱世中找寻个人的自我救赎之道、自保全生的方法是道家的终极关怀，个人主义色彩浓郁。面对同样的纷乱社会，儒家却更希望建立社会秩序，以道德礼制来约束规范人们的行为，克制当时人们泛滥的私欲。所以孔子不断推行周礼，把追求仁义作为君子的最高典范，建立一个和谐、知礼懂礼的社会是他的最高理想。据此，我们可以看到儒家致力于群体和谐社会的建立，而道家致力于解决个人在动荡不安的社会中的生存问题，似乎更接地气。

文章开头“解牛”动作的描写出神入化。作者浓墨重彩，用近乎夸张的系列动作、神态描写庖丁解牛的情况，悠闲、淡然的神情，和谐、完美的动作跃然纸上。连用4个动词描述解牛时的优美姿态：手“触”、肩“倚”、足“履”、膝“踦”，动作描写充满艺术化，有很强的美感，庖丁解牛技术的娴熟已可见一斑。解牛时进刀而发出的声音，用了“砉”“騞”两个拟声词；又用“桑林之舞”“经首之会”两个比喻，生动地描写出庖丁动作的节奏感，表现了一个至高境界。作者写解牛场面，避而不谈实况——牛的挣扎之状、血流之景、惨叫之声，而极写庖丁解牛动作“合于《桑林》之舞”，奏刀发出的声音合于“《经首》之会”，说明庖丁的技艺确实出神入化。庖刀在轻重有致、起伏相间中发出美妙的声乐，声声入耳。完全没有杀牛时的血腥，取而代之的是解牛动作的优美，以及解牛时富有音乐美的各种声响。全文用复杂的牛体结构来比喻当时社会的错综复杂，庖刀喻指人，告诉人们面对繁杂的现实社会，要学习庖丁避开肯綮那样，避开矛盾和坚韧之处，在各种矛盾的缝隙中游刃有余地生存，像保护刀刃一样来保护自己。庄子从绘形和摹声两个方面运用大胆的夸张和生动的比喻，诗意化地处理解牛场面，给人美感。难怪文惠君要发出“善哉！技盖至此乎？”这样的感叹，这从侧面进一步点出庖丁解牛的神奇和令人称道，自然引出下文的庖丁解牛之道。

庖丁将“技至此”的原因归于“道”。“臣之所好者，道也，进乎技矣。”对求于“道”而精于“技”的过程和道理，庖丁娓娓道来。第一阶段是目有全牛，此时庖丁是不懂规律的，所见无非牛者；第二阶段是目无全牛，此时庖丁是认识了规律，未尝见全牛；第三阶段是游刃有余，此时庖丁在运用规律，以神遇而不以目视。名庖所经历的三个阶段正是古今之成大事业大学问者必经的三种境界：“昨夜西风凋碧树，独上高楼，望尽天涯路。”此第一境也。“衣带渐宽终不悔，为伊消得人憔悴。”此第二境也。“众里寻他千百度，蓦然回首，那人却在灯火阑珊处。”此第三境也。为了进一步说明“技”如何逊于“道”，文章把庖丁解牛之初的精神状态与3年之后的精神状态进行对比。庖丁解牛之初，所见的无非全牛；3年之后，就未尝见全牛了，因为此时的庖丁对牛体的自然结构、骨节之间的空处都了如指掌，完全可以不用感觉器官，而只靠精神活动来行事。同时把庖丁与良庖、族庖用刀情况进行对比。普通厨工因不了解牛体的自然结构而用刀盲目砍骨头；好的厨工虽会避开大的骨头，却免不了用刀去割筋肉，而庖丁却不同，他不是靠感官去感觉牛，而是“以神遇而不以目视，官知止而神欲行”，凭内在精神去感知牛体，脉络相连和筋骨相结合的地方，不曾拿刀去尝试，击入大的缝隙，顺着骨节之间的空处进刀，按照牛的自然结构进行解牛，所以刀刃“若新发于硎”。

道家的最高追求就是顺应自然，物我合一。庖丁深谙其道，才使他由“技”进于“道”，达到炉火纯青、游刃有余的地步。动刀很轻，骨与肉就分开了，像土自然地堆积在地上一样，庖丁解牛可谓出神入化。“因其固然”，不仅让庖丁牛解得得心应手，刀刃也毫发未损。19年来，尽管解牛无数，但刀刃还是“若新发于硎”。良庖、族庖当然无法想象庖丁用刀的神奇，原因就在于他们境界不一，庖丁志于“道”，而良庖、族庖求于“技”。

学习庄子散文，我们绕不开他善于运用形象化说理的手法。本文也不例外，这则寓言采用对比、夸张、反衬、拟声等多种手法，通过场面和神态描写来刻画人物形象，表现庖丁解牛动作的娴熟、自然，神态的悠然、惬意，节奏的和谐、优美，身心的洒脱、自由。全文紧紧围绕一个“道”字，通过解牛事件，阐述养生之道，由具体到抽象，条分缕析，层层深入，将道理说得明白深刻。但学习庄子散文更重要的是理解他寓言背后的深层哲理意蕴以及带给我们的启示。

一、“技”与“道”的关系

庄子学派认为“技”和“道”是相通的，但“道”高于“技”，“技”包含在“道”中；“技”必须合乎“道”，才能达到炉火纯青之境。追求自然无为是“道”的本质，自然无为也是“技”的至善追求。只有“以天合天”（《庄子·达生》），只有人的内在自然与外在自然相合，达到“技”的最高境界才有可能。庖丁深谙其道并努力实践，所以才能成为熟能生巧的解牛者。当然，“技”中也有“道”，我们可以从“技”中观“道”。正如《庄子·天地》中所言“技兼于事，事兼于义，义兼于德，德兼于道，道兼于天。”文惠君悟得养生之“道”，正是通过对庖丁之“技”的观察和领悟。顺应自然乃是养生的根本方法。很明显，庖丁解牛是庄子对养生顺应自然之道的形象比喻。“道”是超过技术的，属解牛的最高层次。文章的描述也把宰牛分为循序渐进的三个层次：族庖的折牛，即砍牛，良庖的割牛和庖丁的解牛。究其原因，是族庖所见无非牛者，“技”“道”两无，只会生硬地砍牛。而良庖虽然掌握了一定的“技”，但其“技”还未达到最高的水平，离“道”的境界还很遥远，所以割牛是常态。只有庖丁，经过长期的实践，技术上日臻成熟，熟能生巧而游刃有余，所以才达到了解牛的最高境界。

庄子阐释的“依乎天理”“因其固然”，在客观上告诉人们在实践中如何走向自由的精神境界的问题。我们可以把文中所说的“天理”“固然”理解为人们面临的外界客观事物。客观事物的复杂性，可能会给希望达到自由境界的人们带来种种限制和不便，但只要充分认识它的规律，顺应它，我们就不会处处碰壁，就不会在它面前显得束手无策，就能够如庖丁那样潇潇洒洒。

睿智如庖丁，他充分认识到“彼节者有间，而刀刃者无厚；以无厚入有间，恢恢乎其于游刃必有余地矣”。在庖丁眼里，“节”固然不可逾越，但毕竟存在间隙，认识了这样的牛体规律，庖丁才能在牛体间隙“游刃有余”，才可以自由自在地施展本领，才可以达到合于自然而又超于自然的神化境界。当然，遵循了天理，掌握了牛体本来的结构也并非就所向披靡了，特殊情况还是要特殊对待。即使像庖丁这样技艺高超的人，每至于族依然谨慎从事，“怵然为戒，视为止，行为迟”，来不得半点麻痹大意，反而更加小心，不敢懈怠。

二、艺术创造的最高境界就是一种自由的创造

“艺”根植于“技”。庖丁解牛动作潇洒自如，极具艺术魅力，有很强的观赏性。他的演出犹如一场精美绝伦的音乐舞蹈，其舞步合于《桑林》舞曲，其韵律合乎《经首》乐曲的节奏。作为一种具有很高美学价值的创造活动，其优美程度令人赞叹不已、心醉神往。而庖丁解牛后“提刀而立，为之四顾，为之踌躇满志”的神情，又为我们刻画了一位创造者在完成了一幅自己满意的作品后的欣喜和自足。

美是一种追求自由的创造性表现形式，庄子正是通过对庖丁言行的描写来揭示这一规律。我们在创造美的过程中，要想达到“游刃有余”、自由自在的最高境界，必须做到合乎“因其固然”的规律与合乎“切中肯綮”的目的统一。在创造美的过程中，“以神遇而不以目视，官知止而神欲行”，则是创作必备的心境，必须排除外界的一切干扰，全神贯注，这样才能创造出美的艺术作品，才能走向艺术创造的最高峰。这与《庄子·达生》篇中梓庆削鐻时所说的“斋以静心”“忘吾有四枝形体”是一致的。

三、“技”要达到至高境界，必须遵循“道”

“道生一，一生二，二生三，三生万物”，老子在《道德经》里如是

说。那么，到底什么是“道”呢？按照庄子的理解就是“依乎天理”“因其固然”，也就是老子所说的“道法自然”，这正是“道”的本质。“道”的存在并非虚无缥缈，它真实地存在于每一事物的规律中。庄子在《养生主》第一部分总纲中强调“为善无近名，为恶无近刑，缘督以为经，可以保身，可以全生，可以养亲，可以尽年”。这里，庄子强调了在追求道的过程中不要碰触名和刑，这些就好比牛身体里的硬骨，否则就与“道”背道而驰了。在庄子看来，不要为了名利去做善事，要自然而然地做善事。做坏事触刑和为了求名做好事，就像刀刃伤及牛体里的硬骨一样，会伤及自身，这都不符合“道”，是我们必须摒弃的。

四、获“技”时短，获“道”时长，任重道远

庖丁获得“技”的时间用了3年，获得“道”的时间花了至少19年。要想达到庖丁解牛的“道”的境界，使解牛不仅成为一种技术，而且成为“莫不中音，合于桑林之舞，乃中经首之会”的艺术，达到“道”的境界，需要经过长期的努力，经历一个从“所见无非全牛”到“未尝见全牛”再到“以神遇不以目视，官知止而神欲行”的过程。这是一个螺旋上升的辩证过程：从有到无、从局部到整体，进而关注更高层次的整体。其中经历了两次飞跃：一是突破“技”的飞跃，由生手到熟手再到巧手，直到巧能生花；二是突破“道”的层面，由巧手到神手，达到出神入化、得心应手、游刃有余、“技”以“道”为体、“道”以“技”为用、“技”与“道”水乳交融的境界。所有的一切飞跃都是因为庖丁对牛的自然构造掌握精准。有人认为，中西文化差异在于：中国人重整体，西方人重局部；中国人重综合，西方人重分析。而“庖丁解牛”的故事告诉我们，这个观点是不够严谨的，因为现有的资料表明，道家、墨家都十分重视局部研究、重视问题分析。

五、把握“道”的辩证性

依循了道就可以“以无厚入有间”“游刃有余”，但并不是说没有任何禁忌了，我们既要在战略上藐视困难，又要在战术上重视困难。诚如庖丁解牛达到“道”的境界依然“每至于族，吾见其难为，怵然为戒，视为止，行为迟，动刀甚微”。这就告诉我们，即便达到“道”的境界，依然要小心谨慎地处事；我们因循守道，遵循了事物的规律，但面对生活中遇到的具体问题、特殊情况，仍旧要有谨慎的态度，认真对待，这样才能够把事情做好。

社会的复杂性和多变性容不得我们有半点马虎，这就是具体问题具体对待，特殊问题特殊处理。

六、“道”的高度同自由感和成就感成正比

“道”的高度有多高？其实就是“依乎天理”后的一种化境，能在整个过程中获得最高的精神自由：“游刃有余”；获得最大的成就感：“踌躇满志”。从而使得宰牛这种平凡的劳动成为自由的劳动和美的创造活动，有种艺术的享受，达到了宰牛的最高境界。“道”行越深，精神上越自由，获得的成就感越强。那些在各自行业做得风生水起的专家、学者，在各自的领域不断修道，笔耕不辍，成果丰硕，在修“道”的过程中不断获得行业认可，获得的精神享受无与伦比。

七、“道”无止境，行事须低调

生活中，我们做人做事应遵循“道”，把追求“道”作为自己的理想追求，并从中获得成就，但我们不能锋芒毕露，即便达到“道”的境界，也要韬光养晦，低调做人，一如庖丁那样，在解完牛获得了成就感后“善刀而藏之”。

社会在不断发展进步，人们对“道”的认识也在不断丰富，因而修“道”的过程永无止境，我们应在低调中不断反思、不断修炼自己才会达到更高境界。“持而盈之，不如其已；揣而锐之，不可长保。”做事高调的人锋芒太盛，迟早要遭到损折。

八、“道”的通融和普适性

文惠君在与庖丁对话后为什么一下子就懂得了养生之道呢？解剖一头牛和养生到底有没有关系呢？从形而上的角度来说，二者的“道”在本质上是一样的，都必须“依乎天理、因其固然”，即依据天然的机理、因循固有的规律。解牛这样，养生亦然。哲学告诉我们：学问从本质上说是通融的，真理也具有统一性，世界的统一性既表现为物质的统一性，又表现为事体情理上的统一性。从形而下的角度来说，牛体的复杂性好比社会的烦冗复杂，解牛用的刀好比人的身体机器，于是养刀就如同养生。族庖不懂得牛体结构的错综复杂，没能依“道”解牛，所以很快刀就用不了了；良庖对牛体的了解也只是略微比族庖多一点，远未达到“道”的境界，所以一年后刀也需要更

换了；只有庖丁，由于达到了“道”的高度，其手中的刀虽然解牛数千，但用了19年还“若新发于硎”。正如郭象在《庄子注》中所说：“以刀可养，故知生亦可养”，所以才使得文惠君发出了“善哉！吾闻庖丁之言，得养生焉”的感叹。老子讲“道生一，一生二，二生三，三生万物”。“道”衍生万物，从少到多，从简单到复杂。“生万物”，是一种本性，自然而然地发展生长，掌握了道，万物的本性也尽在其中，因而“道”具有普适性。

九、养生的前提是要发挥自身作用

养刀好比养生。养刀的目的是宰牛，养生的目的是要为社会发挥作用。我们可以假设一下，如果庖丁养刀，只是收藏，不用来宰牛，即使保养如新，其意义又在哪里呢？庖丁的刀保全得很好只是一个基础，更重要的是它能发挥很好的作用：解了数千头牛，同时又获得了自由感和成就感，充分体现了它的价值。相应地，人的养生、保全也只是基础，让人生获得自由感和成就感，才能真正体现人生的价值。还要指出的是，文惠君最后能悟到道，能“触类旁通”“举一反三”，表明他观察力强、有悟性，庖丁所说所为让他领悟到更多的道理。他深知：“道”是做任何事的基本法则，必须抓住这一本质和关键。解牛也一样，要想达到至高的境界，必须按“道”行事；要想达到好的养生效果，遵循养生之道去养才是王道。养生不能一味追求技，还必须依据个人体质、习惯等选择最适合自己的养生方法，别人的养生永远是别人的，不一定适合自己。

因此，我们需要明白的是：养生的目的不是为养生而养生，不只是为了在这个世界看得久一些，而是要在为社会发挥作用的前提下养生。正如孔子所言：出则仕，入则隐。出是为了经世济民，入是为了修身养性。所以，养生者要为社会多做贡献，否则也失去了养生的意义。

十、顺“道”而为才是积极养生

司马迁说老子：老子活了160多岁，也有人说活了200余岁，他通过修道而使自己长寿。身为周王室史官的老子通晓养生之道，他是运用独特的智慧来养生的。

我们可以看到，身边很多人都有独特的“养生”法门，如节食、高强度锻炼等。

季羡林老先生说：“我常常看到有人年纪不大，就开始挑食、节食，这样不吃，那样少吃，每到吃饭，肚子是要吃的，但流完口水后还是毅然决然不吃。这样的心态折磨人，要想长寿，是不是南辕而北辙！”《道德经》里讲：“致虚极，守静笃，万物并作，吾以观复。夫物芸芸，各归其根。归根曰静，静曰复命。”这就告诉我们，真正的养生要能静，这样才能回归生命，而不是靠节食等。

真正的养生者深谙，养心远比养身重要。所以，心理健康比身体健康更为重要，一个人的精神状态很大程度上决定了一个人的身体状态。然而，现代人为了养生，往往列出各种违禁食品和事项，每天照单行事，违背了心有愧疚，做好了沾沾自喜，这种心态，不是真正的养生。

老子告诉我们：“人法地，地法天，天法道，道法自然。”可见，真正的养生，人顺应天道自然，处于常态就是最好的，大补或者修炼都是不足取的。“应尽便须尽，无复独多虑”，也就是说，顺其自然，就是最好、最健康的养生。

《庖丁解牛》这则寓言故事除了告诉我们以上哲理意蕴外，推而广之，还可以引申出一个推论：任何职业、工作，只要能深刻认识和体会到上述几个方面，做到殚精竭虑、持之以恒，都可以成为行业的佼佼者，从技术层次上升到艺术层次，进而上升到哲学层次。使自己从事的工作真正成为自己喜欢的、自由的、充满干劲的劳动，而不是满嘴不平、抱怨的劳动。这样，普通的工作也会充满科学、艺术和哲学趣味。

《庖丁解牛》告诉我们很多人生道理，给了我们许多哲学启示。或许很多人认为庄子淡泊名利、不求功名是在消极地避世，但我想，其实庄子是教育我们采用正当的手段，通过自己不断努力，让名利实至名归。当这个喧嚣的时代催生的浮云遮住了我们眺望极致美丽的眼睛时，想想我们心中的“庄子”，我们便不会无路可走。

庄子告诉我们的这些哲理，不由得让人想到我们的教师。如果把课堂比作一个大机器，我们以“技术”的视角来审视初次使用这部大机器的新教师，会轻而易举并惊奇地发现，他们对于教材的把握、教育的规律、学生的特性等零部件还不是很了解，眼里可能只有机器的某一部分，如教材或学生，没有整体的观念，更没有掌握这个大机器的整体特点、规律，他们往往战战兢兢地开着这台机器，只着眼于学生当前的发展，没有长远的目光，所见学生无非就是学生，在掌控课堂这个大机器时几乎没有技术含量，学生所学习的，也几乎没有“技术含量”。例如，对于如何写好作文，新入职的教师给出的方法就是“语言要有文采”，而这种纯要求的所谓教学内容，充其量只是一种人所共知的常识，类似的常识大面积地涌入他们的课堂，自然也就严重削弱了教师的“专业性”。实际上，学生最迫切需要的是“语言如何才能做到有文采”这样的应用技术，很遗憾，这种语文本质性的学习需要在新入职的教师那里从来就得不到满足。这些教师的课堂最终走向“无效、低效甚至负效”的泥淖。而在经历了教坛的洗礼和自己认真地思考后，有的年轻教师把目光放开去，对课堂这个大机器中的零部件教材、教学、学生都了解透彻了，他们眼里的学生是可持续发展的学生，他们不再只盯着学生的分数，而是关注学生的心灵、关注学生能力的提高、关注学生核心素养的提升。这时，他们不再特别关注那些表层的东西，转而关注那些能促进学生终身发展的能力和素养，教师的课堂已达到技术层面了，他们驾轻就熟，发挥着自己的聪明才智，与学生共生共长。以阅读和作文教学为例，这时，有了一定经验的教师在语文课上则会教会学生实现“要求、强调、方法”的路径，教会他们具体的策略，提供解决问题的支架，让学生实实在在掌握阅读以及作文的方法。然而，这样的教师更多的是在传授技术，尤其是应试技术，远没有达到艺术的层面，更别说道的层面了。近些年来，我们欣喜地发现，很多教师在追求语文教学之“道”，他们撇开语文教学上的技术，不断探寻语文教学的规律，由技到道，教学艺术精彩纷呈。例如，特级教师肖培东的课堂教学能力炉火纯青，在无文本的情况下，他沉着冷静，在教学《错误》的课堂上他就是那样很自然地与学生对话，一点点、一步步调动了学生的学习兴趣，把学生的思维引向深入，让学生在轻松的课堂氛围中获得了审美感受和体验。特级教师项香女在教学《登高》诗歌时也是遵循学生思维规律，先让学生提出阅读中遇到的问题并交流阅读的原初感受，学生和教师一起探讨自己提出的问题，学生在自我解决问题的过程中思维得到提升，诗歌解读也达到了深入的层面。

一切事物都有其客观规律，教学也不例外。只要我们“依乎天理”“因其固然”，不断积累经验，就能够逐渐掌握教学规律，在实践中进入自由的精神境界，做到“游刃有余”而“踌躇满志”。正如王蒙先生所说：“生命的意义在于进入一种人生的化境，而进入‘化境’，也就进入了人生的自由王国。”进入“化境”在很多人看来很难达到，但所谓“化境”就是专注于一件事，把一件事做精、做实，不断思考，不断实践，一如于漪老师对待教育的执着一样。教师要有教育情怀、教育理想，只有这样，才可能将自己的职业当作爱好与习惯，在工作中才能像庖丁那样获得工作的快乐与满足。

参考文献

［1］陈怡.“庖丁解牛”的解读与养生［J］.中华读书报，2012，6.

浙江省诸暨中学暨阳分校　姚尚春

精彩对局中不可忽视的对手
——《烛之武退秦师》秦伯形象的解读与还原

围绕着《春秋》中“晋人、秦人围郑”一句比较详尽的文字展开，先秦历史散文名篇《烛之武退秦师》通过一波三折的情节和暗藏机锋的言辞塑造出了烛之武、佚之狐、郑伯、晋文公等个性鲜明的人物形象，也成为中学语文教材中古文阅读的经典篇目。然而正如《史通·叙事》用“言近而旨远，辞浅而义深。虽发语已殚，而含意未尽，使夫读者望表而知里，扪毛而辨骨，睹一事于句中，反三隅于字外”这样的文字评价《左传》一样，《烛之武退秦师》中仍有许多的内容值得我们去重读和重构。这其中，烛之武的直接对手、甚少为人提及分析的秦伯的人物形象就是非常值得咀嚼品味的。

一、秦伯“失常”和“失语”的表现

1. 秦军驻地的失常选择

《左传》善于写战争，却又不局限于对交战过程的记叙，而是深入揭示战争起因、酝酿过程及其后果。对于这场战争起因的解读，教学参考书描述成是“晋国为了扩大自己霸主的威势，征服异己，再加上晋文公与郑有个人恩怨。这一事件的发生与秦毫无关系”。如果真如教参所说的这样，那么秦军就属于从旁“摇旗呐喊”式的可有可无的角色。可是教参中的《秦、晋围郑形势图》却清楚地标示出秦军的驻地选择在距离本土更远的郑都东方，晋军却在郑都西侧。众所周知，秦国大致为现在的陕西，晋国则约为山西。如按战争后勤供应的常理，联军的驻地分布应是秦在西、晋在东。可秦伯偏偏舍近求远，跑到更东边的氾南，这就违反了常理，成为一处反常。

2. 秦伯在文本中的“失语”

纵览全文，秦伯作为决定烛之武这次外交行动成败的关键人物，通篇竟对其无一处正面的语言描写。尤其是在烛之武游说的那个重要场景中，读者只能看到烛之武125个字的“独白”内容。苏教版必修三教学参考书对这段内容给出了这样的诵读意见：

“层次之间的停顿要分明，每一层的诵读也应该有变化。……这两层诵读的语气都应该比较平稳，不卑不亢。第三层……应该读得适当高亢，显得诚恳。第四层烛之武察言观色……是赤裸裸地挑拨秦、晋两国的关系，可以读得慷慨一些。”

在这段文字中，我们能够清楚地看到烛之武言语的前两层与后两层，不论是从语气还是内容上都存在着非瞬时连贯的状态。他这种“独白式”的话语推进方式在生活实际中是不可能一气呵成的。依常理，烛之武在说完前两层之后要想进一步表达语意转折颇大的后两层，是需要给秦穆公这个倾听者一定的时间来思考甚至与其互动的。教学参考书诵读指导意见中的“察言观色”这个词也印证了这一点。然而秦伯竟然只有“秦伯说，与郑人盟。使杞子、逢孙、杨孙戍之，乃还”这样的表现，成为一个“失语者”。这就导致在实际教学中学生会产生这样的疑惑：秦伯完全为烛之武“示弱—陈弊—许利—离间”的纵横手段所折服，只会在烛之武说完后“说”，好像之前从没思考和设想过烛之武话语中的各种因素，他的政治智商好似不在标准线上，其政治能力似乎还不如那个埋没人才，却在最后知错能改的郑伯。

愚笨的对手会让精彩的外交对局失色不少，也无法衬托出烛之武的大智大勇。针对秦伯这些表现给学生解读文本带来的障碍，我们需要结合文本，回归现场，品味文字，重构语言，从文字、文学和文化的角度挖掘出文本语言中原本被忽视的一些内容，建构和还原秦伯真实而全面的形象，从而更深入地感受到那场唇枪舌剑的交锋。

二、前瞻后顾——秦伯反常驻军的可寻之迹

如前文所述，秦军驻地的选择是比较诡异的。对照古今地名，函陵大致在今河南新郑市新村镇望京楼。而关于氾南，《辞源》（商务印书馆，2001年版）里“氾”字条是这么解释的：“东氾水。在河南省中牟县南，久湮。

《左传》‘晋侯秦伯围郑，晋军函陵，秦军氾南’即此。”参照河南地图，我们可以清楚地看到，氾南位于郑都的东北方，函陵为郑国都城的西北方一座山陵。如此，秦晋联军事实上从东、西、北三个方向形成了对郑国的包围。这也与教学参考书中的那张《秦、晋围郑形势图》大致符合。那这种选择真的是秦伯做出的“昏聩之举”吗？

《左传》在古代除了当成史学名著来看外，还兼具了兵法指南的功能。曾入选中学课本的《大铁椎传》中就论及“子灿年二十八，好武事，予授以左氏兵谋兵法”。再加上文本中的秦伯是春秋时期一位霸主级的政治家，这样的政治人物再辅以手下的一群文臣谋士，既然如此选择军队驻地必有其深远考虑。其实，这一不合常理的选择恰恰可在下文的“东道”和“许君焦、瑕”等文字中找到线索和答案。

台北市大同高中谢莲芬老师在2013年执教《烛之武退秦师》时对学生提出了“焦、瑕”在什么地方，晋文公为何“朝济而夕设版”这一问题。略过反悔的晋君是晋惠公这个疏漏不提，谢老师提出“焦、瑕”的位置与战略价值是很有讨论必要的。焦邑在今河南陕县，瑕邑大约在焦邑西南三十里。两城均在中条山和崤山之间崤函通道段黄河的南岸，是秦人直接进入中原的必经之路，甚至是唯一路径。巧合的是，焦邑就是著名的成语“假途伐虢”中的“虢”的国土。晋国占领此处，进可东向中原，退可固守本土的运城盆地。而如果此地被秦国占据，一旦两国交恶，那么晋国就要面临巨大的地缘压力，因而其重要性类似于后来的“燕云十六州”对中原地区的战略意义，这值得晋国君臣背信弃义。因此在国家利益以及个人信誉之间作选择的话，晋惠公只能自食其言了。而秦国也不拒绝这份厚礼，甚至可能是主动提出这样的交换条件，足见秦伯的政治野心和布局深远。从秦国此次出兵围郑更可知获得焦、瑕对其东进中原的重要。

19世纪，英国首相帕麦斯顿曾说过一句政治真理：“国与国之间没有永远的朋友，也没有永远的敌人，只有永远的利益。”秦伯驻军时的反常选择恰恰印证了这句话。如果秦国抢占郑国东部领土，那么将处于绝佳的战略态势：东进之路畅通无阻；一旦与晋交恶，将立即对晋形成东西合围的优势。前瞻后顾之下，“许君焦、瑕”“秦军氾南”与“东道”恰好形成秦国东进中原的完整战略规划。秦伯是一位深谙韬略的政治大家还是昏聩无能的君主，结论已然分晓。

三、勾连经验——秦伯反常“失语”的言语推断

如前文引教学参考书诵读意见所述，文本只见烛之武的“独白”而缺失了秦伯的对答，这一反常的“失语”从生活常理上是说不通的，但这种情况在文言文本中却是数见不鲜的。例如，小学课本中的《寻隐者不遇》，又如人教版初中语文教材中选录的杜甫《石壕吏》一诗中老妪的“听妇前致词”一段等，都是明显的实例。这种“藏问于答”的手法凸显主角形象，让叙述变得便利和顺畅，起到“言简意丰”的效果。要想了解《烛之武退秦师》“言简”背后的“意丰”，我们就可以将“藏问于答”作为教学的生发点，勾连起已有的文学习得经验，还要关注与课文有关的史料内容，才能解读文本的“留白”，将秦穆公的形象从晦暗不明的“隐形”状态中还原出来。毕竟，《烛之武退秦师》这样的历史散文关联了很多历史文化方面的内容，对对话中“因声求气”的要求必须建立在充分的“知人论世”上。

《史记·郑世家》中交代了此战前后的很多细节：

“子兰奔晋，从晋文公围郑。时兰事晋文公甚谨，爱幸之，乃私於晋，以求入郑为太子。晋於是欲得叔詹为僇。郑文公恐，不敢谓叔詹言。詹闻，言於郑君曰：‘臣谓君，君不听臣，晋卒为患。然晋所以围郑，以詹，詹死而赦郑国，詹之原也。’乃自杀。郑人以詹尸与晋。晋文公曰：‘必欲一见郑君，辱之而去。’郑人患之……秦兵罢。晋文公欲入兰为太子，以告郑。……遂许晋，与盟，而卒立子兰为太子，晋兵乃罢去。”

叶圣陶先生曾说：“惟有从生活中多方面去体验，把社会所得一点一点地积累起来，积累得多了，了解才越见深切。”我们可以把三国之间的关系类比为两家大公司围剿小企业，其中实力略强的一家公司不停地逼迫小企业按照自己的意思更换部门主管，甚至于可能发展到要更换董事长的地步。小企业就不得不去找那另外一家，以开放己方一些核心部门实现联合经营换取生存权利。这样，学生就能结合已有的生活经验，考虑文章的内涵，体会当时的情景，进行适当的联想，完成语言的重组、补充和转换。他们也能更好地理解到对中原霸主国晋国步步紧逼郑国的行为，秦伯看在眼里；而对烛之武进入秦军大营的举止，秦伯乐在心里。从后文的“与郑人盟”可知，他非常清楚烛之武此次前来是得到郑国官方正式授权的，只要自己的要价比晋国合理些，那么郑国只能接受自己的“温柔一刀”。那烛之武和秦伯之间的对话就可以进行这样的想象。

生1（穆）：既然知道要灭亡了，郑国派你准备来说些什么呢？

生2（烛）：如果灭掉郑国对您有什么好处的话，您就尽管下手吧。

生1（穆）：根据秦晋盟约，寡人至少可以获得郑国的部分土地和人口，这不是明摆着的吗？

生2（烛）：越过晋国把远方的郑国作为秦国的边境，您知道是很难的，您为什么要用灭掉郑国来给邻邦增加土地呢？邻邦的国力雄厚了，您的国力也就相对削弱了。这对您有什么好处？

生1（穆）：寡人如果撤军回国，那就白白耗费了这么多钱粮。郑国又能拿出什么对等的酬劳呢？

生2（烛）：如果您放弃围攻郑国而把它当作东方道路上接待过客的主人，出使的人来来往往，（郑国可以随时）供给他们缺少的东西，这对您也不算是什么害处吧。

……

面对秦伯的坐地起价，烛之武结合自己对秦伯“许君焦、瑕”“秦军氾南”的观察和理解，给出了既符合秦伯心中价位同时也是郑国能接受的出让底线——“舍郑以为东道主，行李之往来，共其乏困”。这样一来，秦伯发现原本可能要经过作战损耗才能实现的目的，现在却能够名正言顺、兵不血刃地实现，继而可以“郑国盟友”的正当名义在中原腹地保持一定规模的行政军事力量，还能够在裹挟郑军与驻郑秦军共同进行军事行动的同时，不必额外损耗本土的后勤运输力量。他觉得已经超额实现战前制定的目标，也就见好就收，因而才会有之后“秦伯说，与郑人盟”。另外，秦伯“拿人钱财与人消灾”。下文晋文公制止子犯时说的“失其所与，不知；以乱易整，不武”也反映了秦郑军事同盟并没有流于形式。秦伯进退有度的政治手段可见一斑。

四、结语

英国大哲学家培根在《谈读书》中提及“读史使人明智”。当我们复原出秦伯步步经营、老谋深算的形象后，就能够觉察到烛之武外交活动的胜利是多国博弈、多方“合力”的结果。秦伯高超的政治手腕与烛之武的冷静睿智共同为后世读者演绎出了春秋时期一幕波澜壮阔的风云大剧。同时，秦伯形象的建构还能让我们以更为全面的批判性思维认识到烛之武作为一个优秀的说客的难能可贵，正因为烛之武很好地把握了利益割舍的界线，才能以部分主权的暂时牺牲换取大国间游刃有余的操作空间。更不要说值得我们永远铭记和传颂的是他那不计前嫌、勇于献身的爱国主义情怀。这也许就是清代大学者朱彝尊在《经义考》卷一六九中引贺循语“左氏之传，史之极也。文采若云月，高深若山海”的用意吧。

参考文献

[1] 肖鹏，王兆鹏.宋词的深度阅读与现场还原[J].中国文化研究，2016（4）：41–60.

[2] 袁国超.文化在场：文本解读的应有之义[J].语文教学通讯，2017（1）：31–34.

[3] 丁帆，杨九俊.语文必修三教学参考书[M].南京：江苏凤凰教育出版社，2014.

浙江省台州市第一中学　李　戈

巧借“互见法”，重读《鸿门宴》

作为梁启超推荐的《史记》必读十大名篇之一，《项羽本纪》可谓一部英雄史诗。后世读者评价多关注其中的巨鹿之战、鸿门之宴和垓下之围，认为这三处最能体现项羽一生悲欢荣辱的性格特征。巨鹿之战和垓下之围确无多少争议，但鸿门之宴中的几位人物，如项羽、项伯等身上似乎笼罩着一层迷雾，致使文本多处内容产生意义上的跳跃性。面对“鸿门宴”中的这些阅读疑难，我们可以借用司马迁首创的“互见法”，通过梳理《史记》多篇传记对“鸿门宴”这一事件的记录回归历史现场，读懂关联人物的内心，还原他们真实而全面的形象，从而更深入地感受那场看不见硝烟的交锋。

一、项羽的“怒”

在教材选录的《鸿门宴》一文中，项羽几乎成了一个沉默者：统计《鸿门宴》全文，项羽的语言描写出现5处，剩下的直接描写才有4处，计171字。虽说这是一种用次要人物烘托主人公的写法，但仍会让项羽这个人物形象略显得单薄。如在刘邦的左司马曹无伤向项羽进了谗言就能立刻引发项羽的滔天怒火这个情节中，项羽的表现就非常容易给读者留下昏庸无能的印象。

对照《史记·高祖本纪》“沛公左司马曹无伤闻项王怒，欲攻沛公，使人言于项羽曰：‘沛公欲王关中，令子婴为相，珍宝尽有之。’欲以求封”的相关记载，我们至少可以看出，项羽在接到曹无伤的告密前就已经发怒过一次。进一步深究后，我们认识到这次“怒”是针对刘邦驻兵函谷关并阻挡自己前进之路这一事件的。那么，曹无伤的告密就是火上浇油，让项羽再次“怒”了，也就有了接下去“旦日飨士卒”，准备出兵攻打刘邦的举动。

曹无伤诱“怒”的话语中存在着三点要素：“沛公欲王关中”“珍宝尽有之”“使子婴为相”，然而古人强调“师出有名”，这三条可以成为项羽出兵的理由吗？

1.“沛公欲王关中”

课文已有明确交代，刘邦与项羽兵分两路进攻关中。为了激励他们，楚怀王给出了“先破秦入咸阳者王之”的赏格。怀王是楚国名义上的最高统治者，他的命令既然之前无人反对，那么就是有效的。因而刘邦称关中王是具有法理性的，哪怕项羽再怎么羡慕嫉妒恨，也不能将其宣之于口。同时，巨鹿之战后，项羽打出了楚军的威名，也极大地提升了楚怀王的声望。握有实权的诸侯领袖也不好随意推翻名义上的共主的诏令。所以，能想却不能做的项羽在鸿门宴上面对樊哙的闯帐诘问竟无言以对。

2.“珍宝尽有之”

这一点对于各路人马来说倒是极具鼓动性的。而且刘邦驻军在霸上，诸侯部队都不甚清楚其有无随军携带秦朝宫室财物。当兵吃粮的道理谁都懂，可是用这样的理由攻打同一阵营的友军同样是摆不上台面的。同时，这条理由在《鸿门宴》的记录中也是自相矛盾的。范增在劝说项羽马上攻打刘邦的时候竟然说了“沛公居山东时，贪于财货，好美姬。今入关，财物无所取……”这么一段话就表明项羽一方清楚曹无伤在诬陷，可能就顺势将其变为激发己方战斗意志的绝佳表演。

3.“使子婴为相”

项羽的父、叔均亡于秦军手中，秦国对于项羽而言就是国仇家恨；六国旧贵族的物质财富多为秦人劫掠，秦国对于他们而言就是到嘴肥肉。项羽绝对是想将秦政权的上层彻底铲除以泄私愤，六国也绝不会坐视秦王族重新掌握政治实权。而且，一旦刘邦与子婴纠结在一起，那么刘邦就能够快速有效地控制秦国故地，对天下政治形势就能产生极大的影响力。

综上，在曹无伤告密的三条“罪状”中，“使子婴为相”这条是最致命的。再对照《史记·高祖本纪》中的相关记载，我们可以大胆推断，项羽第二次的“怒”可以分成三层。

（1）“沛公欲王关中”，直接勾起了项羽对出身卑微的刘邦的嫉恨。

（2）“使子婴为相”，从根本上让项羽集团看出刘邦的政治手腕。

（3）“珍宝尽有之”，适时地成为项羽集团裹挟联军的绝妙借口。

从中我们可以看到项羽既有冲动易怒的一面，同时也不失政治人物必要的警惕性和手腕。

二、项伯的“叛”

同样是受文本的影响，读者对项伯的分析多集中在“内奸”的身份上。然而，这样的分析也有难以说通的地方：一旦项家王朝成立，按照项羽重视亲情的秉性，项伯绝对会成为新朝的王侯贵族，刘邦能给他什么呢？也有论者认为项伯是在两头下注。但是这种说法并没有直接的证据加以证明。因而，我们也可借用“互见法”来全面理解项伯。

1. 怎么“见”刘邦

教材所选的《鸿门宴》一文中第一次记叙“项伯”表现的文字是这样的，“项伯乃夜驰之沛公军，私见张良，具告以事，欲呼张良与俱去，曰：‘毋从俱死也！’”这段文字的存在确实无法洗清项伯身上“感情用事”“不识大体”的污点。不过，这也从侧面证明了项羽、项伯性情的相似性。而教材中“张良出，要项伯。项伯即入见沛公”的内容则进一步为项伯贴上了“主动内奸”的标签。可对照《史记·留侯世家》，我们就会看到很有意思的一幕：“良乃固要项伯。项伯见沛公。”“固要”恰恰表明了项伯坚持的原则。重情重义的他看重张良对自己的救命之恩，只是他拗不过朋友的面子去见一下人家的老板，免得身为下属的恩人难做。

2. 怎么“回”项羽

对于项伯当夜回到军营后的表现，教材所选的部分也出现了语意空白。“于是项伯复夜去，至军中，具以沛公言报项王，因言曰：‘沛公不先破关中，公岂敢入乎？今人有大功而击之，不义也。不如因善遇之。’项王许诺”这样的记录会让读者在脑海中形成这样的对话：

项羽：叔父这么晚了找我是有什么事情吗？

项伯：是的，有要紧的事。我晚上去找我原来的救命恩人张良，想还他一个人情，顺带见到了刘邦，他跟我说了这些……

项羽：……

项伯：沛公不先攻破关中，你怎么敢进关来呢？现在人家有了大功，却要攻打他，这是不讲信义。不如趁此好好对待他。

项羽：行，我答应您！

光看这段对话，项羽的表现是负数，项伯的智商也绝对比不上正常人。即使项羽失怙，缺少必要的政治素养，但经历丰富的项伯说出这些话也真正是侮辱了项家贵族世家的名头。幸好，《史记·高祖本纪》补录了一笔，挽救了我们对这两个人的印象：“夜往见良，因以文谕项羽，项羽乃止。”

这个“文”不会是项伯当着项羽的面写下寥寥几笔，那么事实的真相就是“文”应为刘邦写好的一封信，由项伯转交给项羽。关键是这封信上到底写了什么才能够止住项羽白天燃起的怒火。实际上这个答案大致可在第二天正式的宴会上刘邦的陈词中找到。刘邦自称为“臣”。同一句话中的“戮力”一词已很清楚地表明刘、项二人本应是接受怀王命令、齐头并进的两路义军（最多是主力和偏师之分），但是“臣”字一出口就大有深意了，刘邦充分地表明了自己无意染指关中，不会觊觎王位。随着刘邦自己对关中王的放弃，“使子婴为相”和“珍宝尽有之”都不可能成真了。刘邦自陈没有政治野心，让项羽放心，极尽谦恭的用语表态让项羽舒心。如此，项伯带回的这封信大致的语气和内容也应如是。这才会有《史记·高祖本纪》中的“乃止”。

3. 怎么“看”火并

在曹无伤告密、项羽备战后，项伯自信己方必胜，因而想要把张良从必死的境地中拯救出来。可是那天晚上跟张良、刘邦见面后竟然转变为坚决的反战人士，这个变化不可谓不大。合理的推测就是那天晚上三人交谈后，项伯对于形势的认知有了新的变化。这个变化除了刘邦的谦恭表现带来的麻痹外，更多的极有可能是张良入情入理的分析。

首先，结合史料分析，刘邦的十万人马基本是嫡系，虽人少，但战斗力不可小觑；而项羽方虽有四十万之众，但是诸侯军占据过半，可完全信赖的部队不足四分之一。对军力做了这番衡量后，项伯可能会警醒己方的胜率未必如表面显现得这么大。

其次，刘项二人同属一国，一旦不能速战速决，楚怀王可能就会发挥自己的影响力，让项羽军中非项系人马产生动摇。而且诸侯军以利相合，一旦被刘邦用重宝收买，掉转枪头，那么后果就不堪设想。

最后，项家叔侄扶持怀王上位前后的盘算表现就充分证明他们只是把怀王当成傀儡而已，项家对天下的野心也不小，这从鸿门宴后自封“西楚霸王”和越权分封诸侯王可见一斑。如刘邦顺利臣服，项羽不必折损军力，可继续对诸侯保持威慑力。

如果有了头天晚上项伯带回的这样的分析，项羽就能理性地分析利弊，再配合次日刘邦在诸侯面前公开臣服，这场仗就打不起来了。如此，定下和平共处的方针后，项伯自然要保障刘邦的安全。这样看来，项伯的“内奸”属性就没有那么浓重了。

三、文本的“奇”

纵览《鸿门宴》全文，我们会发现项羽的称呼成为一个无法自圆其说的问题。刘邦在文中有“沛公”“大王”两种称呼。“沛公”是他的通称，而“大王”出现在张良跟他的对话中。不过“大王”这个称谓可以理解，因为刘邦属下已经默认其为关中王。但是对项羽的称呼出现了“将军”“项王”“君王”“大王”等多种说法。其中非本方人员也将项羽称为“项王”，这就实在没有完美的解释了。梁玉绳《史记志疑·项羽本纪》“足以当项王乎”句下云：“案：羽时亦未王，故沛公称羽‘将军’，以其为诸侯上将军也。《史》乃预书为王，此下项伯曰‘项王’，范增、项庄曰‘君王’，张良、樊哙曰‘项王’‘大王’，沛公曰‘项王’，凡书‘王’者三十八，似失史体”。称呼问题在《史记·高祖本纪》等其他篇章中均未出现，因而西安工程大学人文社会科学学院任刚教授在《〈楚汉春秋〉与鸿门宴》一文中考证出鸿门宴最早的文字记载应当是汉初儒生陆贾的《楚汉春秋》，称呼上的混乱似为司马迁对原素材删除未尽造成的。

陈金霞在《论〈史记〉“鸿门宴”真相》一文中也重申了“鸿门宴”这段文字是借鉴了陆贾的《楚汉春秋》，并且具有创作痕迹。

参考文献

[1] 王俊杰.论《史记》中的战争谋略[J].甘肃联合大学学报（社会科学版），2013，29（2）.

[2] 宋子文.《鸿门宴》：庙堂故事江湖讲述[N].中国文化报，2011.

浙江省台州市第一中学　李　戈

关汉卿戏剧的艺术特色
——《窦娥冤》品读

元曲是我国古代灿烂文化中璀璨的明珠，经过历史千淘万漉的积淀，充满着灵性与智慧之美。元代是古代戏曲艺术的鼎盛时期，《窦娥冤》无疑是戏曲中的经典之作。

《高中语文课程标准》指出：“在阅读鉴赏中，了解诗歌、散文、小说、戏剧等文学体裁的基本特征及主要表现手法。了解作品所涉及的有关背景材料，用于分析和理解作品。”

曲词凝练的语言、含蓄的抒情，在教学中如何做到让学生走进文本的语词世界、读懂曲词家的内心感受、实现学生与文本语言的对接值得我们研究和思考。距离不一定都能产生美，元杂剧语言的独特性，内容的时空距离感，无情地阻隔了学生和文本之间的情感交流与对话。那么该如何跨过时空阻隔的阅读障碍领略元杂剧的独特审美价值呢？笔者认为，一要入乎其内，紧扣元曲的基本特征，领略元曲的精妙；二要出乎其外，学会从一篇到一类的阅读迁移。

一、细读宾白：人物出场见性格

宾白是元杂剧的重要组成部分。明代徐渭在《南词叙录》中解释宾白“唱为主，白为宾，故曰宾白”。在《窦娥冤》的楔子部分，剧中人物轮番登场。例如，对蔡婆婆和窦天章的诗文介绍可窥一斑而见全豹，既展现了穷书生窦天章与高利贷者蔡婆婆之间的矛盾，又揭示了人物的人生经历和性格特点。又如，描述蔡婆婆的诗：“花有重开日，人无再少年。不须长富贵，安乐是神仙。”贪图安逸是她的人生信条，糊涂软弱是她的处世态度，也是后文引狼入室、酿成人生悲剧的重要因素。对窦娥的父亲窦天章的描述："读尽缥缃万卷书，可怜贫煞马相如。汉庭一日承恩召，不说当垆说子虚。"此诗将人物的生活窘态展露无遗，描述窦天章不得已将女儿卖给蔡婆婆做儿媳妇，窦娥的身世自小就埋下了悲苦际遇的种子。

在课文节选部分的第三折法场监斩，窦娥在行刑前和婆婆有段宾白对话，感人肺腑，催人泪下：

（正旦云）俺婆婆若见我披枷带锁赴法场餐刀去呵，（唱）枉将他气杀也么哥，枉将他气杀也么哥！告哥哥，临危好与人行方便。（卜儿哭上科，云）天那，兀的不是我媳妇儿！（刽子云）婆子靠后！（正旦云）既是俺婆婆来了，叫他来，待我嘱咐他几句话咱。（刽子云）那婆子，近前来，你媳妇要嘱咐你话哩。（卜儿云）孩儿，痛杀我也！（正旦云）婆婆，那张驴儿把毒药放在羊肚儿汤里，实指望药死了你，要霸占我为妻。不想婆婆让与他老子吃，倒把他老子药死了。我怕连累婆婆，屈招了药死公公，今日赴法场典刑。婆婆，此后遇着冬时年节，月一十五，有瀽不了的浆水饭，瀽半碗儿与我吃；烧不了的纸钱，与窦娥烧一陌儿。则是看你死的孩儿面上！（唱）

在押赴刑场的路上，窦娥向刽子手请求走后街，不是怕在前街丢人现眼，也绝非贪生怕死，想在后街多看世界一眼，而是担心婆婆伤心。这一部分的宾白不避其繁，向我们讲述自己被冤枉的详细经过。作为儿媳妇的窦娥心地纯良，她在公堂受尽严刑拷打却不屈服，但当太守桃杌奈何她不得而决计拷打蔡婆时，她却一改旧态："住，住，住，休打我婆婆，情愿我招了罢，是我药死公公来!"窦娥为了不让婆婆受苦，牺牲自己应承罪名，承认自己药死公公，是怕连累婆婆，无辜蒙冤。甚至于她在生命的最后一刻的要求极其卑微，要的只是吃剩下的浆水饭，烧剩下的仅仅一陌纸钱。在关键时刻挺身而出，在临行之前仍不忘关心他人，就是这样一位良善和孝顺到了极致的人却要被斩首示众。在正义与邪恶的交锋中，善良作为失败者败下阵来，显得微不足道，冤屈之大，无以复加。

细读《窦娥冤》整部剧我们会发现，类似看似不断重复的内容不止一处，如第一折窦娥自述身世，第二折赛卢医回顾谋杀蔡婆未遂的过程，等等。这充分考虑到了元杂剧具有舞台表演艺术的特性，观众可随时入场，这些事实有助于观众了解整个故事的前因后果，满足其欣赏需求。说白部分叙事节奏明快，以显露和直白的方式让读者在叙事中不断熟悉情节的发展。

二、触摸人物：反常之处显悲怨

《窦娥冤》最大的特点是通俗中见深刻。对于剧情和人物性格特征，学生一望即知。但是恰恰是心地善良的窦娥在刑场发下了三桩毒誓；一上刑场就开始指天骂地，而在后面的誓愿中她又要依靠上天实现她的愿望，指望天地来给她印证。这些矛盾冲突与反常之处，给我们留下思考的空间。

1. 善良本性和恶毒誓愿

窦娥是个善良的女子，在她身上体现的孝敬长辈的传统美德超乎寻常。这种善良表现为对悲惨命运的隐忍，更表现为她对待婆婆的态度。她在公堂上怕婆婆受到拷打而主动包揽罪责；在赴法场的途中她请求刽子手走后街，怕婆婆看见了伤心；临终遗言，怕婆婆伤心反过来安慰婆婆“再也不要啼啼哭哭，烦烦恼恼，怨气冲天。这都是我做媳妇的没时没运，不明不暗，负屈衔冤”；甚至在剧本最后她的冤屈得以平反还不忘嘱咐父亲收养和照顾年迈孤苦的婆婆：“可怜他无妇无儿，谁管顾年衰迈？”可是就是这样至孝之人却无端受死，善良人的悲剧也因此有了震撼人心的力量。

但是最为善良的人儿却在临行前发了三桩毒誓，引人深思。第一桩，“血溅白练”，通过生命奇迹的方式，向世人昭示她的清白无辜。第二桩，“六月飞霜”，通过反自然的天气现象，来证明世道的黑暗、社会的不公。第一、二桩当场应验，从监斩官的语言和表情可以证实“委实奇怪”“这死罪必有冤枉”。第三桩，“亢旱三年”，矛头直指腐朽的官府和罪恶的封建制度，窦娥甚至冒着不惜让无辜百姓受难的风险发下毒誓。三桩誓言由小及大，层层深入，范围不断扩大，浪漫主义的笔法让作品获得了艺术的感染力。

善良本性和恶毒誓愿之间形成悖论，弱者的抗争和复仇只能以极端的方式进行，人性被压制太久就容易爆发出复仇的快感。

2. 指责天地和依赖天地

在关汉卿的笔下，窦娥的生活没有一丝亮色。从她出生的那一刻起就没有享受世界对她的温柔和爱。她早年丧母，7岁被父亲卖做童养媳，结婚后本该过上幸福美满的生活，但不久丈夫早夭，青年守寡，和婆婆相依为命。这一连串的打击让窦娥一直处于最悲惨、最无奈、最无助的人生边缘。而在这些冤屈无法得到伸张的时候，天地成了她发泄心中愤懑和不满的对象。这是人在极端条件下的本能反应，是人在最无助时候的精神慰藉。司马迁在《史记·屈原贾生列传》中写道："夫天者，人之始也；父母者，人之本也。人穷则反本，故劳苦倦极，未尝不呼天也；疾痛惨怛，未尝不呼父母也。""呼天"是中国的文化现象之一，中国人自古是敬畏上天的："君子有三畏，畏天命，畏大人，畏圣人言。""上天"始终是中国人心中的至高主宰，尤其是弱势群体，他们更是把天看得至高无上，他们相信老天有眼，并且能够惩罚恶人。说是人在穷途末路之时，会呼天抢地，受到伤害疼痛时会呼唤父母。这一现象在《窦娥冤》中得到淋漓尽致的体现："有日月朝暮悬，有鬼神掌著生死权，天地也，只合把清浊分辨，可怎生糊突了盗跖、颜渊？为善的受贫穷更命短，造恶的享富贵又寿延。天地也，做得个怕硬欺软，却元来也这般顺水推船。地也，你不分好歹何为地？天也，你错勘贤愚枉做天！哎，只落得两泪涟涟。"面对黑暗的世道、不公平的社会现实，她对天地鬼神加以彻底否定，指责上天欺软怕硬，错勘贤愚，可是天地终究没有睁眼，她的悲愤之情如同狂澜激烈抨击着社会的黑暗和吏治的腐败。这是一个封建社会的柔弱女子对社会的否定发出的抗争。这抗争中包含了愤激、冤屈和无奈。可是无论怎样的抗争在黑暗的现实面前都显得无力，都无法改变女主人公一步步走向死亡的悲剧命运。窦娥的这一段唱词矛头直指天地，是对封建制度赖以维系的精神支柱的否定，体现了强烈的民主意识。

窦娥一方面指责天地，一方面又不得不依靠上天来完成自己的心愿。在临行前她发下三桩誓愿来表露自己的清白。这是一个弱女子在极度黑暗的社会环境下的惊天动地的不屈抗争，以昭示自己的无辜。这种既怀疑又信奉是窦娥在绝望挣扎下不得已的选择，也是作品的第二重悖论。

关汉卿笔下的《窦娥冤》并不是简单地将民间传说戏曲化，而是将历史传说置于元代的社会现实的宏大背景下加以演绎，增强了悲剧的现实意义。关汉卿的创作使得窦娥形象成为两千年来孝妇传说的最高峰。

《窦娥冤》中"血溅白练、六月飞霜、亢旱三年"充分显示了窦娥冤屈之大，痛苦之深。在结局处作者笔锋一转，来了个"窦天章为女申冤昭雪"，由悲转喜。其结局处理采用一种幻想的方式，对悲剧做补偿的团圆处理。可见中国悲剧虽为悲剧，但很少一悲到底，总会在悲剧的情节中加上一个亮色的结局，不让悲剧达到极致，以免破坏中和之美。

三、探究曲词：细节之处见本色

王国维对关汉卿的《窦娥冤》给予了极高的评价："既列之于世界大悲剧中，亦无愧色。"这句话从世界性和大悲剧两个角度加以肯定，可见其艺术成就之高。《窦娥冤》中的曲词是紧密联系的整体，楔子部分是各类人物出场，交代人物关系；第一折窦娥反对蔡婆欲招张驴儿父子入赘；第二折窦娥被张驴儿陷害；第三折为全剧高潮，写临行前的窦娥的表现；第四折窦娥沉冤昭雪。这些共同构成了挣扎在命运低谷的窦娥的内心世界和情感世界，只有通过曲词才能完整细致地唱出她的情感。

本色是指戏曲语言符合人物的个性特征，通俗易懂，明白如话。唱词作为刻画人物性格特点的主要手段，必然呈现出符合人物身份的风格。剧中出现的人物如蔡婆、张驴儿父子都是混迹社会底层的小人物，决定了《窦娥冤》通俗的语言风格。在《窦娥冤》中这类例子不胜枚举，如"兀那厮，靠后！"描绘的是张驴儿初进家门拜会窦娥时她的回应，展现了一个恪守节操的刚烈女子的形象；"枉将他气杀也么哥，枉将他气杀也么哥！告哥哥，临危好与人行方便。"刻画了窦娥心地纯良、替人着想的性格特点；"念窦娥葫芦提当罪愆，念窦娥身首不完全，念窦娥从前已往干家缘。婆婆也，你只看窦娥少爷无娘面。""念窦娥伏侍婆婆这几年，遇时节将碗凉浆奠；你去那受刑法尸骸上烈些纸钱，只当把你亡化的孩儿荐。"窦娥临终嘱咐婆婆的话朴素自然，却令人潸然泪下；赛卢医上场时，"行医有斟酌，下药依《本草》。死的医不活，活的医死了"几句通俗的话语勾勒出了底层庸医的无耻嘴脸。关汉卿在创作时博采了生活中的语言，又进行了艺术的加工、提炼，进而形成了元杂剧本色派的语言特色。

《窦娥冤》的语言虽通俗却不失优美，在第三折临行前的唱词中连用"望帝啼鹃""苌弘化碧""飞霜六月""东海孝妇"四个典故，通俗中有雅致。细读文本我们不难发现，窦娥7岁做了童养媳，不曾饱读诗书，从哪里知道这些典故呢？从第四折窦娥的魂灵和父亲的对话中可以知道窦娥自幼受父亲影响，深受文化的熏陶，这都形成了她后来为人处世的人生标准和价值判断。

袁行霈主编的《中国文学史》中如是解释当行：指语言符合戏剧的特点，能和表演结合，具有丰富的动作性。关汉卿的人物唱词，在抒情性中蕴含动作性，符合戏剧的特定艺术情境。《窦娥冤》为旦本，一人主唱到底的文本结构让窦娥的形象更为丰满。

整部《窦娥冤》白以叙事，节奏明快，讲述故事；曲以抒情，节奏缓慢，塑造人物形象。这就需要读者在阅读中充分理解其文体特征，享受不同的文本带来的不同体验。既在说白中了解剧情，又在曲词中感受戏曲的情感，这样才能真正领悟传统戏剧的魅力。

参考文献

［1］韩秀清.抓住戏剧特征教戏剧——谈《窦娥冤》的教学突破［J］.中学语文教学参考，2017（12）：32–34.

［2］张书群.冤莫冤兮窦娥冤［J］.中学语文教学，2015（7）：52–54.

［3］李涛.《窦娥冤》的矛盾艺术［J］.语文教学之友，2005（3）：33–34.

［4］王春燕.从《窦娥冤》窥元杂剧的悲剧情结［J］.四川戏剧，2017（5）：20–24.

［5］何文艳.从《窦娥冤》《西厢记》看中国古典戏曲语言的诗化［J］.中学语文教学参考，2019（4）：52–54.

［6］中华人民共和国教育部.普通高中语文课程标准［M］.北京：人民教育出版社，2017.

浙江省路桥中学　吴圣龙

祥林嫂的悲剧
——《祝福》品读

一、命运凄惨的祥林嫂具有反抗性吗

祥林嫂是鲁迅笔下的一个身处社会底层的农村妇女，她既具有我国传统妇女的勤劳、善良、质朴、坚忍等品行，又与封建社会的大多数女性一样，处于被剥削、受压迫的地位。从文中看，祥林嫂对于自己的命运是进行过多种形式和不同程度的反抗的。

她的反抗从第一次只身出逃到鲁镇做工开始。初到鲁镇时的祥林嫂“做工没有懈怠，食物不论，力气是不惜的”“实在比勤快的男人还勤快”。虽然祥林嫂工作极为辛苦，生活条件也很一般，但“口角边渐渐有了笑影，脸上也白胖了”，可见祥林嫂用第一次反抗给自己换来了短暂的“平静而幸福”的生活。第二次反抗是她被迫改嫁，被抬到贺家坳的路上，她“闹得厉害”“一路只是嚎、骂，抬到贺家坳，喉咙已经全哑了”。到贺家坳跟贺老六拜堂前，她还“一头撞在香案角上，头上碰了一个大窟窿，鲜血直流”。可见祥林嫂不甘心被迫改嫁，不惜用生命来反抗。第三次反抗是丧夫又失子之后，在柳妈的指点下，不惜用“历来积攒的工钱”到土地庙去捐门槛，“赎了这一世的罪名”。可见她不甘于自己永远背负“不贞”“伤风败俗”的罪名，不甘永远处于被歧视、嘲笑的境地，希望能通过神灵的救赎换得正常的为人的权利。甚至于祥林嫂在临死之前极其神秘地低声向“我”探问魂灵和地狱的有无，都是她具有反抗意识的表现。

但是，祥林嫂的反抗并不是真正意义上的反抗，她对自己所处的境遇和被剥削、奴役的命运并没有清醒的认知，而是心甘情愿接受封建礼教对其进行的经济剥削和精神奴役。祥林嫂在第一任丈夫死后，不愿被卖改嫁，逃到

鲁镇打工，包括被迫改嫁时“一头撞在香案角上”的以死相拼，并不意味着她和已故丈夫之间有深厚的感情基础，而是她本能地守护着“贞洁观”，是对“从一而终”的封建礼教观念的守护。第二次亡夫又加丧子之后的祥林嫂来到鲁镇后受尽人们的奚落、嘲讽和主人的嫌弃，她也从内心认同自己“一女二嫁”的行为是罪恶的，于是拿出大钱“十二千”——二十四个月不吃不喝才能攒下的钱，去庙里捐了门槛，希望能赎清今生的罪孽。当她发现捐门槛也无法获得人们的原谅时，对现实世界也就彻底绝望了。然后，祥林嫂的思想就被封建神权牢牢掌控，寄希望于虚妄的阴间，以求能与亲人团聚，获得温暖。可见，祥林嫂的反抗恰恰是出于对封建礼教的认同和皈依，是对封建神权的敬仰和畏惧，她并不能清醒认识到封建礼教思想对自己的伤害和摧残，只能把生活的希望寄托在虚幻的阴间。

二、是什么造成了祥林嫂的悲剧

毛泽东《湖南农民运动考察报告》中写道：“这四种权力——政权、族权、神权、夫权代表了全部封建宗法的思想和制度，是束缚中国人民特别是农民的四条极大的绳索。”基于这种理解，一直以来大部分读者都认为是“四权”（政权、族权、神权、夫权）造成了祥林嫂的悲剧。祥林嫂置身于中国封建宗法、礼教与神权的生存环境中，不可避免地受到“四权”的统治。

祥林嫂的故事发生在辛亥革命之后的1924年，但作为封建地主知识分子代表的鲁四爷依然坚决捍卫封建思想，以“老监生”的身份为荣，反对一切改革和革命，尊崇理学和孔孟之道。作为“政权”的化身者，对封建礼教抱有绝对尊崇的鲁四老爷对屡遭不幸的祥林嫂报以冷漠的厌弃，特别是当祥林嫂不能再为他创造价值时，更是弃之不用，丝毫没有同情。最重要的是，在辛亥革命之后的农村，鲁四老爷们所虔诚拥护的封建礼教统治了当时鲁镇大部分人的思想，他们亦不自知地用封建礼教的一套来看待祥林嫂身上发生的一切悲剧，同样报以嘲笑、奚落，认为她是违背封建礼教的不吉利的罪人，使祥林嫂成为精神上的孤独者。

封建社会“君君、臣臣、父父、子子”的等级观决定了“夫为妻纲”，当祥林嫂死了丈夫之后，她就失去了所有的依靠——包括生活上的、物质上的。由此，婆家借助“夫权”这只无形的手，既可以掌握祥林嫂的经济权——婆婆可以名正言顺地从四婶处取走祥林嫂积攒了三个多月的工钱，也可以拥有对祥林嫂的人身处置权——婆家可以将祥林嫂强行绑架而去，为了自家私利强行贱卖了她，并强迫她改嫁到边远的山坳里。在这里，有一个极为讽刺的矛盾，“夫权”要求祥林嫂守节，同样作为“夫权”代表的婆婆又不允许她守节。可见，杀死祥林嫂，“夫权”砍下了残忍的第一刀。

当祥林嫂第二次痛失丈夫和爱子后，族内的大伯不仅将祥林嫂丈夫留下的房产据为己有，还将祥林嫂扫地出门，使其再次无依无靠。大伯这种明目张胆的霸占依仗的就是所谓的“族权”。中国农村历来有着威严的宗族制度，它以维护本族内成员的利益为目的，具有很强的排外性。因此，丧夫失子的祥林嫂也就不再被视作本族的人了，就在“族权”的支配下失去了生活和生命的所有保障。由此可见，对祥林嫂的死，“族权”的扼杀和迫害应该负很大一部分责任。

封建社会的“神权”与“夫权”“族权”其实是结合在一起的。按照“夫权”的观点和封建礼教，“一女侍二夫”便是不守贞洁、败坏风气。这样的人，不仅不配参与敬奉神灵的一切事务，更会遭到神灵的惩罚。长期浸润着这种思想意识的鲁镇人将祥林嫂视为“异类”，对她的悲剧报以嘲讽、冷漠，对她的尊严予以反复践踏。面对残酷的现实，孱弱的祥林嫂仍然对神灵深信不疑，相信如果通过“神灵”赎了罪，就能得到周围人的宽恕，因此她倾尽所有“捐了门槛”，冬至祭祖时节却依然不被允许碰一切与祭祖有关的器物，依然被视作“不祥之人”。至此，神灵拯救不了她，也赎不了她的“罪”。因此祥林嫂唯一寄托在神灵上的希望，在残酷的现实面前也彻底破碎了。

综上所述，祥林嫂是被封建社会中“夫权、族权、神权、政权”共同迫害绞死的，而不是某一个方面的结果。因此她的死就是当时社会具有典型代表的社会悲剧，它承载了很多的更深层次意义上的社会问题和我们必须面对的社会现实。这也契合鲁迅先生写作《祝福》的目的——揭示旧社会封建礼教对劳动妇女的摧残和迫害，控诉封建礼教吃人的本质。

三、祥林嫂的悲剧有她自身的原因吗

如果祥林嫂的悲剧仅仅是外部原因造成的，那么《祝福》就是单纯的社会悲剧，是无法达到我们今天所见的深度的。祥林嫂的人生悲剧里也有其性格因素的存在，她骨子里恪守“从一而终”的封建礼教观念，内心是有奴性的。例如，第一任丈夫去世后，祥林嫂仅仅为了抗拒改嫁而做出的种种反抗，就是她对“从一而终”的观念的盲目认同和坚守。她并没有也不可能从自己的人性需求、寻找个人真正的幸福的角度为自己规划人生。当再次遭遇“丧夫丧子”的悲剧后，“从夫守节”的伦理观让祥林嫂陷入巨大的不安和恐惧中，她内心也认同自己是“不贞”的，是有深重罪孽的，于是倾其所有捐一条给千人踏、万人跨的门槛，把希望寄托于神灵，以幻想重新获得正常的生活。

可以说，在鲁镇人的眼里，祥林嫂是“克夫”又“克子”的“罪人”，可悲的是祥林嫂自己也是这么想的。这导致其怀有极深的“不安”“恐惧”“自卑”“自责”，当她尽了一切努力却仍被视为不祥之人时，精神崩溃了。她“见了人总是惴惴的，有如白天出穴游行的小老鼠”，将自己和这个世界隔绝起来，活在最孤独、黑暗、冰冷的角落里。可见，祥林嫂的悲剧还有性格悲剧的成分，是封建伦理观念彻底侵蚀了她的灵魂，使她愚昧无知，麻木而软弱，最终暴死于街头。

四、《祝福》在塑造祥林嫂形象时用的什么艺术手法

祥林嫂是《祝福》的主人公，作者通过多种艺术手法塑造人物形象，揭示人物的性格。

运用肖像描写突出了人物的心理、性格变化。文中三次着重描写祥林嫂的肖像。第一次是祥林嫂初到鲁镇，文中的描写是“头上扎着白头绳，乌裙，蓝夹袄，月白背心，年纪大约二十六七，脸色青黄，但两颊却还是红的”。这一描写既符合祥林嫂刚刚死了丈夫的穿着打扮，也通过脸色的青黄和两颊还是红的体现出其在婆家生活清苦，但还年轻，虽经历不幸，脸上还有血色和活力。第二次是祥林嫂再次“丧夫丧子”后来到鲁镇，其他外貌描写几乎与第一次相同，作者唯一强调的变化是“只是两颊上已经消失了血色”，说明“丧夫丧子”和被赶出家门的经历对祥林嫂造成了较大的打击，生活的磨难已经让她慢慢丧失活力。第三次比较集中的肖像描写是文章开头“我”偶遇已沦为乞丐的祥林嫂，此时“五年前的花白的头发，即今已经全白，全不像四十岁上下的人；脸上瘦削不堪，黄中带黑，而且消尽了先前悲哀的神色，仿佛木刻似的”。这里突出经历多重生命悲剧和鲁镇人的冷漠、嘲讽后，祥林嫂意识到自己的“罪孽”是无论如何都洗刷不了的，最后连悲哀都没有了，只剩下麻木和百无聊赖的孤独、空虚。

作者还善于通过对比的手法来突出人物境遇和性格的变化。文章多次

描写祥林嫂的眼睛，对比其眼神的变化，就能勾勒其人生悲剧不断加重的过程。祥林嫂初次出场是“顺着眼”，表现其温顺的品性。第二次出场是“顺着眼，眼角上带些泪痕，眼光也没有先前那样精神了”，体现再次“丧夫丧子”给她带来的深重打击。第三次描写是祥林嫂捐了门槛后，本以为赎清罪孽，“眼光也分外有神”，结果还是被视作不祥之人，祥林嫂“眼睛窈陷下去”，体现她精神崩溃后的绝望。最后一次描写其眼睛“只有那眼珠间或一轮，还可以表示她是个活物”，生活的打击终于使祥林嫂被完全击垮，眼神的空洞和麻木恰恰是其内心冷如死灰的体现。祥林嫂眼神的一次次变化是其所遭受的痛苦一次次加剧的体现，也是她对人生逐渐失去热情、希望的过程，有力地揭示了封建礼教的残酷。

五、鉴赏《祝福》中的环境描写特点及其作用

作者为了表现祥林嫂的人生悲剧，着意描写祥林嫂的故事发生的典型环境，通过环境描写推动情节发展、烘托悲剧氛围、揭示其人生悲剧的根源。

《祝福》的开篇就描写了“我”回到鲁镇，正遇上旧历新年，作者对“祝福”这一特定环境进行描写：家中却一律忙，都在准备着“祝福”。这是鲁镇年终的大典，致敬尽礼，迎接福神，拜求来年一年中的好运气的。……年年如此，家家如此，——只要买得起福礼和爆竹之类的——今年自然也如此。鲁镇作为中国传统封建乡镇的一个代表，其新年以及“祝福”的氛围显示出辛亥革命后，封建思想、阶级关系、传统习俗乃至贫富差距都没有太大的改变，揭示了祥林嫂的悲剧发生的社会根源。

“雪花落在积得厚厚的雪褥上面，听上去似乎色色有声，使人更加感得沉寂”，这是“我”在听到祥林嫂的死讯后感受到的环境，寂静、苍凉、冷漠，既烘托了祥林嫂的悲剧，也表现了“我”从祥林嫂的悲剧里感受到的现实的残酷，对祥林嫂充满深切同情，对封建礼教及其化身者的嘲讽和批判，也为“我”接下来回忆祥林嫂的人生悲剧做了铺垫。

小说结尾处的环境描写更是堪称经典，“我给那些因为在近旁而极响的爆竹声惊醒，看见豆一般大的黄色的灯火光，接着又听得毕毕剥剥的鞭炮……我在蒙胧中，又隐约听到远处的爆竹声连绵不断，似乎合成一天音响的浓云，夹着团团飞舞的雪花，拥抱了全市镇”。此处渲染了鲁镇旧历新年的热闹气氛，反衬出祥林嫂的死既悄无声息又悲凉凄惨。“只觉得天地圣众歆享了牲醴和香烟，都醉醺醺在空中蹒跚，豫备给鲁镇的人们以无限的幸

福。”这一句描写既有作者丰富而独特的想象，也揭示鲁镇人们对于神灵的敬畏程度，即祥林嫂的悲剧根源依然存在于当时中国的广大农村。同时，更引人深思的是“天地圣”真的会给所有的鲁镇人以无限幸福吗？或许只有买得起福礼的富人们才真正获得了神灵的庇佑，严格的封建等级是依然不能被破除的。再次将矛头指向吃人的封建礼教，揭示了本文的主旨。

六、赏析《祝福》的叙事技巧

在小说情节安排上，作者运用了倒叙的手法，以独特的视角解读了祥林嫂的悲剧命运。在《祝福》中，作者以“我”回到家乡鲁镇，正遇上旧历新年为开端，整个鲁镇都弥漫着浓郁的“祝福”的氛围和浓厚的封建传统与习俗。“我”对这些十分排斥，以致后来下定决心要走。在提到要走的原因时，提到“更何况之前遇到祥林嫂的事，也就使我不能安住”。这里便引出祥林嫂，开始运用倒叙的手法讲述祥林嫂的故事。“我”回忆起祥林嫂沦为乞丐后向偶遇的“我”询问灵魂有无的事。“我”含混不清地回应了祥林嫂的提问，但又为此“总觉得不安”。这是跨度较小的一次倒叙。然后小说回到正常的叙述顺序，第二天得知祥林嫂去世的消息，“我”在惊诧之余还有些许负罪感。此后，展开了本文的主体部分，进行了一个跨度比较大的叙述，将祥林嫂的事迹片段连成一片，讲述祥林嫂前半生的故事。这种倒叙的手法，给读者造成极大的悬念：“刚一出场的祥林嫂怎么就死了”“她到底是怎么死的”“她是怎样一个人”，这些都有待小说的主体部分给出答案。读者就会带着这些疑惑去关注祥林嫂的半生经历，见证一个本分、勤勉、踏实的女性在政权、夫权、族权、神权的压迫下逐渐走向穷途末路的过程，对吃人的封建礼教展开批判。

除了倒叙手法的运用，小说叙述人称和叙述视角的选择也颇具特色。“我”不仅是祥林嫂的故事的叙述者和见证者，因为“我”的含糊回答间接导致祥林嫂的死亡，“我”又成了祥林嫂死亡悲剧的间接促成者。小说以第一人称叙述展开，增强了故事的真实性，同时又把“我”的故事和祥林嫂的故事交织在一起。“我”是当年离开家乡，如今回来已没有家的一个知识分子。“我”曾经离开的经历，使得“我”与大部分鲁镇人的保守、麻木、混沌迥然有别。在“我”的叙述中，鲁镇人尽情地“鉴赏”“咀嚼”祥林嫂的痛苦和不幸时，“我”带着悲悯的目光关照祥林嫂的屈辱与不幸，也在冷眼嘲讽“看客”的麻木与残酷。这种叙述角度，使得这个冰冷、悲惨的故事有了些许人性的温暖和温情的底色。

在叙述视角上，因为运用第一人称叙述，在小说的开头部分采用了有限视角。从“我”的视角出发，通过“我”的叙述展现祥林嫂处于穷途末路的凄惨，又从她对灵魂有无的疑惑中让读者感受到其可悲可叹的一面，引发读者去探寻祥林嫂落入如此境地的原因。接着，在小说主体部分，又采用了全知视角。读者跟着全知视角，较全面地知晓了祥林嫂初来鲁镇—被迫改嫁—丧夫亡子，再来鲁镇—受尽轻视、嘲讽、屈辱以致走向末路的人生经历。在全知叙述视角下，读者也得以深入各类人物的内心。“当她初到的时候，四叔虽然照例皱过眉，但鉴于向来雇用女工之难，也就并不大反对，只是暗暗告诫四婶说，这种人虽然似乎很可怜，但是破坏风俗的，……祭祀的时候可用不着她沾手……否则，不干不净，祖宗是不吃的。”四叔从地主这一身份出发考虑问题，他眼里的祥林嫂只有作为劳动力的可利用价值，可见其剥削人的本质。

“我”作为关键的叙述者，也具有特殊的意义。“我”的存在显示出知识分子对于民众生活的体察，也暗示出自身的孱弱无力和虚弱自私。“我”抵挡不了祥林嫂的几个问题，竟然落荒而逃；“我”知道了祥林嫂的死讯，在心底里为自己开脱；“我”心里总是不安，于是决定要走。种种事件都显示“我”是一个胆小怕事，犹豫不决，缺乏行动力的人。当然，“我”所接受的新思想，也让“我”的眼光与大部分鲁镇人不一样，“我”会以一种相对悲悯、同情的眼光看待祥林嫂的遭遇。

七、拓展阅读鲁迅先生同一时期塑造的女性悲剧形象，探究其创作的社会意义

鲁迅先生在1919年到1925年几年间的作品中塑造了较为典型的两类女性形象：一类是旧中国农村劳动妇女形象，如《祝福》中的祥林嫂、《明天》中的单四嫂子等；另一类是旧中国城市知识女性形象，如子君。这几位女性虽身世经历、处境教养各不相同，但她们最终都成为封建礼教的牺牲品。

综观几位女性的人生，封建宗法、礼教制度是造成其悲剧的根源。《祝福》中的祥林嫂置身于中国封建宗法、礼教与神权统治大多数人观念的时代，无论是处于统治阶层的鲁四爷还是和她地位相同的柳妈、鲁镇的男女们都从维护封建伦理出发，没有人从祥林嫂生命诉求的角度予以真诚的同情和悲悯，而是厌弃其处处不合封建礼法的“不祥”和“罪孽”。《明天》中的

单四嫂子的悲剧不仅在于寡妇丧子，还在于周围人对其悲剧的冷漠和麻木。灯火辉煌的咸亨酒店衬托得单四嫂子灯光昏暗的破落之家更显凄楚，咸亨酒店的掌柜和食客们更多地愿意把闲钱花在吃喝玩乐上，对贫弱者的救助却不生一念。相反，他们还在贫弱者最悲痛欲绝的时候厚颜无耻地大加搜刮，在帮办单四嫂子儿子的丧事时，银两照收，全不顾一个贫弱者的生死存亡。《伤逝》中的子君看似一个敢于突破礼教束缚的现代独立女性，她庄严地宣称："我是我自己的，他们谁也没有干涉我的权利！"可当她得到涓生的爱情之后，就以为找到了幸福，达到了自己的人生目标。于是，不再读书，不再思想，安于小家庭主妇的角色，乐于做饭做菜喂鸡喂狗，把小家庭生活作为其人生的全部意义，甚至为油鸡而和房东太太明争暗斗，变得平庸起来了——这使涓生不满、愤怒，进而绝望于爱情。子君看似在时代的浪潮里解放了自己，获得了婚姻自主的权利，但依然把封建的"女子治内，服侍丈夫"的礼俗视为理所当然，靠丈夫养活，仍然是男子的附属品。因此，她从走出封建旧家庭到走进新式小家庭，从本质上来说依然没有冲破封建礼教的束缚，注定了她最后在社会的压迫下无奈地回到封建旧家庭抑郁而死。鲁迅先生借《伤逝》回答了"娜拉出走之后怎么办"的问题，指出妇女解放的要义在于社会制度的变革，没有独立的经济地位、只单纯地追求个性解放是没有出路的。

同时，她们的悲剧又都和各自的性格因素紧密相关。《祝福》中的祥林嫂从内心恪守"从一而终"的封建礼教观念，看似与命运进行抗争的"出逃""抗婚""捐门槛"等行为，其实是对"夫权""贞洁观""神权"等封建礼教思想的盲从和维护。《明天》中的单四嫂子是一个粗笨的农村妇女，亡夫后的单四嫂子认为"只要有孩子，就有明天"，艰难困苦的生活也让她觉得"寸寸都有含义"。"夫亡从子"的观念让单四嫂子觉得只要有儿子在，人生便有了意义和依傍。宝儿病了后，单四嫂子却只能求神、许心愿、吃单方、看骗子中医何小仙，结果宝儿很快死去。宝儿死后，她只是烧钱，烧《大悲咒》，一味地痛哭，然后在悲伤中等待明天未知的命运。这个粗笨的农村妇女自始至终都茫茫然地接受生活中的一切变故，然后陷入被动地等待。《伤逝》中的子君是受过五四新文化运动洗礼的知识女性，敢于冲破家庭专制，追求男女平等和自由恋爱。然而，婚后的子君却把小家庭视作"人生的全盘要义"，心安理得地把操持家务当作人生的全部意义，渐渐流于庸俗、琐碎、怯懦。当涓生说"我已经不爱你"时，子君的整个世界就轰然坍塌了。这恰恰是子君人生最大的悲剧，她简单地将与封建大家庭的割裂视作女性的独立和解放，却忘了沦为他人的附庸从来不是真正的解放。

鲁迅先生的这一系列作品中所塑造的封建社会典型女性形象及其悲惨命运，展现了封建礼教对广大女性的摧残和迫害的过程，引发了我们对旧中国妇女命运进行深切关注和思考。勤劳善良的祥林嫂是被封建礼教吃掉的弱小者，她“寡妇再嫁”，被视作“伤风败俗”；夫亡子丧，被认为是“克夫克子”；在封建礼教社会里，她就是“不祥之物”。“从夫守节”的精神枷锁牢牢禁锢着她，使她精神崩溃。鲁迅以祥林嫂的悲剧揭示了“吃人”的封建礼教对旧中国劳动妇女的摧残与迫害。单四嫂子是个可怜的寡妇，对于她丧夫亡子的悲剧，周围的人没有真诚的同情、帮助，只有冷漠、自私和麻木，将她原本贫寒的家洗劫一空。脑子里充满“从夫守寡”“从子守节”观念的单四嫂子失去了一切依傍和盼望，只剩下一个虚无缥缈的“明天”。受过现代教育的子君为追求个人的自由和民主、平等的婚姻，果断冲破封建家庭的禁锢，是那个时代率先出走的“娜拉”。但是，在强大的封建势力影响下，个人的反抗是孤单无力的。在周围人异样的目光和沉重的经济压力下，子君其实根本无法逃脱封建礼教的影响。最重要的是，看似走向独立的子君其实回到了旧式妇女的模式，在经济和思想上沦为丈夫的附庸，她的幸福生活梦想也随之破灭。鲁迅先生在这里展现了一个受过新思潮影响的知识女性沦为封建礼教牺牲品的让人心痛的过程。

在强大的封建礼教桎梏下，无论是农村劳动妇女还是城市知识女性都逃脱不了被封建礼教“吃掉”的命运，深刻揭露和批判了封建礼教制度的残酷和罪恶。在农民形象、知识分子形象之外，女性群像的塑造体现了鲁迅先生对女性命运的深切关注、对女性前路的担忧和对旧中国妇女问题清醒而深刻的思考：妇女的解放，要在政治上翻身，在经济上获得独立，就要彻底推翻“吃人”的封建礼教。鲁迅先生对于妇女自身的愚昧、麻木、迷信、软弱、屈服的奴性也予以无情的揭露和否定，号召女性解放应该有一种无赖精神，那就是韧性，应该抛弃怯懦的本性，发扬韧性的精神，冲破封建宗法统治的牢门，争得与男子平等的权利。

浙江省金华市第一中学　陈　宵

结构艺术
——《林教头风雪山神庙》

曹文轩在《小说门》中说道：“结构是从零开始，一点一点地延伸、发展，最终成形的，其情状犹如一棵参天大树是由幼芽一点点长大。”林冲作为八十万禁军教头，刚出场时“头戴一顶青纱抓角儿头巾，脑后两个白玉圈连珠鬓环。身穿一领单绿罗团花战袍，腰系一条双搭尾龟背银带。穿一对磕爪头朝样皂靴，手中执一把折叠纸西川扇子”，从人物的装扮来看，是一个儒雅的军吏形象。到“林教头风雪山神庙”时，他“把陆谦上身衣服扯开，把尖刀向心窝里只一剜，七窍迸出血来，将心肝提在手里”，下手狠辣，丝毫不见儒雅踪影。从安稳的教头生活到雪夜上梁山，这个故事的展开也是一点一点地延伸，不是一步到位的，而这延伸、发展，就需要某些动力的推动。本文就根据曹文轩的小说结构理论，从水浒“逼上梁山”的典型人物林冲身上，去探究小说家谋篇布局时的结构艺术。

一、危机

危机是小说情节发展的有效推动力，如果一帆风顺地走下去，小说就会单调乏味，人物形象也是单一刻板。如果林冲一直安稳地当他的教头，故事就讲不下去了。所以小说家要让人物“出事”，不停地“出事”，在“危机”中实现人物形象的颠覆。因此，林冲面临着对手给自己造成的家庭的、朋友的、身份的、生命的各方面的危机。

第一种危机：家庭方面的——妻子被辱。在小说第七回，花和尚倒拔垂杨柳后，给那二三十个破落户演武，使他那六十二斤重的浑铁禅杖，林冲在墙头外看见。英雄惜英雄，两人就此结义为兄弟。刚饮得三杯酒，“危机”降临，来报告“出事”的是女使锦儿，只见她慌慌急急，红了脸，在墙缺边叫道："官人休要坐地！娘子在庙中和人合口。"原来在五岳楼下，她们撞见个奸诈不及的，那人见林冲娘子美貌，把林冲的娘子拦住不肯放。妻子被调戏，就算是普通人，面对这种侮辱也是难以忍受的，何况是林冲这种武艺高强的大英雄。所以林冲赶到跟前时，把那后生肩胛只一扳过来就想下拳去打，后来鲁智深也说道："俺若撞见那撮鸟时，且教他吃洒家三百禅杖了去。"虽然林冲最后因为对方是高衙内而没有打下去，但这次危机给林冲带来的影响是深远的，可以说它牵起了后面的危机。

第二种危机：朋友方面的——兄弟插刀。林冲在山神庙雪夜杀人时，陆虞候、富安和差拨三人虽然都是死路一条，最后被林冲割下头，将三人头发结做一处，但仔细辨别，就会发现林冲对三人的态度明显不一样，而且杀人的方式也不一样。第一个是差拨，林冲举手一枪就把他拨倒了；富安也是被林冲赶上后，一枪就搠倒了；唯独杀陆虞候陆谦时，他舍弃了"枪"，改用"刀"，用脚踏住他的胸脯，取出尖刀，先去他脸上搁着，再用尖刀向他心窝里一剜，把他的心肝给剜出来了。陆虞候在被杀之前还想求饶狡辩，说："不干小人事。"林冲骂道："奸贼，我与你自幼相交，今日倒来害我，怎不干你事？"为何林冲对陆谦特别狠心，主要就是对水浒中讲求"义"的英雄好汉来说，兄弟的背叛是尤其不能忍受的。别人制造"危机"是一回事，自幼相交的好友给自己制造"危机"又是另外一番心情了。

陆虞候给林冲造成的危机在时间上是紧承着林冲娘子被调戏之后，那高衙内上次没有得逞，对林冲娘子还甚是着迷，心中怏怏不乐。这时，干鸟头富安揣摩得衙内心意，心生一计，着陆虞候帮忙高衙内去勾得那林冲娘子。那富安的计策是，陆谦和林冲最好，等第二天衙内躲在陆虞候楼上深阁，摆下些酒食，却叫陆谦去请林冲出来吃酒，叫他直去樊楼上深阁里吃酒。富安便去他家对林冲娘子说道："你丈夫教头和陆谦吃酒，一时重气，闷倒在楼上，叫娘子快去看哩！"赚得她来到楼上，他认为妇人家水性，见衙内这般风流人物，再着些甜话儿调和她，不由她不肯。这条计策深得高衙内欢心。这个危机其实跟家庭危机是有交叉的，它的确是对林冲娘子不利，看起来跟第一次危机有些重复，其实不然，小说家一般会避开重复，哪怕是想调戏林冲娘子这同一件事，前面是偶然相遇，后面是精心策划，事件的性质就不一样了。

陆虞候的身份特殊，作为林冲的好朋友，他在此次事件中的态度对林冲有不一样的意义。面对好朋友即将面临的危机，陆虞候不想着帮朋友一把，却亲自将林冲引入危机。这厢陆虞候拖住林冲，那厢高衙内果真如计将林冲娘子骗到陆虞候家。来报告“出事”的还是女使锦儿，幸得她撞见卖药的张先生，看到过林教头和一个人在樊楼里吃酒。林冲三步并作两步赶到陆虞候家，那高衙内吃了一惊，斡开了楼窗，跳墙走了。虽林冲娘子的这次危机得以化解，但林冲又遭遇了另一个危机，那就是朋友的背叛。当陆虞候被高衙内叫去商量计策时，固然两难，一方面是地位高高在上的衙内，不听从他的，可能会仕途不通，职位不保，甚至危及性命；另一方面是自幼相交的朋友，听从衙内的，那就是利用朋友的信任来害他，背信弃义。而陆虞候当时心里的想法是：只要小衙内欢喜，却顾不得朋友交情。气得林冲拿了一把解腕尖刀，径奔到樊楼前去寻陆虞候，不见后又去他家连等了他三晚。

第三种危机：身份方面的——刺配流放。误入节堂使林冲面临身份方面的危机。高衙内眼见着两次不能得林冲的老婆，卧病在府。陆虞候和富安两个来府里探望，又生一恶计来陷害林冲。他们着一大汉拿一宝刀待林冲上街时在他身边叫卖，跟在他背后喊“偌大一个东京，没一个识得军器的”。林冲作为武艺了得的禁军教头，自然也对好刀感兴趣，只见那刀“清光夺目，冷气侵人。远看如玉沼春冰，近看似琼台瑞雪。花纹密布，如丰城狱内飞来；紫气横空，似楚昭梦中收得。大阿巨阙应难比，莫邪干将亦等闲”。林冲看那夺人眼目的宝刀，吃了一惊，失口叹道：“好刀！”他们也是精心设计，不是如此宝刀，还真吸引不了林冲的目光。一番讨价还价过后，林冲用一千贯得了这把宝刀，当晚不落手看了一晚，夜间挂在壁上。未等天明，又去看那刀。

等第二天，门首两个承局传太尉钧旨，叫林教头将新买的宝刀拿去太尉府比看。两个承局领着林冲先来到府前，再转入屏风至后堂，又过两三重门，到一去处。等过了一盏茶时，不见太尉来，林冲心疑，探头入帘看时，只见檐前额上有四个青字，写道：“白虎节堂”。当下林冲“猛省”，此时他才意识到“危机”的降临：这节堂是商议军机大事处，如何敢无故辄入？虽林冲奋力解释，但太尉瓮中捉鳖，大怒着将其解去开封府，吩咐滕府尹好生推问勘理。高太尉当权，倚势豪强，但凡有触犯他的，便发来开封府，要杀便杀，要剐便剐。此次林冲之事，高太尉批“仰定罪”，定要问他“手执利刃，故入节堂，杀害本官”之罪。所幸当案孔目孙定十分好善，周全了他，着林冲招认做不合腰悬利刃，误入节堂。断了脊杖二十，还唤了文笔吏刺了面颊，量了地方远近，配沧州牢城。“刺配流放”中的“刺”，就是

"黥面"，在脸上刺字，这其实是一种罪犯身份的象征。至此，林冲虽然逃过太尉原定的死罪危机，但也陷入了身份地位的危机，原先他作为八十万禁军教头，虽说不在朝廷有品有阶的武官之列，但在军队里也是军吏身份，在普通百姓眼里，他也是被视为"官"一类的角色，而现在一朝成为阶下囚，被董超和薛霸欺负，社会地位瞬间发生了很大的变化。

第四种危机：生命危机——置之死地。小说中写到林冲的生命危机有三次，《林教头风雪山神庙》时已经是第三次遭遇。前面误入白虎节堂虽因孙孔目周全没有被判死罪，但陆谦和富安给高太尉献这个计的时候目的就是夺他性命。当时说高衙内两次不能得林冲娘子，又在陆虞候家吃了林冲一惊，病越添得重了。且说那病，不痒不痛，浑身上或寒或热；没撩没乱，满腹中又饱又饥。白昼忘餐，黄昏废食。等老都管看完这病，陆虞候和富安两个邀老都管至僻静处与他说这一毒计，说道："若要衙内病好，只除教太尉得知，害了林冲性命，方能够得他老婆和衙内在一处，这病便得好。"高俅起先还说道："如此因他浑家，怎地害他？"转念一寻思：若为惜林冲一个人时，须送了我孩儿性命。唤陆虞候二人商议，见说了后，喝彩道："好计！"等后面赚得林冲入节堂，高太尉就非要定林冲"手执利刃，故入节堂，欲杀本官"之罪了。林冲遭遇的是典型的"杀夫夺妻"的生命危机。

林冲最后没被判死罪，高俅他们的目的还没达成，故林冲的生命危机还是存在，紧接着在野猪林他就遭遇了第二次生命危机。刺配沧州判决后，两个防送公人董超和薛霸把林冲带来使臣房里，寄了监后，各自回家收拾东西。这时陆虞候着酒保请两位公来到店中阁里吃酒，酒至数杯，去袖子里取出十两金子，放在桌上，道出缘由："你二位也知林冲和太尉是对头。今奉着太尉钧旨，教将这十两金子送与二位。望你两个领诺。不必远去，只就前面僻静去处，把林冲结果了，就彼处讨纸回状，回来便了。若开封府但有话说，太尉自行分付，并不妨事。"董超还有所犹豫，觉得一来开封府未叫结果了他，二来林冲本人年纪又不大，心中想着不好交代。薛霸却劝道，不要说这陆虞候送了金子给他，高太尉便要叫他二人死，也得依他，还落得做这个人情，日后也可以蒙太尉照顾。说前头有的是大松林猛恶去处，不拣怎地，与他结果了罢。陆虞候听了大喜，当即再次表态，明日到地了时，势必揭取林冲脸上金印回来作表证，到时再送两位十两金子。于是在行到东京去沧州路上的第一个险峻去处——野猪林时，董超和薛霸借口困倦，要睡一觉，但又怕林冲没有关锁而逃跑，便将林冲连手带脚和枷紧紧地绑在树上。

转身拿起水火棍，往林冲脑袋就要劈将下来。

林冲的第三次生命危机在课文所选的《林教头风雪山神庙》中呈现，写的是林冲到达沧州后，再次被陆虞候他们设计，处于进退都是死的绝境。林冲到沧州后领了看天王堂的活，过了四五十日后，偶遇旧识李小二，林冲曾经救过他，于是相互帮助，往来频繁。忽一日，东京来一个军官请管营和差拨到李小二的店里议事。李小二心细，差他老婆去阁子背后偷听，听得差拨口中说道："都在我身上，好歹结果他性命。"等李小二将这要紧事告知林冲后，林冲大怒，想找追杀他的陆虞候，寻了三五日没寻着。到了第六日，管营不来害林冲，却给了林冲一个好差使——看管大军草料场。林冲来到草厅，和原先看管草料场的老军交接后，就在那草屋住下了。由于天冷，他去了老军所说的二里路外那市井去沽酒吃，在路上他看见一座古庙，又行了一回，到一店里喝了酒、吃了肉，方回草料场。不料回去后发现那两间草厅已被雪压倒了，于是他想到去方才经过的古庙宿一夜。在山神庙里，林冲正将着怀中牛肉下酒，忽听得外面毕毕剥剥爆响，他跳起身来，就壁缝里看时，只见草料场里火起，刮刮杂杂地烧着。林冲正待开门来救火，听得外面三人脚步声，正是差拨、陆虞候和富安三人。林冲在庙内将三人的对话听得清清楚楚，那差拨直爬入墙里去，四下草堆上，点了十来个火把，让林冲无处可逃。即便林冲逃得性命，烧了大军草料场，也得是个死罪。在他们的设计中，林冲不管逃不逃得过这火灾，都逃不过这第三次生命危机。

二、层递

上述四种危机推动着情节的发展，涉及人物家庭的、朋友的、地位的、生命的这几方面的危机。综观这层层危机可以发现，小说采用的是层层推进的结构，而且线路较为清晰。一条线索是高太尉为首，以陆虞候、富安为核心成员的动态，他们步步进逼，想要杀害林冲。另一条线索是林冲，他步步忍让，一忍再忍，至忍无可忍最后才在山神庙的那个风雪夜爆发。并且这种层进结构有着规律性的频率——起、落、起、落，有一条明快的节奏。

先看林冲这条线的叙事节奏。加在他身上的危机是逐步加大力度的，但也有周期性。先是娘子被调戏，林冲赶到跟前，把那后生肩胛只一扳过来，就待下拳，这时候是非常紧张的。当林冲将那人扳将过来，认得是高衙内，先自手软了。一个"软"字，就先把节奏给控制了，虽林冲怒气未消，一双眼睁着瞅那高衙内，但终究是顾着太尉面子，觉得"不怕官，只怕管"，不合吃着他的请受，权且让他这一次。如果这里林冲不管不顾，三拳狂揍高衙内，林冲就不是林冲，而是三拳打死镇关西的鲁智深了，林冲的人物形象也就无从谈起了。林冲最后的结局虽是走上梁山，但他一开始并未想着去梁山，所以他虽连日闷闷不乐，但只如乌云压城，心中并未想掀起风雨。

第二次危机来临时，也正是陆虞候第一次来害他之时。陆虞候按计邀林冲出来喝酒，小说在这里连续用了两个“闲”字，写道林冲与陆谦出得门来，街上“闲”走了一回，叹了一口气，说男子汉空有一身本事，不遇明主，屈沉在小人之下，受这般腌臜的气。得了“朋友”陆虞候的安慰：“如今禁军中虽有几个教头，谁人及得兄长的本事？”他也希望在这“闲”中得以排遣心中的苦闷。未曾想紧接着，女使锦儿来报陆虞候家害人的事，气得林冲把陆虞候家打得粉碎，故事又紧张起来。但在林冲拿着尖刀在樊楼前寻陆虞候未果，连续三天蹲守陆虞候家也未见着时，文章写道林冲自此每日与鲁智深上街吃酒，把这件事放慢了，这里又从紧张回到了平静。

正当林冲每日和鲁智深吃酒，把这件事“不记心”了，整个叙事节奏放慢时，林冲被两个承局骗进了白虎节堂，这里有两个细节之处：写林冲到得厅前，“立住了脚”，两个承局说太尉在里面后堂内坐地。他们又转入屏风至后堂，又不见太尉，这里林冲“又住了脚”，读者读到这里，已经感觉到气氛有所变化，待到后面林冲“猛省”，气氛又骤紧。接下来太尉将其解去开封府，后来脊杖二十，刺配沧州，一环扣一环，都是不顺利的。先是在流放路上，天道盛热，棒疮发了，一步挨一步走不动。接着薛霸烧了一锅百沸滚汤，倒在脚盆里让林冲洗脚，林冲伸下脚来，那脚就被薛霸按在滚汤里，泡得脚面红肿了。再接着给他穿新草鞋，耳朵并索儿都是麻编的，林冲脚上满面都是燎浆泡，走不到三二里，脚上泡就被新草鞋打破了，鲜血淋漓。最后到野猪林里被缚了手脚，水火棍要劈下来时，读者的心都跟着吊到嗓子眼里了。但被救后，林冲却说：“非干他两个事，尽是高太尉使陆虞候分付他两个公人，要害我性命。他两个怎不依他？你若打杀他两个，也是冤屈。”小说在危机的设置上可以说层层递进，逐步加大力度，到这里读者感觉林冲要爆发了，毕竟前两次老婆被调戏，虽是折辱尊严，但毕竟没有得逞，而这次是身家性命要不保了，是可忍，孰不可忍？孙绍振先生曾说过，林冲明明可以杀了解差，但是杀了他们就意味着造反，二者权衡他选择了乖乖继续戴着枷锁当他的罪犯。后林冲得柴进周旋，又免掉了一百杀威棒，看管着天王堂，每日只是烧香扫地，日子又“闲”下来了。

这边林冲在营前“闲”走，叙事节奏放慢，马上遇到旧识李小二，后来李小二告诉林冲东京来了个尴尬人，说要来“结果了他”，林冲一合计那人的模样：五短身材，白净面皮，没甚髭须，有三十来岁，便由“闲”转为“大怒”，去街上买把解腕尖刀，带在身上，一地里寻，当晚无事。次日天明志来，洗漱罢，带了刀，又去沧州城里城外，小街夹巷，团团寻了一日，又没动静。如此，街上又寻了四五日，不见消耗，林冲又自心下“慢”了。后来让他去接管草料场，他也只寻思了下，却不害他，倒与他好差使，正不知何意。后面看草屋四下里崩坏时，他还打算等雪晴了，去城中唤个泥水匠来修理，才能过得一冬，此时他也是“安”于这简陋的环境，“安”于他新的职守的。待到在山神庙里看到草料场火起，亲耳听到仇人谋害自己的计划，他的情绪犹如草料场的火，毕毕剥剥地爆响，熊熊地燃烧，最终走上杀人上梁山的道路。

林冲被“逼上梁山”这条主线是清晰的，但它并不是大路朝天笔直一条，林冲的爆发是在积蓄了很多时候的“紧”与“怒”才一步步到达顶峰的。他经历了从“怒”到“闲”，再从“怒”到“慢”“不记心”，再从“屈”到“闲”，再走到最后的怒火燃烧，彻底爆发。

另一条线索是以高太尉为首的，以陆虞候为主要执行者，他们在明里暗里施毒计害林冲。为了保持小说层层推进这种线性结构，作者常常故意“延迟”小说的进展，给故事、情节设置障碍。所以，高太尉和陆虞候他们几次三番想害林冲，总是会被阻止。

高衙内在相国寺调戏林冲娘子时，林冲及时赶到跟前阻止，领了娘子并锦儿，取路回家，高衙内回到府中纳闷，怏怏不乐。前文还说到高衙内不晓得他是林冲的娘子，若还晓得时，也没这事。如今高衙内既已晓得，若不惦记，倒也没了林冲雪夜上梁山的事了。正因惦记，才有后来的一次次相害。第二次林冲被陆虞候骗，林冲娘子被关在陆虞候家楼上，还是林冲及时赶到，高衙内没有得逞。

前两次都是林冲自己出手打破高衙内的计划，第三次开始高太尉和陆虞候他们就商量夺林冲性命了。误入白虎节堂一事，本以为林冲要被判死罪了，这时出来阻止的当案孔目孙定，外号孙佛儿，意思是十分好善，他说这南衙开封府不是朝廷的，是高太尉家的。府尹最后也听孙定的周全了林冲，“延迟”了事情的发展。

野猪林里林冲差点被薛霸的水火棍结果了，千钧一发之际，只见松树背后雷鸣也似的一声，那条铁禅杖飞将来，把这水火棍一隔，丢去九霄云外。原来鲁智深一直关注着林冲的动态，林冲受官司，他无处去救，打听得林冲断配沧州，他在开封府前又寻不见。后见酒保来请两个公人与一位官人寻说话，以此疑心，放心不下，恐这两个人路上害他，特地一路跟来。鲁智深的出现再一次打乱了高太尉他们的计划。

最后一次陷害在草料场，本来按照陆虞候的设计，林冲必定葬身火海，这回阻止他们的不是人，而是“天”了。有诗为证：天理昭昭不可诬，莫将奸恶作良图。若非风雪沽村酒，定被焚烧化朽枯。自谓冥中施计毒，谁知暗里有神扶。最怜成死逃生地，真是魁奇伟丈夫。如果不是风大雪大，林冲不会觉得寒冷，也就不会出去沽酒，正是出去沽酒，才发现路边有个山神庙。回到草料场，发现草厅倒塌。作者也说，原来天理昭然，保护善人义士。所以他才想着去山神庙，才躲过了草料场的大火，听到了那三人的阴谋。所以这一次阻止了陆虞候他们的正是昭昭天理，它用一场大雪拯救了林冲的性命。正如曹文轩所说，“延迟”的结果几乎都是一样：败露、破灭、徒劳无功。小说就是这样通过“延迟”手法拉开了我们与终点的距离，拖延了林冲上梁山的时间。

三、偶然

“从某种意义上讲，小说家对小说的操纵，就是对偶然的操纵。”林冲的故事里就有很多的偶然，以多种模式推动着故事的发展。

（1）相遇。害林冲的目的就是“杀夫夺妻”，事情的源起还要追溯到相国寺的那一次相遇。林冲与娘子一同来间壁岳庙里还香愿时，高衙内看上了林冲的娘子。林冲阻拦时，高衙内还说道：“林冲，干你甚事！你来多管！”高衙内若晓得是林冲的娘子，就没这场事了。本来林冲是和他娘子一起去还香愿的，听得鲁智深的使棒声，看得入眼，就着女使锦儿和他娘子去庙里烧香，林冲就此间等候了。林冲看到鲁智深舞棒是偶然的，林冲没和他娘子一起去烧香还愿也是偶然的，那么高衙内不识林冲娘子也就跟着具有了偶然性，没有这些偶然，就没有了后面的故事。

（2）偷听。“隔墙有耳”是古典小说中常用的把戏，《林教头风雪山神庙》中两次写到偷听。第一次写李小二怀疑东京口音的两个人来得不尴尬，在按酒时听得差拨口里讷出一句高太尉来，疑心那人与林冲身上有些干碍，所以差他老婆去阁子背后听说什么。听了一个时辰，那三四个却是交头接耳说话，听不清说的具体是什么内容，只听得差拨说“好歹要结果了他性命”。秘密就在这隐隐约约中的偷听中泄露出去了，林冲也在这偶然当中得知了陆虞候来追杀自己。另一次偷听则是林冲在山神庙内，陆虞候、富安和差拨在山神庙外谈话，林冲清清楚楚地听到了对方陷害自己的内容，真正完成了由忍气吞声到杀人不眨眼的转变。这种也是在极偶然的情况下偷听到秘密的。

（3）天灾。草厅的倒塌也是极具偶然性的，它本来就四下里崩坏了，是须需修理的，被朔风吹撼，再加上这连续几天下得正“紧”的大雪，它就被压倒了。可是，不早也不晚，恰好在林冲到集市去沽酒的时候被压倒，使得林冲既不会被倒塌的草厅夺去性命，也不会在火焰中被活活烧死。这场偶然的天灾让林冲侥幸存活了下来。

好的结构会让小说自然地生长，林冲的故事就是作者精心布的局，它让读者的情绪随着人物故事的起落而起伏，故事设置得危机四伏，又被不断化解，有高点，有低点，在振荡中走向远方，实现结构的张力。

参考文献

［1］施耐庵，罗贯中.水浒传［M］.北京：人民文学出版社，1997.

［2］曹文轩.小说课［M］.北京：人民文学出版社，2010.

［3］林铭祖.《林教头风雪山神庙》的“三线结构”（上）［J］.海外英语，2019（7）：166-167.

［4］孙绍振.《林教头风雪山神庙》：“雪”在情节中的功能［J］.语文建设，2014（10）：41-44.

［5］洪玲娇.闲笔和伏笔——浅谈《林教头风雪山神庙》的叙事艺术［J］.中学语文教学参考，2007（10）：53.

浙江省天台中学　陈　优

现实与荒诞交织出的悲剧
——《促织》品读

《聊斋志异》简称《聊斋》，俗名《鬼狐传》，是清朝著名小说家蒲松龄创作的文言短篇小说集，全书共有短篇小说491篇（张友鹤《聊斋志异会校会注会评本》，但朱其铠《全本新注聊斋志异》为494篇）。“聊斋”是书房名，“志”是记的意思，“异”是“神仙狐鬼精怪故事”之类的奇异故事，蒲松龄也因此自称“异史氏”。《聊斋》可以说是中国成就最高的文言短篇小说集，它集志怪传奇小说之大成，使短篇小说的艺术水平达到空前高度，成为中国文学史上的高峰。《聊斋》或抨击科举制度的腐朽，或反抗封建礼教的束缚，或揭露封建统治的黑暗，表现了强烈的反封建礼教的精神，具有丰富深刻的思想内容，郭沫若评价它“写鬼写妖高人一等，刺贪刺虐入骨三分”。纪晓岚的《阅微草堂笔记》也是在其影响下产生的一部笔记小说。

《促织》是《聊斋》中的著名篇目，在历史与故事、现实与荒诞、人性异化与保持、情节起伏跌宕中，对封建统治和官僚腐败的批判入木三分，同时又寄托了对百姓的深切同情和美好希望。

一、“史馀”野望的立言与正名

小说在古典文学中的地位一直很低，班固在《汉书·艺文志》的“诸子略”中共列儒、道、阴阳等十家，小说家名列最末，“诸子十家，其可观者九家而已”。直到明清时代，小说无论在创作观念还是在写作技巧上都得到极大发展，才开始得到文人的重视和研究，但依然不被当作正统文学。《今古奇观·序》中为了提高小说的地位还提出“小说者，正史之馀也”的说法，认为小说在某种程度上承担了惩恶劝善的功能。

《促织》故事原型来自吕毖的《明朝小史》：“宣宗酷好促织之戏，

遣取之江南，价贵数十金，枫桥一粮长以郡督遣觅，得一最良者，用所乘骏马易之。妻谓骏马所易，必有异，窃视之；跃出，为鸡啄死。惧，自缢死。夫归，伤其妻，且畏法，亦自经焉。”明沈德符撰写的《万历野获编》也记载，明宣宗曾密诏苏州知府况钟进贡促织，并对那些征收不力的官员痛加斥责，一时上下纷纷以献促织邀宠，以致苏州卫中武弁，尚有以捕蟋蟀比首虏功，得世职者。明代有歌谣云：“促织瞿瞿叫，宣宗皇帝要。”因此《促织》虽然是一篇小说，但其内容很明显指向了历史。

但是首先要澄清的是，被称为“蟋蟀天子”的明宣宗朱瞻基在正史中是有名的仁德皇帝。宣宗27岁时登基，他与父亲明仁宗朱高炽的统治年限加在一起虽只有短短11年，但却被史学家们称为“功绩堪比文景”，史称“仁宣之治”。而《明朝小史》成书于清顺治初年，与宣宗之时距离300多年，且“书中有些篇近似小说，多有不经之语”“著者史识不高，颇少剪裁，但据传闻，然亦存当日史事”。《万历野获编》为明人笔记，其中所记进贡促织的况钟，据史载，宣德五年（1430年）出任苏州知府，正统六年（1441年），况钟在苏州任期10年已满，当地官民两万多人向上级请求留任，最终任职长达13年。苏州人民称他“况青天”，他和包拯“包青天”、海瑞“海青天”并称中国民间的三大“青天”。若真有因促织而民不聊生之事，又如何会名垂千古？当然，明宣宗对蟋蟀的喜爱是毋庸置疑的，现在流传的宣德青花蟋蟀罐制作之精美也可作为历史见证。小说结合了历史和民间传说，明宣宗和贪官污吏映射的是整个专制统治时代下的普遍现象，官逼民死、草菅人命的事例在历史中屡见不鲜，如此小说中的皇帝、官吏、百姓就是恩格斯评价“现实主义”所说的“典型环境下的典型人物”。因此小说将时代背景放在明代，一方面是因为清朝的专制统治，只能以婉曲的方式表达；另一方面是将故事放在了更为普通的历史现象中来叙说，其批判对象具有普遍意义和价值。

《聊斋志异》的内容皆为志异鬼神，秉承着五代志怪和唐传奇的色彩与风格，然而在叙述中又着力表现故事的真实性，仿佛真有其事，许多故事都有亲历者。第一篇《考城隍》人物为“予姊丈之祖，宋公讳焘”，不仅名姓俱实，还能追溯血缘关系；《喷水》一篇莱阳宋玉叔史有其人；《婴宁》一篇开头，“王子服，莒之罗店人。早孤。绝惠……”，有着明显的纪传体史书风格。更为典型的特征则是许多故事最后有“异史氏曰”对故事进行总结评价，与《史记》“太史公曰”相同，从中我们又可以看出蒲松龄内心的

"野望"：将神怪故事作为"异史"，也能"成一家之言"。蒲松龄19岁应童子试，接连考取县、府、道三个第一，名震一时，但在之后却屡试不第，科场失意，至46岁时方被补为廪膳生，直至71岁时才成岁贡生，也因此深刻了解了科举对士子的残害和官场的腐败黑暗。蒲松龄在《聊斋自志》中说"集腋为裘，妄续幽冥之录；浮白载笔，仅成孤愤之书；寄托如此，亦足悲哉"。《聊斋》这样一部"孤愤之书"，绝不仅仅是为了讲好鬼怪故事，它寓托着作者的社会理想，是对社会现实的真实反映，是对社会不公、命途多舛的愤慨，也是对政治黑暗腐败的深刻批判，显露出蒲松龄的自觉的社会评判性和儒士的社会责任感。

二、现实批判的深刻与沉重

《促织》开篇第一段即用简洁的文字将政治的本质和官场的黑暗揭露无疑。故事发生的背景有两个：一是"宫中尚促织之戏，岁征民间"；二是"有华阴令欲媚上官"。这里要注意两个字："戏"和"媚"。

玩促织在宫中只是游戏，却要大动干戈地每年从民间征收，以致百姓深受其害。一只卑微的虫子尚且如此，更别说宫中所有用度皆来自民间，岁征之物不可胜记。因此蒲松龄在"异史氏曰"中说"故天子一跬步，皆关民命，不可忽也"。然而能体会民间疾苦的君主毕竟是少数，历史中绝大部分时期百姓的生活只能用"苟延残喘"来形容，还有很多时期则是水深火热、民不聊生。电视剧《宰相刘罗锅》里有一出戏，刘墉千方百计阻止荔浦芋头成为贡品，甚至不惜李代桃僵，让乾隆皇帝吃假的荔浦芋头。因为刘墉知道，一旦荔浦芋头成了贡品，就会劳民伤财，让地方受灾。文艺作品中的故事何其相似。黄宗羲在《原君》中一语道破封建君主的本质："掠天下之财，奉一人之淫乐。"这是以成名为代表的百姓遭遇悲剧的根本原因。但是在《促织》中，其实皇帝不是蒲松龄批判的主要对象，"天子偶用一物，未必不过此已望；而奉行者即为定例"，蒲松龄作为深受儒家思想影响的士子，对于皇帝还是怀着美好期盼的，而最有力的批判之剑刺向了为政者的狼狠虎贪。

官员为了自己的前途，媚上以求晋升之机，这是故事发生的直接原因。华阴本非产促织之地，官员却偏偏要进献促织，这一违背常理的行为恰恰是官场的"正理"，这是一种政治投机。当官员的心中只有自己的时候，所谓"父母官"也就是将百姓作为需要孝敬自己的"儿女"了。在皇帝和官员之下，囤积居奇的游侠儿（混混）和“假此科敛丁口”的里胥则加剧了百姓的负担，使得卑贱的虫子成了百姓负担不起的昂贵之物，成了两者的敛财之物，他们是蒙混于其中的规则利用者，是帮凶。由此我们可以看到不识民间疾苦的皇帝、投机钻营的官员、贪婪残暴的基层，从朝廷到地方、从中央到基层形成了层层盘剥的既成阶级，上官“责”下令，令“责”里正，里正“责”百姓，皇帝得其乐趣，官员得其前途，基层得其利益，百姓成了唯一的受害者。“每责一头，辄倾数家之产”，其中又包含了多少血泪故事。成名一家的遭遇只是其中一个典型而已，更多的悲剧包含在了故事背后，虽然一笔带过，却更具批判的普遍性。

与官僚地痞的狡诈贪婪形成对比的则是百姓的迂讷无奈。成名“操童子业，久不售”，这一点与蒲松龄颇为相似，从中我们似乎可以看到作者的影子；“为人迂讷”，老实人，因而被滑胥欺负，“不终岁，薄产累尽”“忧闷欲死”。“老实”可以说是中国百姓的共性，逆来顺受，惯于被统治，只要有口饭吃、可以活下去，就浑浑噩噩以度终生，受尽欺压而不会抗争，只是“忧闷欲死”而已。后来被“追比”受杖至百，也是“惟思自尽”。百姓从物质上、身体上和精神上都深受摧残。而成名的身份是一个读书人，挣扎于科举场上，连入门都还没有，我们看到的成名只是一个迂腐无能的书生，百无一用，只能徒呼奈何，这其中也包含了对八股取士的科举制度的严厉批判，为科举考试而读书，是对人性的压抑，是对创造力和智慧的扼杀，这也许是作者自己多年科举不利的深刻思考和自嘲吧。

故事原本的结局是一个家庭因为一只虫而家破人亡，在现代人看来似乎不可理解，但是在封建专制统治的社会，成名一家在现实中是没有出路的，所有的活路都被封死，受了诸多迫害和痛苦之后，一个“惧”一个“畏”将人类生存的本能击倒，也许自尽才是一种解脱。即使那只“青麻头”没有意外死去，成名一家也只能得一时安宁而已，开头已经交代“岁征民间”，这是常态，而促织平均寿命只有三个月左右，只要宫中仍在流行“促织之戏”，只要官吏不改贪婪暴虐之性，百姓的苦痛就没有尽头。成名一家的悲剧代表的是百姓的普遍遭遇，可以说是以小见大，具有春秋笔法之妙。因此清代文学家唐梦赉在《聊斋》序中评价“其论断大义，皆本于赏善罚淫与安义命之旨，足以开物而成务”。

三、荒诞讽刺的无奈与期望

中国的古典文艺作品历来喜欢皆大欢喜的结局，大约是出于使底层百姓在困苦生活中得到安慰的目的。然而在《促织》中，从现实角度来说，悲剧的结局是无法改变的，因此只能寄希望于虚幻，凭借神秘的力量改变人物的命运。小说中充满神秘色彩的情节有两处：第一处成名在“驼背巫”占卜指引下寻到一只“青麻头”，第二处就是成名的儿子灵魂化为促织，不仅解决了危机，还使得成名一家从此飞黄腾达。

陷于“惟思自尽”困境的成名一家因为“驼背巫”的到来有了转机。在经过充满神秘的神卜后成名之妻得到了一片纸，上面详尽地画出了优良的促织品种“青麻头”的藏身之所，还有蛤蟆蹲卧一旁，成为指引成名找到促织的伏笔。如此神奇的占卜似乎预示着上天要借巫之手来拯救成名一家。“巫”字从“工”从“人”，“工”的上下两横分别代表天和地，中间的“丨”表示能上通天意，下达地旨；加上“人”，就是通达天地，中合人意的意思。古人认为，巫能够与鬼神相沟通，能调动鬼神之力为人消灾致富，这也许就是所谓的“天无绝人之路”。在现实的绝望中寄希望于鬼神，这是古时人们应对现实困境的主要方式。那么由上天赐予的这只“青麻头”死于成名儿子之手，是否表达了来自上苍赐予的希望的虚无呢？

失而复得能给人带来多大的希望，得而复失就会给人带来多大的打击。整篇小说在情节上的摇摆是多重的，在大摇摆中还包含着小摇摆，故事的起伏波折不仅关系人物命运，也牵动读者的心。从情节安排上来看，这一次得虫失虫是为了让人物陷入更加深的绝境中，这样情节在接下来的逆转中才会产生更加牵动人心的情感力量。

成名之子所化的促织“短小，黑赤色”，因此“成名以其小，劣之”，然而正是这样的“劣质”促织却战胜了促织珍品“蟹壳青”，更是连鸡这个天敌都奈何它不得，昭示了这只促织的不同寻常，越是外表的孱弱，越能体现这种不真实的荒诞之感。当这只瘦小的促织被进献给皇帝后，不仅打败了“举天下所贡蝴蝶、螳螂、油力挞、青丝额”这些促织名种，甚至能“每闻琴瑟之声，则应节而舞”，这已经完全超出了一个促织的概念。接着皇帝大悦，开始“论功行赏”，从抚军而下，各级官员都得到奖赏，升官发财，官员的政治投机成功，得到丰厚回报；成名也免役，进入“邑庠”成了秀才，多年苦读努力而不得的功名居然因为一只促织而得，同时儿子又回来了，还得到抚军厚赏，成为富贵人家，“裘马过世家”。

对于读者来说，这个结局太快太圆满，一直折磨着成名一家的促织成了改变命运的“金手指”，正所谓成也促织败也促织。因此巨大的荒诞感油然而生，而对现实的辛辣讽刺也就在这荒诞感中深刻体现。“异史氏曰”中说“天将以酬长厚者，遂使抚臣、令尹，并受促织恩荫。闻之：一人飞升，仙及鸡犬”。在此，我们似乎读到了作者蕴含着极大悲愤的刻薄反讽。当皇帝喜怒、官场升迁、百姓命运都维系在一只小小的虫子上时，这个世道的公平、公正、理性也就荡然无存了，无怪乎《聊斋》中冥府的冤案更甚于阳世官府的冤案，土地山神的贪婪自私更甚于阳间官员。更深层地去看，成名一家的否极泰来是建立在儿子化虫的前提下的，一个人的灵魂却被困于一只虫子，还要做出巨大努力去改变家庭的命运，又何尝不悲哀呢？清代的但明伦评价小说结尾说，“至此方点醒，言之伤心”。看上去很美的大团圆结局和现实的悲剧形成巨大的反差，即使成名一家真的改变了命运，那么更多的“成名”命运又该何去何从呢？毕加索曾说过：“艺术就是谎言，是让我们认识真理、接近真理的谎言。”现实中的绝望只能在荒诞的幻想中得以解脱，这其中包含着多少辛酸苦楚。

从另一个角度来说，这样的结局其实也包含了作者对主贤臣廉、政治清明、百姓安居乐业的美好希望，也带有了浪漫主义色彩，体现了儒家的政治理想和道德理念。

四、人性异化的沉痛与希望

《促织》中出场的人物众多，上海市宝山区教育学院教研室的刘德桂老师运用“格雷马斯符号矩阵”将人物分为四类，代表“人”的成名，代表“反人”的官府（天子、抚军、宰令、滑胥），代表“非人”的虫（蟋蟀、鸡、游侠儿、巫婆、村中少年好事者），代表“非反人”的儿子（促织）。四者相互构成对立矛盾的二元关系，其中一个标准是人性与反人性。因此我们就从人性的角度来分析成名和儿子。

1. 成名：“人”异化为“非人”

小说中用了很多表达情绪的细节表现人物状态，成名的情绪都是“大喜”“如被冰雪”“怒”“化怒为悲，强呼欲绝”“大喜”“顿足失色”“益惊喜”等，情绪上一直大起大伏，围绕促织的得失而悲喜惊怒。成名是没有自我的：早出暮归只为寻一只健壮的蟋蟀，但是华阴并非促织产地，自然是无用之功；即使被杖刑致“两股间脓血流离”，得到驼背巫的占卜后仍要“强起扶杖”；得到天赐的“青麻头”后，举家庆贺，即使“家产累尽”，也要以“蟹白栗黄”饲养。他的生活和追求都被牢牢绑在了作为宫中之戏的促织身上，人不如虫，可怜可悲。

成名是普通百姓的代表，身上集中体现了专制统治下百姓的特点：迂讷、懦弱，穷尽办法求得生存而不能。在小说中，成名的生存状态是“忧闷欲死”“惟思自尽”“不复聊赖（不再有所指望）”，一直在绝望中度日如年。压迫的来源则是官府和虫，他们压榨成名们的物质财产、折磨他们的身体、摧残他们的精神，他们身上的人性被压制摧残。小说中最绝望的时刻还不是夫妻俩在儿子投井后的“强呼欲绝”，而是之后的八个字“夫妻向隅，茅舍无烟”。这是标准的白描，夫妻两人一人对着一个墙角，贫困的茅舍丝毫无烟。从人到景，都一片死寂；从内到外，都透露着冰冷绝望，这个时候他们身上的人性几近于无了。到后来成名发现儿子“气息惙然”，才稍微恢复一点人气，但是人性在这样反复的碾压折磨下已经不复存在，儿子“神气痴木”，但是成名看到空空如也的蟋蟀笼子时，却是“不复以儿为念”了，并不是成名不爱儿子了，而是生存的压力使得成名人性异化为忽视亲情的存在，促织比儿子更重要，这是必须面对的残忍现实。

最后成名名利双收，“以促织富，裘马扬扬”，其得意的姿态代表着成名对财富和地位的坦然享受，而并不在乎是儿子化为促织遭受莫大的尊严践踏才换来的他的今天，他已经从普通百姓转变为权贵阶层，成名的人性一步一步异化，也暗示着他从“人”的身份趋向于“反人”的官府了。但是我们要看到，成名人性异化的原因是“反人”的官府，在这样的统治下，百姓无法像一个正常人一样生活，其批判已不言而喻了。

2. 儿子：“非人”保持人性

原本的故事中，因为好奇心而失手放走“青麻头”的是妻子，因此当家庭唯一的希望因自己的失误而成泡沫的时候，妻子是能够明白其后果的，在这样巨大的绝望下，因“惧”而“自缢”，具有行动逻辑。而小说中，这个人物角色变成了成名9岁的儿子。舍成人而取孩童作为角色，有着其深刻的道理。

孩子自有自己的世界，天真活泼，“窥父不在，窃发盆”，同样是好奇，儿童是出于天性，也许还带着一些反抗父权的小心翼翼和得意；妻子则是出于对蟋蟀价格的好奇，是对物质的好奇。妻子对生活的艰苦感受深切，儿子对于家庭难以为继的困难是缺少认识的。就像我们小时候总是不了解家庭真实的经济状况，一方面是因为父母一般都会避免孩子对于家庭经济状况的了解，更主要的原因是儿童对经济条件好坏是没有概念的。

成名的儿子在弄死蟋蟀之后，“儿惧怕，啼告母”，因为好奇弄坏了家里的贵重物品，又不敢隐瞒，哭着找母亲，这是孩子的真实反应，他当时肯定是没有想到自杀的，因为他不会想到蟋蟀是这个家庭的“命根子”。反而是母亲的反应给了孩子致命的诱因，“业根，死期致矣！”这是母亲的第一反应，给孩子渲染了事情的严重后果；“而翁归，自与汝复算”，使孩子不敢面对即将到来的惩罚。成名儿子自杀基本上是冲动的结果，是对母亲威吓的恐惧，因不敢面对父亲的算账，不知道如何处理，于是跳井了。儿子是“无知”的，但也是有着人性的。可见，蒲松龄对孩子的叙述一直是遵循其本性的。

成名的儿子“痴木”后，我们知道他的灵魂化为了一只神奇的蟋蟀，在形体上已经是“非人”了。但是这只蟋蟀的神奇之处不仅在于瘦弱却百战百胜，还在于蟋蟀身上无所不在的人性。

儿子化为蟋蟀后，成名听到其鸣声，去捕捉，我们要留意这里对蟋蟀的动作描写。首先是“一鸣辄跃去，行且速”，被成名捉住后“则又超忽而跃”，成名“迷其所在”后突然发现“虫伏壁上”，成名嫌弃虫小的时候蟋蟀“忽跃落襟袖间”。这一连串的动作让我们看到的不是一只蟋蟀与人的周旋，而是一个孩子与父亲的捉迷藏。父亲要捉孩子的时候孩子会迅速逃走，父亲找不到孩子了，孩子会趴在墙壁上等父亲来找，父亲要离开的时候孩子急得跳进了父亲的襟袖间，整个过程童趣盎然，温馨可喜，作者连续用二字、三字、四字的短句来加快节奏，赋予场景活泼之感。读者看到这里想必能够恍然这蟋蟀是儿子所变吧，温馨的场面马上变得让人揪心。这里还有一个小细节，整篇小说在这之前讲蟋蟀的时候都用“虫”来称呼，唯独这里跃落襟袖间的时候，称呼变成了“小虫”，一个“小”字也寄托了作者对儿子的怜爱吧。

小蟋蟀面临第一次战斗的时候，其表现也被描述得真实生动。先是“小虫伏不动，蠢若木鸡”，不知所措；继而被撩拨之后“暴怒”，如一个孩子一样发脾气；在之后凭借人的智慧操纵小虫的身体轻松战胜看似强大的对手后，“翘然矜鸣，似报主知”，活脱脱的希望得到父亲表扬的孩子啊。至于再遇到鸡都能安然脱身，“蟹壳青”和鸡成了情节上的衬托，推波助澜，这只小虫身上的传奇色彩也就愈加浓重了。

因此我们可以看到，在化虫之后，儿子仍然有着自我认知，能够在有限的身体里控制自己的行为，所以他努力弥补自己的过失，去讨好自己的父亲，去赢得每一次战斗，甚至应和琴瑟而舞，尽可能取悦天子……蒲松龄把儿子化虫演绎成一种主观愿望的实现——不惜变成促织也要帮助家庭解除危机。在这个过程中，儿子化虫，成了“非人”，但是其身上依然保持的淳朴善良的人性战胜了真正“非人”的虫，也将天子的喜怒和百官的命运操纵在手里，战胜了“反人”的官府，以“非人”的人性胜过了人的“非人性”，儿子就成了希望、活力、美好的象征，也寄托了蒲松龄的美好想象。然而化虫的情节在宗教意义上还背负着一命换一命的因果报应，而代表希望、活力、美好的小虫毕竟只是人的玩物，是虚幻的，在看似美好的结局下隐藏着更深的绝望与痛苦。小说最悲剧的地方不是成名承受的绝望，而是在绝望之后只能以幻想构建希望的无奈与挣扎。

清代高珩在为《聊斋》作的序中写道：“然子长列传，不厌滑稽；卮言寓言，蒙庄嚆矢。且二十一史果皆实录乎？仙人之议李郭也，固有遗憾久矣。而况勃窣文心，笔补造化，不止生花，且同炼石。佳狐佳鬼之奇俊也，降福既以孔皆，敦伦更复无斁，人中大贤，犹有愧焉。”已经是将《聊斋》提高到了史书的地位。志异之史与人间之史共通，我们从《促织》中读到了跌宕起伏的故事，品味了精彩生动的语言，见识了人间百态与社会现实，也感受了人物的辛酸痛苦、无奈绝望，体会到了作者的愤慨与强烈的责任意识。蒲松龄在《聊斋自志》的最后，感慨“知我者，其在青林黑塞间乎！”愿我们能透过其文字做他的知己。

参考文献

［1］刘德桂.《促织》的结构主义解读［J］.教学天地，2017（10）：35-37.

［2］詹丹.神秘情节中的因果逻辑——重读《促织》［J］.语文学习，2016（7）：55-59.

［3］王香兰.明清小说序跋中的小说社会功能论［J］.温州师范学院学报，2005（2）：34-38.

浙江省台州市第一中学 潘国良

以虚构逼近真实的寓言
——《变形记》品读

小说家被曹文轩称为“准造物者”，那是因为小说家享有在虚构中自由创造的权利，虚构也成为小说的本质属性之一，没有虚构就没有小说，是虚构让小说成为艺术。曹文轩在《小说门》中说：“小说家是骑士，是堂吉诃德式的骑士。他们骑在虚构的马背上，不仅走遍了现实，还走进了现实疆域之外一个无边无际的虚空。”“有一批富有‘野心’的小说家，他们要进行的是——对虚空的虚构。”

卡夫卡是西方现代主义文学鼻祖，20世纪伟大的小说家之一，卡夫卡的作品大多用变形荒诞的形象和象征直觉的手法，“看见了”人类普遍的孤立和疏离，“看见了”人在世界的迷宫中找不到出路，“看见了”现代人迷惘、隔绝、绝望的处境，“看见了”我们每个人其实都处于这种困境之中。对于“现代人的困惑”而言，卡夫卡是一个先知和预言者。

作家龙应台在《文学——白杨树的湖中倒影》中说：

“文学提供了一种‘空’的可能，空，是另一种现实。我们平常看不见的、更贴近存在本质的现实。

“在生活里，我们通常只活在一个现实里头，就是岸上的白杨树那个层面，手可以摸到、眼睛可以看到的层面，而往往忽略了水里头那个‘空’的，那个随时千变万化的，那个与我们的心灵直接观照的倒影的层面。

“文学，只不过就是提醒我们，除了岸上的白杨树外，有另外一个世界可能更真实存在，就是湖水里头那白杨树的倒影。”

对“空”的想象给小说以空阔的空间，小说就在这一虚构中得以升华，获得了丰富的蕴含。

卡夫卡在小说发展史上的重大贡献正是重新处理了虚构与现实的关系，

这位现代派的宗师，对想象与真实边际的跨越是直截了当、不容分说的。《变形记》开篇即是如此："一天早晨，格里高尔·萨姆沙从不安的睡梦中醒来，发现自己躺在床上变成了一只巨大的甲虫………"北京大学吴晓东教授在《从卡夫卡到昆德拉》中说："他的小说与我们经历的世界都不像，但又太像了。""都不像"是因为超出常规的想象，"太像了"是因为其中有着"卡夫卡式"的隐喻。为什么把格里高尔变成甲虫，而不是其他？其中就有着丰富的蕴含：甲虫背负重重的壳，隐喻人背负沉重的压力，不堪重负；甲虫弱小无力，隐喻人的弱小怯懦；甲虫的多足特征，隐喻人的辛苦奔波；甲虫总是将身体缩到壳内保护自己，隐喻人试图逃避和对世界的恐惧；甲虫的壳除了保护之外也带来隔绝，隐喻人的隔阂乃至隔绝……人变甲虫的荒诞外衣下是对现代人处境最准确的描绘，甚至还能让每个人读出自己：每个人都背负着沉重的压力，上班族为生计奔波，一不小心沦为"房奴"；学生族为学习忙碌，一不小心沦为做题的"机器"、试卷的吞吐机。其实每个人何尝不像那只甲虫呢？还有，人一梦醒来就变成一只甲虫固然不可能，但这个开篇却揭示了人类共同的处境：人的命运就是这样充满了偶然性，人生有些悲剧就是突如其来、不可预料地发生了。

很多人以为小说的虚构与想象就是天马行空、无限驰骋，而作家毕飞宇在《小说课》中说："文学需要想象，想象需要勇气。想象和勇气自有它的遥远，但无论遥远有多遥远，遥远也有遥远的边界。"这一边界就是细节的真实和心理的真实。《变形记》的情节整体是"荒诞"的，但读来又令人觉得好像是真实的，荒诞的合理化主要来自以下方面：①叙述、描写的生活化与逼真化。小说中的细节非常真实，如格里高尔变成甲虫之后，他的行动符合甲虫的习性，写甲虫的所思所想，也符合格里高尔平时的言行逻辑。看似不真实的荒诞，由于细节所诱发的真实力量而显得实有其事；②荒诞情节引发的心理非常真实。一旦变成无利于人的包袱，就会丧失别人的关注与需要，最终走向死亡，这是现实中可以体验到的心理真实；③表面上这篇小说荒诞，实质指向社会的荒诞，荒诞背后是并不荒诞的情感表达。现代派的作品看上去是反逻辑、非理性的，但其实生活很多时候就是非逻辑的，现代派的写作恰恰是穿越了生活表层的事实，呈现了生活的本质，在虚构中抵达了对人真实生存境况的思考。卡夫卡作品整体上的荒诞是以细节的现实主义为前提的，看似最不真实的事情，由于细节所诱发的真实力量而显得实有其事，给予心灵极大的真实感。由此可见，虚构与想象在小说中需要：合乎细节真实，抵达心灵真实。评论家谢有顺说：“好的小说家往往能够把假的写成真的，所谓虚构，其实是一种达到更高的想象的真实。”《变形记》就像一则寓言，由此可以理解：更高的真实是超越客观真实的，是一种审美的真实、心灵的真实。虚构在《变形记》中的意义在于：创造审美世界，逼近生活本质，抵达心灵真实。

这里，我们还可以把同一专题之内的《促织》与《变形记》做一个比较。两篇小说中有一处情节异曲同工，即人变成虫，两者都有变形、荒诞、魔幻的成分，那么两者在想象与虚构的方法上是否一样？在意义上是否等同？

对于这一问题，需要结合两部作品具体的文学流派和文化传统等来进行分析。

《促织》虽然有人变虫的情节，但整体上仍是现实主义的笔法，其虚构是努力消除想象与现实的界限，让人信以为真。小说整体框架是真实的，注重完整的情节结构和具体的现实描绘，而魂化促织的情节则继承了我国古代志怪小说的传统，并无意间已隐约触及“异化”的主题，成名之子作为人的时候没有价值，魂化为促织却有了价值，让这个山穷水尽的倒霉人家否极泰来。促织原是玩物，而作品中人却成了可怜虫，任由促织来主宰自己的命运。小说借古讽今，客观地反映了现实，主旨在于讽谏统治者一举一动“皆关民命，不可忽也”，而一介小民的命运悲欢，也通过一只促织得到了折射。

现代主义的虚构，则认为生活本身就是荒诞、非逻辑的，小说不再是对生活、现实的某种反映，它是小说家的虚构与想象。因此，卡夫卡在《变形记》中一脚就跨越了虚构与现实的界限，整体框架是虚构的，而且用夸张、变形以至怪诞的手法，第一次有意识地集中深刻地揭示了现代社会中普遍的人成为“非人”、人被异化的现象，正因为卡夫卡在这方面具有开创性的意义，他才被奉为现代主义的鼻祖和宗师。小说中重点描绘了格里高尔变形之后的主观意识与内心世界，尤其是异化之后带来的悲哀感、灾难感、孤独感，格里高尔折射了每个现代人，表现了人类生存的普遍情绪、精神危机和现代性困境，从这个意义上说，《变形记》更预言了人类的命运。

所以《促织》和《变形记》的虚构与想象是现实主义与现代主义的差别，想象与虚构在现实主义与现代主义中是两种小说观、虚构观的不同：现实主义追求如镜面般地反射现实，整体真实，持反映论，真实反映生活和现实世界本身的图景；现代主义：超现实或荒诞的叙述方法，整体荒诞，持表现论，侧重“向内转”，开掘、表现心灵世界的图景。我们不能否认蒲松龄的伟大，但认为《促织》也有“异化”情节，中国古典小说已经提前抵达了西方现代主义文学的看法，是无视文学传统，忽视了两者的区别，因而也是不切实际的。

关于卡夫卡作品的主题，仁者见仁，智者见智，《变形记》自然也是如此：米兰·昆德拉认为“卡夫卡所有作品，都是表现人在外部世界的规定下显得无能为力”；有人认为，《变形记》揭示了人在现代社会中的异化，格里高尔为了生存而奔波，却无法在生活找到归宿感，社会、家庭、人伦都使他感到陌生，最终使他成为异己的存在物，被社会与家庭抛弃；有人认为，《变形记》表现了现代人的困境，人对突然降临的变故无能为力，人失去自我就濒于绝境；有人认为，《变形记》撕下了温情脉脉的家庭面纱，表现了现代社会中人与人之间日趋冷漠、冷酷的关系，“他人即地狱”，人无法从他人处获得温暖；还有人认为，《变形记》表现了无情的生活规律，人一旦失去可谋生的能力，无法有利于别人，就无异于一只甲虫，自然会被抛弃，家人需要重新开始自己的生活，存在就是合理。美国诗人、剧作家奥登的评价就顺理成章了：“卡夫卡对我们至关重要，因为他的困境就是现代人的困境。”《变形记》中的重负与变形、渺小与奔波、畏惧与隔绝、丧失与无奈、异化与扭曲等，正是关于现代人处境的关键词，现代主义作品“向内转”，表面的荒诞之下有深刻的心灵开掘。而且《变形记》这则寓言契合莫言在演讲中所说的：“好的文学不应该是清澈透明的，不应该只有一个标准答案，好的文学应该有其丰富性、复杂性、模糊性。它应该让每一个读者都可以从中看到自己、读出自己……”

同时小说叙述者对格里高尔的情感近乎冷漠，无动于衷。小说的叙述语调呈现出一种不动声色、不动感情、不加议论的平静、冷峻的语调。这种语调，一方面与小说中的其他人对格里高尔的情感态度相呼应，使得形式与内容紧密结合；另一方面这种平静给人一种司空见惯、习以为常的感受，语调的平静与故事的凄惨形成强烈的反差，这不由让人警醒：当可怕变得平庸时，平庸就成了更加可怕的事实，由此激发读者思索人的生存现状的深刻命题。

再来思考《变形记》的标题，因其寓言性，“变形”一词也意蕴丰富，至少包含三个层面的内容：①主人公格里高尔生理上的变形。他虽变形为甲虫，但内心依然保留着美好的人性，仍然为父母和妹妹操心，为家庭着急、分忧，充满了对亲人的关心、体贴之情。从这一层面说，格里高尔是虫形而“人”心。②当时社会人们心理上的变形。格里高尔形变而心未变，他的家人形未变却变了心。开始时家人对格里高尔还有所牵挂，但后来就变得十分冷漠，甚至要弄走他。亲人尚且如此，更何况陌生人？从这一层面说，当时的人们是人形而“虫”心。③“变形”还指这篇小说有别于传统的叙述方式和技巧，卡夫卡用变形、荒诞的形象和隐喻、象征的手法来表达对社会、人生的思考。

《变形记》已经成为经典，符合卡尔维诺的评说：“经典就是这样一些书，我们越是道听途说，以为我们懂了，而当我们实际读它们，我们就越觉得它们独特、意想不到和新颖。”“经典作品是一本永不耗尽它要向读者说的一切东西的书。”

阅读不尽的经典，咀嚼无尽的卡夫卡，《变形记》对于现代主义小说阅读而言，是一个开始。

总之，虚构和想象既是文学魅力的来源，也是文学打开多重意蕴空间的有效手段。好的文学想象，不仅体现了作家的创造力，而且从来不是脱离社会与历史的，是一种审美和历史的相遇。

参考文献

[1] 曹文轩.小说门[M].北京：人民文学出版社，2003.

[2] 吴晓东.从卡夫卡到昆德拉[M].北京：生活·读书·新知三联书店，2003.

[3] 吴晓东.二十世纪外国文学专题[M].北京：北京大学出版社，2002.

[4] 毕飞宇.小说课[M].北京：人民文学出版社，2017.

浙江省宁波中学　时剑波

《谏太宗十思疏》品读

魏徵（580—643年），字玄成，巨鹿曲城人，后迁居相州内黄（今河南省内黄县）。他是唐朝初年著名的政治家和历史学家。隋朝末年，为避乱，曾一度出家为道士。后参加李密的后隋起义军。李密失败后，他降唐，辅佐唐高祖李渊和唐太宗李世民。拜谏议大夫、检校侍中，领导周、隋各史的修撰工作。书成，拜迁左光禄大夫，封郑国公。魏徵先后上书二百多事，大多被唐太宗采纳。魏徵提倡“无面从退有后言”“爱而知其恶，憎而知其善”。建议太宗广开言路，认为“兼听则明，偏听则暗”。魏徵病卒后，唐太宗痛惜“遂亡一镜矣”。作有《隋书》的序论，《梁书》《陈书》《齐书》的总论，主编有《群书治要》，还有《魏郑公诗集》《魏郑公文集》等。言论散见于《贞观纪要》。

疏，是奏议文体的一种。奏议类文章是古代臣属进呈给皇帝的奏章的统称，包括奏、议、疏、表、对策等。《文章辨体序说》：“七国以前，皆称上书，秦初改书为奏。汉定礼仪，是有四品：一曰章，以谢恩；二曰奏，以按劾；三曰表，以陈情；四曰议，以执议。”疏，是分条陈述的意思。有名的“疏”类文章有《论贵粟疏》《谏逐客疏》《论积贮疏》等。根据刘勰《文心雕龙》的说法，“章以谢恩，奏以按劾，表以陈情，议以执异”。谢恩要不卑不亢，按劾要律令明白，陈情要言切意真，执异要事实充分，每一种奏疏的写作都很有难度。奏疏要让态度善变、心胸狭隘、心情偏执的皇帝听得进去，很需要花一番心思才能做到。

家国情怀，是一种源自内心的质朴情感，是每个人的立身之本。古往今来，“国家兴亡，匹夫有责”，众多仁人志士自觉承担匡世济民的责任，积极建言献策。他们忧国忧民，心怀天下，坚守道义，敢于担当，令后人敬仰不已，魏徵就是这样一位具有强烈家国情怀的直谏大臣，仅在《贞观政要》一书中就记载了他很多的建议和批评。《谏太宗十思疏》是魏徵这方面的代表作。

对于魏徵这篇奏疏，唐太宗非常重视，说它是“言穷切至”，使得自己“披览亡倦，每达宵分”。他还曾使用“载舟覆舟”的比喻来训诫太子。后来的一些君主，为了自己的统治长治久安，也经常拜读这篇奏疏，用以规诫自己。由此可见，这篇奏疏在封建时代的重要意义。《旧唐书》曾赞扬魏徵的奏疏“可为万代王者法”。刘煦等撰《旧唐书·魏徵传》曰：魏公“其匡过弼违，能近取譬，博约连类，皆前代诤臣之不至者。其实根于道义，发为律度，身正而心劲，上不负时主，下不阿权幸，中不侈亲族，外不为朋党，不以逢时改节，不以图位卖忠……可为万代王者法。前代诤臣，一人而已。”即使到了现代，文中“居安思危，戒奢以俭”等观点，也仍有值得我们借鉴的意义。

封建王朝皇权至高无上，没有监督机制，极易走向专权腐败，或者说没有监督的政权是极易走向腐败的政权。于是，像唐太宗这样明智的皇帝设置了专门的监督机构，选择一些御史大夫，时刻提醒自己，作为维持其统治长治久安的“灵丹妙药”。但这样的制度根本上还是要靠皇帝自身的觉悟来维系。当皇帝清醒谦虚的时候，还可以听听意见；当皇帝刚愎昏庸的时候，大臣的劝谏就不愿意听或者根本就听不进去了，这时，进谏者甚至有生命危险。因此，这篇奏疏有很强的现实针对性。唐太宗在取得巨大政绩之后，逐渐出现了骄傲自满、生活日趋奢靡的情况，奏疏指出了他“不念居安思危，戒奢以俭”“既得志则纵情以傲物”，不能做到“竭诚以待下”，必然导致“骨肉为行路”，最后致使至亲疏远，君臣分体，离心离德，难以守卫国家。这篇奏疏从头至尾，多用骈偶句，或相对为文，或排比论述，辞工文畅，音律和谐，铿锵成韵，读来如觉连珠滚动，文章一气呵成，论述步步为营，气势雄健有力，警示振聋发聩。不仅把“不念居安思危，戒奢以俭”的危害的道理讲得清清楚楚，而且对症下药，提出“良策”，即“十思”的详细措施，既目的明确，又实际可行，针对性很强。

唐太宗即位初期，也是唐朝建立初期，鉴于隋朝灭亡的原因，还能励精图治，国力倍增。但随着功业之成，生活逐渐变得奢靡，骄横自满，常有“喜闻顺旨之说”“不悦逆耳之言”之事。作为谏议大夫的魏徵以此为忧，多次上疏切谏，规劝唐太宗。文章先以比喻开篇，通过成败得失的比较推论，归结到“可畏惟人”，指出了争取人心的重要性。在这篇文章中，魏徵紧扣“思国之安者，必积其德义”，规劝唐太宗在政治上要慎始敬终，虚心纳下，赏罚公正；用人时要知人善任，简能择善；生活上要崇尚节俭，不轻用民力。《谏太宗十思疏》对当时历史条件下安邦治国的重要思想做了非常精辟的论述，其主题是提醒唐太宗要想使国家长治久安，君王必须努力积聚德义，具体提出了居安思危、戒奢以俭等十个建议，可谓写得语重心长，切谏深厚。

魏徵敢于直谏，在贞观年间先后上疏二百余道，强调“兼听则明，偏信则暗”，对唐太宗开创千古称颂的“贞观之治”起了重大作用。《谏太宗十思疏》主要是规劝唐太宗在取得“贞观之治”的成就以后，仍要牢记隋亡的教训，“居安思危，戒奢以俭”“善始”“克终”，以“积其德义”，使国家达到长治久安的局面。

文章第一段即开宗明义，用树木、河流作比，说明“居安思危，戒奢以俭”是保证国家长治久安的根本。第二段分析“取易守难”的道理，并从“在殷忧，必竭诚以待下，既得志，则纵情以傲物”入手，得出守成之君“所宜深慎”的结论，具有很强的逻辑性和说服力。第三段提出“十思”的具体内容。所谓“十思”，归纳起来，即知足自戒、戒奢安民、思危谦逊、反满思源、迷而思度、慎始善终、虚心纳言、拒邪黜奸、赏之有度、刑之戒怒。

第一段以“固本思源”为喻，说明“居安思危，戒奢以俭”的重要性。

“臣闻求木之长者，必固其根本；欲流之远者，必浚其泉源；思国之安者，必积其德义。源不深而望流之远，根不固而求木之长，德不厚而思国之安，虽在下愚，知其不可，而况于明哲乎？人君当神器之重，居域中之大，将崇极天之峻，永保无疆之休。不念居安思危，戒奢以俭，德不处其厚，情不胜其欲，斯亦伐根以求木茂，塞源而欲流长也。”

开篇“臣闻”两字，口气不卑不亢，正直正气，作者谏臣形象深入读者脑海。文章一开始并没有直接提出“十思”的具体内容，而是用“求木之长”“欲流之远”两个生动形象的比喻提出如何“思国之安”的论述。先从正面说，用比喻说理（“求木之长者，必固其根本；欲流之远者，必浚其泉源”）引出正题：“思国之安者，必积其德义。”三个排比句，两个做比喻，一个明事理，浅显易懂，不容置疑，易于接受。再从反面申述：“源不深而望流之远，根不固而求木之长，德不厚而望国之治，虽在下愚，知其不可，而况于明哲乎？”这样就加重了强调意味。反问的一句，表示肯定，肯定厚德对国治的重要性，语气略带有一种“挑衅”口吻，恰到好处地体现了“忠言逆耳”之妙。接着，进一步明确指出，“人君当神器之重”，可见地位之高；“永保无疆之休”，可谓责任之重大，但是如果“不念居安思危，戒奢以俭”，那么要想国家长治久安是不可能的，如同“伐根以求木茂，塞源而欲流长”一样荒诞。结尾处，又回到文章开头“木”与“水”的比喻，前后照应，又充分利用了比喻，结构严谨。

第二段总结历史经验，并从创业守成、人心向背等方面论述“居安思危”的道理。

“凡百元首，承天景命，莫不殷忧而道著，功成而德衰，有善始者实繁，能克终者盖寡。岂其取之易而守之难乎？昔取之而有余，今守之而不足，何也？夫在殷忧，必竭诚以待下，既得志则纵情以傲物；竭诚则吴、越为一体，傲物则骨肉为行路。虽董之以严刑，震之以威怒，终苟免而不怀仁，貌恭而不心服。怨不在大，可畏惟人；载舟覆舟，所宜深慎。奔车朽索，其可忽乎？”

开头“凡百元首，承天景命”因“殷忧而道著”“善始者实繁”，却因“德衰”而“克终者盖寡”，寥寥数语就概括了历代皇帝能创业不能守成的普遍现象，这虽说是历史规律，人之常情，但想要改变，想要“思国之安”，就必须以理性和克制去战胜它，而不是随意地挥霍。接下来，作者用“岂取之易而守之难乎”的反问和“取之而有余，今守之而不足，何也”的设疑，引出更为具体的分析论证，指出“殷忧”与“得志”的不同心态：殷忧，则竭诚待人；得志，则纵情傲物。而“竭诚则吴越为一体，傲物则骨肉为行路”，对人的态度不同，结果反差强烈，这也说明帝皇之业的成败在于能否“殷忧”、能否“竭诚”，即能否恭俭百姓、抛弃“傲物”的心态。如果失去了民心，即使“董之以严刑，震之以威怒”，即动用严刑也无济于事。“怨不在大，可畏惟人；载舟覆舟，所宜深慎”，这里借鉴古人的论述，将君和民的关系比作水与舟的关系，发人深省。事实也证明唐太宗对魏徵“载舟覆舟”的观点非常欣赏，在与群臣讨论国家治理问题时，曾多次加以引用和发挥。他在《论政体》一文中就说道：“君，舟也；人，水也；水能载舟，亦能覆舟。”因此，在“以民为本”思想引领下，魏徵辅佐太宗开创了中国封建史上辉煌的“贞观之治”。

第三段提出“居安思危”的具体做法，即“十思”。

“君人者，诚能见可欲，则思知足以自戒；将有作，则思知止以安人；念高危，则思谦冲而自牧；惧满溢，则思江海下百川；乐盘游，则思三驱以为度；忧懈怠，则思慎始而敬终；虑壅蔽，则思虚心以纳下；惧谗邪，则思正身以黜恶；恩所加，则思无因喜以谬赏；罚所及，则思无以怒而滥刑。总此十思，宏兹九德，简能而任之，择善而从之，则智者尽其谋，勇者竭其力，仁者播其惠，信者效其忠；文武争驰，君臣无事，可以尽豫游之乐，可以养松乔之寿，鸣琴垂拱，不言而化。何必劳神苦思，代下司职，役聪明之耳目，亏无为之大道哉？”

“十思”的核心内容是正己安人，但具体又有所侧重。“见可欲，则思知足以自戒；将有作，则思知止以安人”，这两条是戒奢侈，止欲望，如喜好器物美色，大兴土木，劳民伤财等行为，从而使百姓安定，不费劳力，安心从事生产。“念高危，则思谦冲而自牧；惧满盈，则思江海下百川”，这两条是戒骄戒躁，劝唐太宗要像梁公那样谦虚谨慎，自我控制，恪守职分，不骄不躁；像江河湖海一样虚怀若谷，从谏如流。“乐盘游，则思三驱以为度”，是劝唐太宗不要放纵自己的欲望，凡事持之有度，犹如孟子所说“数罟不入洿池；斧斤以时入山林”。“忧懈怠，则思慎始而敬终”，是劝唐太宗勤勉政事，处置谨慎，不要怠惰，人都会有惰性，但作为皇帝需时刻勤勉谨慎，善始善终，不可中途偏废，致使事情无法延续。“虑壅蔽，则思虚心以纳下”，是说“兼听则明”，劝太宗放下身段，虚心纳谏，广开言路，多听取臣下的意见和建议，以防小人的蒙蔽。“惧谗邪，则思正身以黜恶”，是说“偏听则暗”，劝太宗倾向直臣，不可听信小人的谗言，罢黜小人，从而使自己正气凛然。“恩所加，则思无因喜以谬赏；罚所及，则思无以怒而滥刑”，是说赏罚要按国家尺度实行，不能因为自己的喜怒哀乐而有所偏颇，总之，要做到赏罚分明，不偏不倚。“十思”就是十条劝诫，句句坦诚，字字惊心。文章最后从正面论述做到“十思”的好处，描绘出“垂拱而治”的政治理想。其中提到的“简能而任之，择善而从之”，即“用人”“纳谏”策略，实际上成为初唐的治国方略，开创了历史上有名的“贞观之治”。

这篇直言进谏、警示君主的奏疏，关注现实，善于思辨，体现出作者思维的缜密和表达技巧的高超。通过学习，围绕“倾听理性的声音”这一核心任务，领会作者观点及其现实针对性，把握其解决现实问题的理性思维方式，鉴赏文章的说理艺术，学会在辩证分析与合理推理的基础上进行理性判断，养成大胆质疑、缜密推断的批判性思维习惯。因此，《谏太宗十思疏》虽然只有短短的553字，却入选了萧统《文选》、胡楚材《古文观止》、徐中玉《古文鉴赏大辞典》、章倍恒《古文鉴赏辞典》等著名文选，就是因为它能够给后人议论文写作很多启示。

一是写作对象的针对性。魏徵生活在封建时代，所思所想都是站在封建统治者的立场上，时时处处维护着封建统治，其中固然有特定时代的阶级局限性，但是作为一个身居要职的官员，为了使唐王朝国泰民安，他表现出的高度的责任感、使命感以及政治家清醒的头脑和对时事敏锐的洞察力，无一不令人敬仰。《谏太宗十思疏》的上奏，正值繁荣的“贞观之治”时期，魏徵以其敏锐的眼光洞察到了唐太宗逐渐滋长的贪图享乐的思想，并且敢于犯颜直谏。所以，这篇奏疏是用来劝谏唐太宗的。这种写作对象的针对性，使《谏太宗十思疏》具有明确的写作目的性，无一不为“垂拱而治”的封建统治着想，使唐太宗乐于接受。既显示了魏徵对治理天下的深刻思考，也表现了他时时刻刻为唐太宗着想的忠诚赤心。

“十思疏”所陈述的内容紧扣“思国之安”与“积其德义”这一组关系，让“国安”这个宏大的主题、宽泛的话题，聚焦于相对狭小的“德义”，并进一步将“德义”细化为“自戒”“安人”“自牧”“纳下”等日常行为的各个方面，又从“可欲”“有作”“满溢”“懈怠”“壅蔽”等方面，揭示统治者容易出现的失德问题。文章既有经典议论文共有的“以理服人”，还有经典议论文很少具备的“以情感人”。貌似无礼的忠心耿耿，受到了唐太宗的高度重视，也得到了高度的评价：“贞观之后，尽心于我，献纳忠说，安国利人，成我今日之功业，为天下所称者，惟魏徵而已。古之名臣，何以加也。”

二是思考问题的全面性。魏徵在进谏时，有着清醒的头脑。他虽然知道唐太宗懂得“忠言逆耳利于行”，但在等级森严的封建时代，他没有因唐太宗对自己的赏识而得意忘形，仍是坚持一贯的谨言慎行。魏徵为了劝谏唐太宗克服贪图享乐的思想，时刻都没有忘记唐太宗与自己的主仆、君臣关系，在文中称自己“下愚”，尊称唐太宗为“明哲”，表明自己观点说“臣闻”，而不是“臣以为”。这些思考，可谓是晓之以理，表意委婉而又通达，合情又合理，如果魏徵恃宠骄横，连帝皇都不放在眼里，那么，即使他心再诚，也不会有好下场，最终只能落得身首异处。还有，“十思”的内容涉及皇帝治国兴邦的十个问题。从生活到政治，从个人欲望到品德修养，循循善诱，凡存在的主要问题作者全都考虑到了。不但指出问题，而且提出解决问题的办法，真是面面俱到，煞费苦心。考虑问题的全面性也是思维发展和提升的一个重要内容，这篇文章给我们提供了很好的样本，可以在效仿中精进，在精进中提升。

三是分条论述的有序性。魏徵以敢于直言进谏著称，而本文又意在劝唐太宗，积其德义居安思危，戒奢以俭。为此，作者反复申述论说。先说明“居安思危，戒奢以俭”的重要性，深入浅出；继以历史经验证之，说明德义的有无关乎人心向背和政权安危，振聋发聩；再以具体做法结之，指明实现理想政治的正确途径，语重心长。先深入浅出分析“思”之重要而后提“十思”，易为对方接受。还有，“见可欲”“将有作”“念高危”“惧满溢”“乐盘游”“忧懈怠”“虑壅蔽”“惧谗邪”“恩所及”等劝谏内容，层层推进，排列井然，多而不乱，恰到好处。尤其是，作为文章主体的“十思”的内容和方法，魏徵点到为止，不做具体的层层展开。为何要“十思”，魏徵用了整整两个小节。其合理性在于，用整整两个小节陈述“十思”的原因，是引起唐太宗的注意；只用一个小节概括“十思”的内容和方法，避免絮絮叨叨、指指点点，避免了唐太宗的不快和猜疑。

四是论证过程的巧妙性。本文所运用的论证方法主要是比喻论证和对比论证。文中用了大量生动的比喻，借以阐发治国安民的思想，言简意赅，具有很强的说服力。例如，文章开篇谈论治国要注重“积其德义”这一根本原则时，从两个方面比喻论证，即“木之长者，必固其根本”和“流之远者，必浚其泉源”。“固其根本”是树木长得高的必要条件，而“浚其泉源”，也是流水流得长远的前提，运用自然中的现象来比治国的原则，浅显易懂而又生动形象。同样，魏徵以水可以载舟也可以覆舟来比喻人民的力量的重要性，至今还为人们传颂。

文中正反对比论证，增强了说服力。正反对比论证集中在一、二自然段，如“求木之长者，必固其根本”，而从反面来说“根不固而求木之长”“知其不可”，因此，根本与木之长的关系自然而然被人们接受了。再有，第二段中引用历史的教训来劝谏唐太宗时也注意了正反对比论证，“善始者实繁，克终者盖寡”一繁一寡，最能触动皇帝之心，即使不再提具体的例子，唐太宗也会引以为戒。

五是结构章法的委婉性。魏徵的这篇奏疏，巧在结构上回环，情绪上婉转，语言上恳切。劝唐太宗“十思”，不是开门见山，单刀直入，而是以“比喻”开始。“求木之长者，必固其根本；欲流之远者，必浚其泉源；思国之安者，必积其德义”，以“木之长”“流之远”比喻“国之安”，以“根本”“泉源”比喻“德义”，非但比喻恰当，而且逐渐抓住了皇帝的心情，聚焦了皇帝的视野。每个皇帝，哪怕最昏庸的皇帝，都希望“德之厚、国之安”。这样，他未必能够载入史册，至少可以延长自己声色犬马、纸醉金迷的生活。

“德义”一词已经亮明，本来可以写把“德义”具体化的“十思”，表明核心内容了，魏徵却不慌不忙，宕开一笔：“源不深而望流之远，根不固而求木之长，德不厚而思国之安，虽在下愚，知其不可，而况于明哲乎？”一写德义缺失的危害是不能“国之安”，从反面再次引起唐太宗对“德义”的重视；二写魏徵心目中的唐太宗形象是“明哲”，又聪明，又睿智。这是奏疏的技巧：不触怒帝王，才有可能让帝王心平气和地看完自己的奏疏，心平气和地判断奏疏是否合理、是否可行。“明哲”这一沉甸甸的词语，又是含蓄的提醒：唐太宗的聪明睿智在逐渐消失，所以，魏徵要以“十思”奏疏引起唐太宗的警觉。到此处，唐太宗应该是很急切地想看魏徵“十思”的具体内容，魏徵偏不说，继续以委婉之语陈述“德义”与“人君”的关系：“人君当神器之重，居域中之大，将崇极天之峻，永保无疆之休。不念居安思危，戒奢以俭，德不处其厚，情不胜其欲，斯亦伐根以求木茂，塞源而欲流长也。”人君希望“永保无疆之休”，如果“不念居安思危，戒奢以俭，德不处其厚，情不胜其欲”，就是“伐根以求木茂”“塞源而欲流长”的荒唐行为，是典型的白日做梦。奏疏到这里，“居安思危”“戒奢以俭”等核心内容就非常合理地显现出来了。以第二小节的历史教训为进一步的论据，魏徵为第三小节“十思”的亮相做足了准备：一是让皇帝心情舒畅而不是愤怒地看奏疏，引导他反思自己的行为，思考国家的未来；二是让皇帝了解这本奏疏作者的忠心和苦心，为从谏如流奠定基础。

六是语言表达的变化性。整篇文章，句式上骈散互用。“求木之长者，必固其根本；欲流之远者，必浚其泉源；思国之安者，必积其德义。源不深而望流之远，根不固而求木之长，德不厚而思国之安”等句子，上下句结构相同，句式一致、字数相同，构成排比，一气呵成，整饬明快，气势磅礴，铿锵有力，不容置疑。这既是中国语言特有的音节美、韵律美、建筑美，也是魏徵坚决态度的表达。这种骈体，受汉朝赋体的影响非常明显。“虽在下愚，知其不可，而况于明哲乎？”“何必劳神苦思，代下司职，役聪明之耳目，亏无为之大道哉？”等散句紧跟骈句。这种句子则长短不一，结构不同，舒缓了语气，增加了语言的变化之美，体现了魏徵对唐太宗的隐隐期待。

正是因为《谏太宗十思疏》里面有丰富的哲理和内涵，有高超的劝谏和思辨艺术，才使得唐太宗能够虚心求谏、纳谏，改正了自己的过失。在唐太宗执政的贞观年间，人口增长，生产发展，经济繁荣，国家富强，社会安定，边境安宁。贞观十七年（643年），魏徵病逝，唐太宗十分悲痛，流着泪说："以铜为镜，可以正衣冠；以古为镜，可以知兴替；以人为镜，可以明得失。魏徵没，朕亡一镜矣！"举行葬礼时，唐太宗登上御苑中的西楼，哭得极为哀痛，并吟诗一首，寄托他对魏徵的哀思："劲条逢霜摧美质，召星失位夭良臣；唯当掩泣方召上，空对余形无复人。"

"读史使人明智，鉴以往而知未来。"千百年后的今天，我们学习《谏太宗十思疏》，不仅应体味它高超的劝谏艺术和哲学思辨，还应从字里行间去感受一代谏臣魏徵为国家的长治久安而敢于直谏的高度责任感、使命感。愿生活在新时代的每一个中国人都能满怀家国情怀，尽心竭力，为中华民族的伟大复兴贡献自己的智慧和力量。

浙江省诸暨市学勉中学　金建永

《阿房宫赋》的微观视角

在高中语文的必修教材中，《阿房宫赋》算得上一篇经典佳作，文章不仅言语铺陈雄健，还展现出了恢宏的画面感，更是透过微观视角将秦朝灭亡的道理讲得入木三分，为世人所不及。对于历史而言，阿房宫是块警戒之碑；对于秦始皇而言，阿房宫又是块功绩之碑。秦国统治者就是要通过阿房宫“覆压三百余里”的规模，显示他灭六国的伟绩；通过“妃嫔媵嫱，王子皇孙，辞楼下殿，辇来于秦”的壮举，炫耀他对人的控制欲。而在这一大排场的背后，作者又用微观化的结构、措辞、修饰，将帝王的梦想与业绩、贪婪与骄奢展现得淋漓尽致，让读者在字里行间感悟一个朝代留下的血的教训。

其实，针对秦与六国成败兴亡的议论，我们所熟悉的经典篇目还有《六国论》与《过秦论》。苏洵的《六国论》更多的是把注意力放在六国破灭原因的探讨上，而对于秦国灭亡的原因并没有涉及。在分析六国破灭的原因是“赂秦”这一观点的过程中，作者也是以总结性的语言勾画了“赂者”和“不赂者”各自的行为，其中必然存在复杂的差异和盘根错节的关联，作者显然难以做到深入到微观层面进行透视。贾谊的《过秦论》与《阿房宫赋》有很多相似之处，在语言上也是气势充沛，大肆铺陈，一气呵成，清人姚鼐在《古文辞类纂》中评它为“雄骏宏肆”，近人吴闿生在《古文范》的夹批中评它“通篇一气贯注，如一笔书，大开大阖”。《阿房宫赋》亦是如此，全篇以四字短句为主，讲究对仗排比，又兼容夸张比喻，如同一幅巨画，又如同阿房宫建筑本身，宏壮巨丽，驰骋上下。但两者又有不同，《过秦论》虽言秦之过错在于“仁义不施而攻守之势异也”，但全文以秦孝公落笔，从秦之兴起讲起，洋洋洒洒，将秦朝统一大业娓娓道来。如果文章有十分气势，八分都在秦之一统上，唯有两分在仁义不施导致天下叛乱上。当然，这样未尝不可，这种巨大的差异也可以让读者深切感受到仁义缺乏导致的恶果，但总感觉对于秦朝灭亡的原因剖析不够深刻。这种印象同时也来自对秦朝灭亡剖析的语言过于笼统化，用排比代替了深入，用举例对比代替了微观透视。所以，文章读来虽然气势豪迈，但对于部分读者而言，读完之后虽荡气回肠，但缺乏深刻印象与深入感知。而《阿房宫赋》恰恰弥补了这方面的不足，从微观之处着手，将秦朝灭亡的原因剖析得入木三分。

《阿房宫赋》没有从方方面面去剖析秦朝为何兴盛一统，为何最后又遭到灭亡，也没有花什么笔墨去把秦朝与六国进行各种方面的对比，从而试图得出结论，可以说，《阿房宫赋》的切入点很小，只是在刻画阿房宫这座建筑，从一座建筑本身去微观影射秦朝统治者在一统之后所形成的独夫之心，变得穷奢极欲。同时，也是通过对阿房宫建筑内外的描写，让我们看到了秦朝对自然资源的浪费，对天下珍宝的浪费，对天下之人的浪费，可以说是视角虽微观，但格局境界宏大。而在这些浪费中，作者又聚焦于对人的浪费，特别是对阿房宫中宫女的描写，让人感触尤深。我们知道，在古代社会中，女子地位低下，社会赋予女子的功能更多是繁衍后代，唯有人的大量繁殖方能使一个国家人口得以不断增长，而人口增长就是冷兵器时代国家国力强盛的最基本的保证。可是在阿房宫中，那么多女子被拘束于此，终日无所事事，只能终其一生来等待君王的临幸，到头来，还是青春耗尽、空老一生。这就是对人的最大的浪费，这浪费的背后是一个统治者的无尽贪欲，结果只能是自取灭亡。这种微观的切入视角或许是杜牧的擅长之处，他在诗歌作品《过华清宫绝句三首·其一》中也运用了这种微观切入的手法，借一骑快马如同十万里加急一般运送荔枝的画面，让我们感受到唐王朝统治者为博得妃子一笑而造成的人力财力的浪费。这种微观视角切入的描写读来不仅让读者印象深刻、会意一笑，而且远比空洞说理有感染力、说服力。

从行文思路上看，文章开篇从阿房宫切入，开始描写阿房宫，在描写的过程中，作者同样以微观视角去定格一些镜头，在内容的描写过程中微观细致。文章开篇12个字就如同拔地而起的阿房宫，音节紧凑，气势不凡，达到了先声夺人的效果。它既写出了秦始皇一统天下的豪迈气概，也写出了阿房宫兴建营造的非同凡响，语言简练到不能删削分毫的程度，笔力千钧。正如当代文艺批评家霍松林先生评《阿房宫赋》前十二字时说："起势雄健，于叙事中寓褒贬，为此后的许多文字埋下根子……"接下来从建筑走向到局部微观，我们似乎正在紧跟着一台摄像机不断细致入微地拍摄着阿房宫的雄伟壮观。那种凌云蔽日的宏伟气势，那种依山就水、巧夺天工的气派，那种曲折回环、气候不齐的庞杂一一映入眼帘。读完第一段，阿房宫的宏大雄伟绝不是一种抽象的概念，而是一种可触可感的震撼。这就源于杜牧微观化的细节描写，甚至微观到廊腰、檐牙这些建筑一角，让我们深深感受到阿房宫建筑之奢华，也正验证了开头所谓的“蜀山兀，阿房出”一句。

紧接着，笔墨又落到由外在建筑到内部宫女与珍宝的描写上，作者一口气用了“明星荧荧，开妆镜也”等六组排比句式，微观透视了众多的宫女一大早就开始梳妆打扮、内心渴盼的外在行为与内心世界，而“缦立远视，而望幸焉”又是何等的无奈与凄惨。笔墨不可谓不繁，视角不可谓不深，关注不可谓不细。细想，这就是杜牧的高明远见之处，历代文人感慨朝代兴衰，大多是从统治者与百姓这鲜明的双方来琢磨，写到百姓悲惨也更多只是关注外在，很少深入内心世界。而这里我们分明可以感受到这些宫女将大好年华赋予无尽的等待，大有“梨园弟子白发新，椒房阿监青娥老”的时光蹉跎之感，也侧面揭示了秦始皇生活的骄奢淫逸。人都如此，何况于物，所以由写人的被欺辱转而写物的被践踏。在这里，原来六国珍藏的玉石金鼎，像土块、铁锅一样堆弃着，“秦人视之，亦不甚惜”。

第三段由描写转入议论，凸显作者本意。六组“多于”的排比分别从阿房宫六处建筑局部进行微观对比，暗讽统治者一心大兴土木、铺张浪费而忽视对百姓民生的关注。“戍卒叫，函谷举，楚人一炬，可怜焦土”一句亦是从微观历史事件交代秦朝灭亡。如此行文，如长江流水，倾泻而下，兴亡之感慨便油然而生。在如流水的行文中，这些微观的内容刻画便是一朵朵翻天巨浪，推动着江河奔涌不息，甚是壮观。

当然，这种一泻千里的气势，除了内在文意的推动外，还源于语言句式的一致性。文章基本由四字短语构成，保持了节奏的连贯流畅，但我们不难发现，中间偶尔掺杂其他字数的短语，初看以为起参差交错作用，但细读却能发现大有深意。其中最为鲜明的是三字短语的出现，一次在开篇呈现，一次在“戍卒叫，函谷举，楚人一炬，可怜焦土”一句中。首先是开篇“六王毕，四海一，蜀山兀，阿房出”一句可谓精彩，它不顾全文以四字短语为主的句式形式，在此突兀显现，为的就是凸显气势，引领秦朝灭亡六国后无与伦比的兴盛之状。我们细细品味，从气势这个角度来说，四字短语相对讲究对仗或节奏，气势也就相应减弱，而三字短语读来更加铿锵有力，气冲云霄。这四个三字短语的着力点往往又是在最后一个字上，分别呈现出“仄”“平”“仄”“平”的音调，自然就产生大起大落、气贯山河之感。

“毕”气息强而短暂，感觉有六国被瞬间扫灭干净的豪迈；“一”气息强而绵长，有种俯瞰河山而无尽自豪之感；“兀”气息强而短暂，有种阿房宫兴建代价之大的残酷；“出”气息强而嘹亮，一种惊叹之味流露而出。在这四个三字短语的引领下，下文的四字短语方可徐徐展开，阿房宫具体画像方才徐徐出现在眼前。同时，由于古人行文不加句读，这十二个字中表达的情感韵味同样值得我们去微观化品味。“六王毕”一句到底是表现出秦王霸业终成的豪迈还是百姓奔走相告的雀跃，抑或是难以置信的反问，其实都可以理解，也可以相应加上各自的标点；“蜀山兀”三字背后更多表达的是百姓的无比震惊还是对一座建筑要如此耗费的不可思议，同样值得学生去想象；“阿房出”三字表达的是对秦朝铺张浪费行为的严厉谴责更多还是对这种行为产生的深深失望更多，也同样留出了细微差异的比较空间。如此解读，如此微观化品味，不仅给教师留出了多样化的教学空间，也给学生留下了多元化思考的余地。另一处三字短语“戍卒叫，函谷举”位于文章后半部分，在总结性议论之前，描写的是秦王朝最后遭到天下人反抗并被推翻的结局。如果说第一次出现的三字短语是起引领秦朝兴盛的描写，那么这里第二次出现的三字短语便是总结秦之衰亡的标志，同时也由秦之议论过渡到全文总结性的申明观点。所以这两处的三字短语在全文的微观结构中都起到相当重要的作用。除了这两处三字短语外，文章也偶然穿插几处五字、六字、七字短语，对于这些，作者显然没有刻意安排，也无须为了四字短语的完整性而视这些地方为败笔，无非都是因气所发，气之所至，言之所至，不受限制，反而读来情感起伏，有种跌宕之感，而非刻意雕琢。这种借句式的微观变化去传达作者深意、去暗示结构变化的方法的确是文章一大潜在特色。

此外，无论是《过秦论》还是《阿房宫赋》，在营造行文铺陈之势时，都少不了借助各种修辞。有人统计，《阿房宫赋》全篇500余字，却有比喻23处，夸张28处，而比喻也好夸张也罢，又都是以排比的方式表现出来。例如，“明星荧荧，开妆镜也。绿云扰扰……辘辘远听，杳不知其所之也”一段中，用明星之光来比喻妆镜之光，用绿云之美来比喻乌发之美，用雷鸣指宫车，都是典型的比喻应用，而像其中的形容词，如荧荧、扰扰等，又含有夸张的意味。大量比喻的应用使读者从自己所熟知的事物中去联想自己所不熟悉的事物，从而感受到阿房宫的具体形象特点；而大量夸张的运用，又让读者在头脑中形成非常鲜明的印象，心中产生强烈的感慨，与作者的情感观点产生共鸣；而排比的应用，则使比喻和夸张从散漫走向整齐，和作者的思想节奏统一起来。在这些之外，叠词、反问、对比等修辞手法掺杂其间，自然使得文章如水上蛟龙，势不可当。对于这些统计是否准确，我们可以先置之不理，但对于其中某些地方的修辞之精妙，我们却可以进行微观，好好赏析或辨析。

首先，“蜂房水涡”这对比喻特别形象。看过蜂房水涡的都知道，多数蜂房都是圆盘状，水涡亦然。蜂房内部其实还有很多排列整齐的六角形小孔，十分密集；水涡也是呈螺旋之状向中心盘旋，特点是曲折。而这里交代阿房宫中建筑盘山而建，五步一楼，十步一阁，就是言其曲且多。但是这两个喻体本身又有区分，根据喻体原本的特征，蜂房应该言建筑之密，水涡应该言建筑之曲，对这种区别在教材并没有详加说明，只是笼统注释说明建筑“盘旋屈曲”，这不利于对修辞的微观赏析。再看下文紧承“长桥卧波，未云何龙？复道行空，不霁何虹”一句，比喻本身并没有特别之处，但表达的顺序却让人意外。我们使用修辞一般会直言“长桥如龙，复道似虹”，这样就过于平淡。文章不仅用暗喻形式，而且兼反问语气，除了画面之感外，还流露出惊奇之感，将浓烈的抒情色彩涂抹在客观描写之上。而下一句“歌台暖响，春光融融；舞殿冷袖，风雨凄凄”到底如何算是正解，历来争议纷纷，没有定论。教材注释为了避免不必要的麻烦，也是含糊其词，进行意译，并没有落实到重点字词上。笔者认为，我们可以参考《过秦论》中“云集响应”的“响”，是活用为状语，像回声一样，整句话是说反抗秦朝之人像云一样汇集，像回声一般纷纷响应。因此，“响”完全可以解释为“回响”。按照这样理解，“歌台暖响”应该调整为“歌台响暖”，也就是说歌声飘荡，在大殿上所形成的回响使人产生暖意，而下文的“舞殿冷袖”其实是“舞殿袖冷”，大殿上舞女长袖纷飞，形成了一阵冷风。如此，上下文结构便完全一致，也符合我们的生活场景与感受。

在下一段描写阿房宫中宫女的时候，几组比喻同样需要我们去微观赏析。“明星荧荧，开妆镜也；绿云扰扰，梳晓鬟也”中，作者特意将喻体置前，本体放后，我想也有一定用意。“明星”指的是天上的星星，既交代宫女之多，也暗示她们起来梳妆打扮的时间之早；“绿云”就是“青云”，用云来比喻乌黑浓密的秀发。是什么在阿房宫中闪亮一片，为何又会有乌云在阿房宫中纷纷浮动？原来是年轻美丽的宫女正在对镜打扮，梳理头发。如此，故意设置悬念，有一种一惊一悟之感，同时也可以看出作者要通过前置的两个喻体来表达宫女之多，暗含上文所讲到的统治者对人的浪费这种情况的极大讽刺，这种讽刺是两个本体所体现不出来的。

除了以上比喻和通感两种修辞外，个人感觉第三自然段六个“多于”的句子也需要我们去进行微观透视，而不是一笔带过。其实很多时候，无论是教师还是学生，读到第三自然段时，只是笼统感受到杜牧在总结性铺陈秦朝的纷奢，对于前后句之间的逻辑关系并没有去微观化地考究理解。如果我们不去微观这几句的逻辑关系，其实对于作者的深意就没有完全把握，对文本的解读也不够深刻。第一句“一人之心，千万人之心也”，紧承前文，说的是秦王有如此贪欲和私心，天下的每一个人其实都有私心和欲望，他们都希望私心得以满足，欲望得以实现。“秦爱纷奢，人亦念其家”，秦王有纷奢的欲望，而老百姓的欲望与私心就是希望战后能够改善生活，得以重归家园，与家人相守，自己的家庭最好能够富足。“奈何……”句，是说为何秦朝统治者不能明白百姓之心，不懂得珍惜，而要如此搜刮殆尽。如此，前后几句话步步推进，形成逻辑。其实，在“奈何……多于市人之言语”这几句话中，共出现六个“多于”，构成排比，对这组排比细细微观，可发现其同样具有一定的逻辑顺序。而且从修辞的角度去考虑的话，这组排比虽有夸张之味道，但细细想来，难道不可以看作写实之句吗？因为夸张会削弱秦朝奢侈浪费的程度，也会削弱对秦朝这些作为的批判力度，而写实，才会让人触目惊心。那么这种具有写实效果的逻辑性是如何体现出来的呢？首先是“使负栋之柱，多于南亩之农夫”，我们可以结合开篇“蜀山兀，阿房出”，让学生想象伐尽蜀山及秦陇之山木的情景，这项浩大的工程需要多少民力啊。再加上运送伐木过蜀道，我们知道蜀道之难难于上青天，这又需要多少民力呢？况且还要修建阿房宫，肯定又是一批民力。那么这些民力从哪里来？当然全是抽调田亩上的百姓农夫而来。如此算来，农夫之数目或许真就比不上“负栋之柱”。农夫被抽调，荒废的田地谁来耕种，只能是原本在布机上织布的妇女，她们一旦耕种，织布工女的数量又会大量减少，势必造成“架梁之椽，多于机上之工女”。但妇女耕地，效果肯定不如男子，正如古诗中所描写的“纵有健妇把锄犁，禾生陇亩无东西”，辛苦一年，很有可能收获甚少，这又必然造成粮食产量的直线下降，粟粒之数，或许真就比不上阿房宫建筑中的磷磷钉头。另一边，妇女都去耕地，织布的人少了，最后产出的帛缕也自然会变少，于是就有“瓦缝参差，多于周身之帛缕”的严重后果。可惜统治者并没有重视这些民生问题，他们只知道一心抽调壮丁修建阿房宫，甚至连战争中被摧毁破坏的城池都来不及整修，再加上百姓连温饱问题都无法解决，所以完整的城郭慢慢也就减少了。就这样，统治者整日沉溺于娱乐挥霍之中，但因为有一颗“独夫”之心，又不许百姓非议，于是就拿刑罚惩戒那些议政的百姓，百姓自然就敢怒而不敢言，言语也就少了，出现了“管弦呕哑，多于市人之言语”的局面。如此看来，这六句话层层递进，与阿房宫的雄伟形成对照，与统治者的穷奢极欲形成鲜明对比，与其说是夸张，还不如以写实看待更好。

我们往往还有这样的经验，在解读文本的过程中，最好能通过一些字词去剖析文本深层蕴含，去体会作者情感，正所谓“微言大义”，《阿房宫赋》中也不乏这类字词，但这里，笔者想选取几个不大被人重视的字词进行微观解析。首先，我们发现，文言文中总会出现大量虚词，像《阿房宫赋》第二节中，从“明星荧荧”到“杳不知其所之也”，一共出现六个“也”，细细咀嚼，我们会发现这六个“也”情感是有差异的。前两个“也”写的是宫女早上梳妆打扮，应是精心而忙碌的；中间两个“也”写的是宫女为迎驾所做的进一步的准备，心情该是激动而期许的；到了最后两个“也”，我们分明可以感受到宫女听到宫车由远至近再由近到远时从惊喜变成失望的情感变化，这种变化周而复始，对于她们造成了极大的心理打击和精神折磨。我相信，作者杜牧在设置这六个“也”时也一定暗含了自己的情感与心境。同样是“也”这个虚词，在最后一节中，它与“……者……也，非……也”组成特定句式。在这种判断句中，我们常常告诉学生，只要把“也”当作普通的判断标志去对待就可以了，以致我们又忽视了其中的情感作用。“呜呼”二字，说明作者蕴含着极大的情感，到底是什么情感呢？接下去的两个肯定判断，其实有着一种惋惜喟叹之情，我们不要以为六国是被秦国所灭，秦国是被天下人所灭啊，他们其实都是咎由自取，自己害了自己啊！为了强化这种情感，作者又用两个“非……也”的否定判断，这更像是一种毋庸置疑的反驳，这些国家不修德政，所以乱由内起，无关于外。我们无须同情秦国，也无须同情六国，从本质上讲，他们是一丘之貉，秦王一人之心折射出来的其实也是六国之贪心。这种通过虚词去联想品味，其实需要一种微观的精神，需要我们静下心来去再三咀嚼，当然，最后呈现出来的效果也不要求完全一致，所谓见仁见智而已。

秉持着这种微观字词的态度，我们还可以琢磨一下《阿房宫中》中的“缦”字。“缦”在全篇出现过两次，一次是“廊腰缦回，檐牙高啄”，一次是“一肌一容，尽态极妍，缦立远视，而望幸焉。有不见者，三十六年”。客观来讲，文章注释对于这两个“缦”的解释都不太妥当。“廊腰缦回”，课文中直接解释为“走廊萦绕曲折。廊腰，连接高大建筑物的走廊，好像人的腰部。缦，萦绕。回，曲折。”我觉得，编者在注释时一定要注意对该词的语义进行恰当的转化，不仅要抓住文言词义注释之“雅”，也要抓住文言词义注释之“直”，要让学生知道词义是如何由“直”到“雅”转化得来的。缦，根据偏旁，应与丝织品有关，所以解释为“像丝绸一般回环萦绕”更为准确，而“回”的意思同“缦”近似，也有曲折的味道。为了句式结构的对仗，这里形成重叠之感。而这里的“廊腰”其实应该是“腰廊”的倒置，与下一句“檐牙”对仗。“腰”在这里是名词活用为状语来修饰“廊”的，所谓“廊腰缦回”实际上是“腰廊缦回”，整句话的意思是像女人腰身一样的走廊，如丝绸般回环萦绕。无论是“腰”还是“缦”“回”都是为了突出“廊”的曲折美，从而写出阿房宫建筑的壮美。这种为了形成音韵与对仗之美的倒装其实在古文中经常出现，我们要学会鉴赏。如此，学生自然就明白了“缦”在这里的准确含义。同样的道理，在“一肌一容，尽态极妍，缦立远视，而望幸焉”一句中，“缦立”二字，无论是在苏教版中还是新编的人教版新教材中，无一例外都解释为“久立”。这会让很多学生产生这样的疑问，“缦立”怎么会是“久立”的意思呢？这两个词从表面上看似乎并没有什么紧密的关联。其实，要理解“缦立”关键还是在于“缦”字。这一句话的意思是姿容娇媚的秦宫女子望穿秋水般地等待秦王的来临。我们去翻阅《古汉语常用字典》时，“缦”字的确有丝织品的解释，但准确讲，是“无花纹的丝织品”。在《说文解字》里，对“缦”也解释为“缦，缯无文也”。而这种意思跟宫女的等待有何关系？跟“久立”又有何关联呢？其实我们可以带着这种解释先反过来再看“廊腰缦回”一句，这一个“缦”字，不仅是以“缦”来描绘阿房宫建筑回环萦绕的形态，也是在交代走廊的颜色单调，这种单调的颜色往往会显得庄重，更加让人感受到阿房宫的磅礴气势。联系上下文的语境，“辘辘远听，杳不知其所之也”和“有不见者，三十六年”，说明从六国搜集来的秦宫女子每天待在这里，一心盼望见到秦王，但是大多数可能终其整个青春都无法见秦王一面，更别说被秦王宠幸了。上文讲过，这种把人当作物品的做法，对人的浪费与折磨，更加显现秦国的铺张浪费，其最终的灭亡早已埋下铺垫。所以，此处的“缦立”在“立”前着一“缦”字有两层含义：其一是与上文“一肌一容，尽态极妍”相呼应，写宫女腰身如丝织品一般婀娜多姿，是以简练之笔写其站立姿态之美；其二是通过服饰色彩单一的描写来反映“妃嫔媵嫱”的生存状态。曾经是穿着华丽衣裳、集万千宠爱于一身的“妃嫔媵嫱”，被秦王掳掠到秦王室后，除了没有得到秦王的宠幸外，也被剥夺了物质上应有的待遇，精神空白，生活也无一点色彩。“缦立远视，而望幸焉。有不得见者，三十六年”，物质上被剥夺，精神层面的无情打击与挤压使得她们丧失了人的基本诉求，正是在这样的双重打击下，她们才望眼欲穿又麻木地长久站立在那儿。我想，这样的翻译更能深入文本，让学生感受到文章的主旨，也符合前后文一脉相承的思想内容。所以，我们去微观文本时，有时对于牵强的文本注释也可以质疑，或许会有不一样的阅读体验。

或许有人会说，如此咬文嚼字影响了文章气势，但个人认为，唯有微观文本，方能了解作者“气”之所在，看到文章“势”之所趋，才算不愧对这样一篇文化瑰宝。

浙江省仙居县城峰中学　蔡湖海

文格　人格　楼格
——杜甫《登岳阳楼》教学例谈

杜甫是“我国现实主义”诗人，被后人称为“诗圣”，诗风沉郁顿挫，忧国忧民，其诗被誉为“诗史”。《登岳阳楼》为杜甫晚年创作，是一首内涵丰富的五律诗，被称为“盛唐五律第一诗”。笔者尝试从“显象”出发，从时间之象、空间之象、人物之象的角度探究《登岳阳楼》这首诗的文格，即杜甫是无论如何穷困潦倒都要心系天下，为国家担心！站在“仁者爱人”的思想角度，探究杜甫的人格，分析诗中所体现的博大儒者情怀。岳阳楼是诗文楼，从诗文的角度探究岳阳楼的楼格：从宗教精神上看，以“儒家”立楼；从表现内涵上看，以“志”立楼；从人文心态上看，是“入世”之楼。

一、文格

诗的语言密码就是意象。从创作过程来看，诗歌是诗人观物取象、立象传意、依象成言的结果，是将一个无限包容于有限的过程；从鉴赏过程来看，鉴赏是读者依言成象、辨象会意、得意忘言的过程，是通过有限走向无限的过程。得诗歌之意须先通过显象还原，北大教授谢冕先生用了一个很形象的词——“泡”，这种思维方式叫意象思维，是中国诗歌独特的审美感知方式。诗其实是对欣赏水平要求最高的体裁，要欣赏诗的美，要有对意象“解压缩”的能力。

解读杜甫的《登岳阳楼》时，就可以从以下意象入手：时间之象，如“今”“昔”等；空间之象，如“洞庭水”“岳阳楼”“吴楚”“乾坤”“关山”等；人物之象，如“孤舟”等。

1. 时间之象

诗的首联以“昔”“今”这样的时间意象一对而起，形成了时间的一条线，给读者穿越时空的快节奏感，也不可抑制地表达着杜甫内心夙愿得偿的欢欣之情，并为下句蓄足气势。“昔闻”意为慕名已久、向往之久；“今上”意为夙愿得偿，幸事一件。可谓今昔对照，虚实交错。律诗之妙全在无字处，“昔”与“今”之间，未简单地以“喜”“悲”之词加以填充，而是留给读者自己去想象、回味。“昔”与“今”之间，是一段漫长的时间距离，天在变，地在变，国在变，人也在变。诗人青年时代当值“开元盛世”，到处都是歌舞升平的景象，他曾“放荡齐赵间，裘马颇清狂”，曾过着“朝扣富儿门，暮随肥马尘，残杯与冷炙，到处潜悲辛”的生活，也曾有“致君尧舜上，再使风俗淳”的宏伟抱负。诗人既闻洞庭之名，必有向往之意，可惜未能一游。如今，却是国家山河残破，疮痍满目，内忧外患，而诗人也到了暮年，且历尽人生坎坷，却有幸登楼，怎能不百感交集呢？两两对照，诗人巧妙借“今”“昔”传达出国家昔盛今衰，政治生活坎坷，漂泊天涯的心情。

自古以来就有“洞庭天下水，岳阳天下楼”的说法，登上岳阳楼，可以将八百里的洞庭湖尽收眼底。八百里洞庭湖汇聚了三湘四水，长江穿湖而过，而岳阳又处在长江入湖的咽喉地带，并且是在连续多日的长江航行，对长江的绵长和博大有了直接的体验之后再来看岳阳楼，对天经地纬、自然造化、人类伟力的感受和对历史的感悟等诸种因素糅合在一起，这种感受自然是深沉的。尤其是57岁的杜甫在历经人生的起起落落后，在落魄颠簸、贫病交加的情况下登上岳阳楼，借时间意象“今”“昔”传达自己的所思所感，就显得特别的强烈而深切。

2. 空间之象

王世稹称“吴楚东南坼，乾坤日夜浮”这两句“雄跨古今”。空间意象“吴楚”“乾坤”构成的意境可谓宏阔：“吴楚”二字是地域的表达，也是历史的再现；“乾坤”二字运用联想和想象，将视野拓宽，让人看到的是朗朗乾坤。

从地域上看，都是写洞庭水，“吴楚东南坼，乾坤日夜浮”，一是写尽水面的宽阔，二是写尽水的力量。“坼”“浮”二字极具动态感，能够割裂大地，能够浮动乾坤，这是极写湖水的力量；而被割裂、被浮动东西之庞大，则显示出湖水的宽阔。同时诗人又借助想象，把本来看不到的吴楚大地和整个乾坤四际也融进了这个视觉和感觉的画面，从而构成了一个想象中的吴地楚地被裂开，整个乾坤被浮动的广阔无垠的画面。这是说“吴楚”“乾坤”是视觉错觉加上想象的产物，这是一个很成功的宏观空间意象。

从历史上看，再现了吴楚两国刀兵血火的争霸战场。杜甫并未仅仅停留在写洞庭水惊人的面积和浩瀚气势，而是着重凸显洞庭湖见证历代王朝的兴衰、目睹着国土沧桑的“历史见证人”的形象，将大唐帝国连年不断的乱象隐晦地表达出来。“吴楚东南坼，乾坤日夜浮”，也绝非是单单写景，一个“坼”字，便透出了兵争之乱象，是语带双关、力抵万钧之笔，这样用词还有影射安史之乱后山河破碎的意味。“坼”“浮”实际上是象征性地、比拟性地暗示国势的动荡不安，这里包含着安史之乱的后遗症：唐王朝的衰败，人民的痛苦，外族的侵扰，国家的四分五裂和社会的不安定，栋梁之臣的缺乏，等等，诗歌里藏着杜甫宽广的胸怀和对国难民灾的忧虑。

像这样宏阔的空间意象在中国古代诗歌中是很少见的，唯有宏大的空间意象才会渗透着诗人心忧天下、情系苍生的胸怀。孟浩然也有咏叹洞庭湖的诗句——“气蒸云梦泽，波撼岳阳城”。孟浩然借写洞庭湖景表达个人“欲济无舟楫”，想做官而无人引荐的心情，不免局限于个人的仕宦得失，远没有杜诗境界高远。清代评论家仇兆鳌《杜诗详注》认为，“气蒸云梦泽，波撼岳阳城”，浩然壮语也，杜“吴楚东南坼，乾坤日夜浮”气象过之。

3. 人物之象

“孤舟”，即是诗人自况。“孤舟”是近景中映入眼帘最能触动诗人的东西，于是他联想到自己的身世、遭遇和处境。从大历三年（768年）正月自夔州携带妻儿乘舟出峡以来，既“老”且“病”，漂流湖湘，以舟为家，前途茫茫，何处安身？洞庭湖的汪洋浩渺，更加重了诗人身世的孤危感。和无边的天地宇宙“对应”的“孤舟”是什么呢？我想，“孤舟”的寄寓是丰富的，是一个极为渺小的“有限”之身；是“亲朋无一字，老病有孤舟”的行吟者；是被命运抛弃于苍茫湖水之中的如此穷困潦倒的一个孤魂；是缺衣乏食，居无定所，得不到亲友的慰藉，连一个赖以承受痛苦的正常的身体都没有的诗人。“孤舟”意象承载的是飘零、孤寂、衰老、贫病，意味着一个活人生存所需的空间已经萎缩到不能再萎缩。如果将广袤的洞庭湖水比作整个国家，那么那一点孤舟就是诗人杜甫自己。在这鲜明对照的谐调之中，既包含着诗人对自己终身遭遇的痛心和不平，也体现出诗人将自己的命运、国家的命运紧紧地联系在一起。

“孤舟”也是杜甫晚年诗歌创作中的高频意象。《旅夜书怀》等一系列诗歌中都有孤舟意象，这苍茫的背景下，诗人所处的一叶扁舟，显得更加的渺小与孤寂，诗人创造出一种阔大雄浑但又寂寞空旷的境界，在大自然雄伟瑰丽的景象之前，人的命运更是孤单凄凉。“孤舟”反衬诗人的孤独，景中见情，景与情融，不言苦而苦自生，不言愁而愁自见。

有的诗歌意象常见，且通篇基调一致，这样的意象所构成的意境和表达的情感相对容易把握。可是杜甫的《登岳阳楼》用到的是比较少见的意象，而且这些意象之间具有较大的跳跃性。从内容方面说，开篇一联写的是诗人登楼的过程，其中蕴含了“昔”与“今”的时间跳跃过程。颔联中，诗人由上联的写自己推进到写洞庭湖，这里有一个从小到大的跳跃。在写景中，又由吴、楚之地面到日、月之天空，这里有一个空间的跳跃。到了颈联，诗人又转回自身的描写，尤其是从开阔博大的“吴楚、乾坤”一下子跳到狭小的“孤舟”“乾坤”。与“孤舟”对比，阔大者更为浩淼，狭小者更显落寞，“不阔则狭处不苦，能狭则阔境愈空”，前后联之间有一个从大到小的跳跃。到了尾联，诗人又从个人身世遭际的描写扩展到国事的描写，上下联又是一个从小到大的跳跃。在写国事时，又有一个从国难跳跃到诗人感情抒发的过程，是大到小的跳跃。时间意象、空间意象、人物意象的不断切换，构成了诗歌纵横开阔、跳跃性强的特点，也强烈而深沉地传达出了作者的情感。

《登岳阳楼》丰富的旨意至此便得以凸显，大而言之指向国家：国运衰微——国难；小而言之指向家运：羁旅之愁——漂泊之苦；再小而言之指向自我：功业无成——壮志难酬。

二、人格

作为奉行儒家仁政的爱国诗人，杜甫的忠君爱国是真心实意的，骨子里的！儒士认为“穷则独善其身，达则兼济天下”，而杜甫是无论如何穷困潦倒都要心系天下，为国家担心！所以大家都尊称杜甫为“诗圣”。

“戎马关山北”指的是当时吐蕃入侵，威胁长安，战争不息，国家不得安宁。“凭轩涕泗流”是说杜甫倚靠着岳阳楼的窗户，向北眺望，心中却呈现出吐蕃入侵，长安危急，人民遭难的情景，于是他就禁不住伤心得老泪纵横了。不妨想象一下，长安与岳阳楼相距千里，一个是西北长安附近的战火，一个是岳阳楼上倚窗眺望的老诗人，这两幅画面如何连接？前者是诗人心中想到的，后者是诗人自身实景，说明诗人是身在洞庭，心在长安，衰老多病的躯体中跳动着一颗忧国忧民的赤诚之心，让他在登上岳阳楼的这一刻想到了国家时局、天下苍生。

“涕泗流”写出了安史之乱后，面对军阀割据、山河破碎的现状，杜甫依然心怀理想，却“英雄无用武之地”，更苦身体大损，疾病缠身，一切都已心有余而力不足了。杜甫凭栏而泣，是忧国忧民的仁爱之心使然。都说男儿有泪不轻弹，杜甫流下的眼泪，是一位饱经沧桑的老者的成熟之泪；是深谙人间冷暖的释然之泪；是饱读诗书、拥有哲学思想的睿智之泪；是渴望报效国家却身体羸弱的悲壮之泪；是仁者博爱人间疾苦的悲悯之泪……杜甫的眼泪仿佛在告诉读者，即使是生命的最后一刻，他也会将全部的爱留在人间，留给人民。诗歌评论家胡应麟说：“老杜品格，穷而愈坚，悲而能壮，在自怨身世之中，仍保持傲岸的气魄与阔大的胸襟。”“戎马关山北，凭轩涕泗流”，可谓天设地造之绝唱，顿时将个人的老病哀伤之感提升到国运民生的关怀上来，极大地突显诗人胸襟之高远、博爱之无垠了。

杜甫出身于一个具有正统儒家教育传统的家庭中，从其远祖东汉杜恕、东晋杜预至其祖父杜审言，皆为当世大儒，所以他自谓世世代代，“奉儒守官，未坠素业”，可见杜甫对于他的儒者身份是十分看重的。杜甫一生所追求的就是成为一个“儒”。有人做过统计，他的诗歌中“儒”字共出现过45次，除了一次是指“侏儒”以外，其余44次都是指“儒家”。他的政治主张是“致君尧舜上”“再使风俗淳”（《奉赠韦丞使》）以及“窃比稷与契，穷年忧黎元”（《奉先咏怀》）的王道理想。正如叶燮《原诗》所说：“杜甫之诗，随举一篇，篇举其一句，无处不见其忧国忧民，悯时伤乱。遭颠沛而不苟，处穷约而不滥。崎岖兵戈盗贼之地，而以山川景物、友朋杯酒抒愤陶情，此杜甫之面目也。”说得太好了，可谓此诗的确解。正是这种孤舟老病而不忘社稷民生的大爱深情与宏规远略赋予了此诗无与伦比的审美价值与道德力量。近代学者王国维说，屈原、陶渊明、杜甫、苏轼，若无高尚伟大之人格，亦无高尚伟大之文章。

诗人虽然一生蹭蹬下位、身处逆境、颠沛流离、穷困交加，但是他以天下为己任，对于国家和人民的热爱与悲悯，贯穿于他坎坷的一生及其全部诗歌创作中。这正是孟子所谓“富贵不能淫，贫贱不能移，威武不能屈”的大丈夫气节，也是孟子“人饥己饥”“人溺己溺”的仁者心的写照。悲悯天下的民胞物与思想、崇高而深挚的爱国主义精神、坚定不移的忠君报国志向，构成了杜甫可贵的儒者情怀。清代刘熙载《艺概·诗概》认为杜甫“一生只在儒家界内”。杜甫是儒家思想即孔孟思想的继承者，也是孔孟思想的忠实实践者，在有唐一代的诗人中，他较早地用诗歌对原始儒家道统思想进行了阐释，并且奉行终生。

诗人积极入世的人生态度贯穿于他生命的始终，在众人皆醉、举世混浊的时代，杜甫是一位有智慧的清醒的儒者。有唐一代，杜甫较早地阐释和恢复着原始儒家道统的思想，始终以天下为己任，忧国忧民，爱国爱民。杜甫出身于“奉儒守官”的家庭，接受的是儒家正统教育，他“有一颗仁慈的心，一副博大的胸怀”“始终把个人的命运与国家和人民的命运紧紧联系在一起”（张忠纲《新译杜甫诗选》），杜甫深知“邦以民为本”（《送顾八分文学适洪吉州》），关心民瘼、为民请命，是诗人“仁者有勇”的体现。

杜甫是践行儒家仁者爱人思想的勇敢战士，他“对孔、孟所倡导的忧患意识、忠恕之道、仁爱精神、恻隐之心等，都有深刻的理解，并身体力行”，因此，为天下苍生疾苦歌呼之声不息，展现出杜甫可贵的博爱精神和高尚的仁者情怀。尤其难得的是，诗人能够从自己的痛苦中摆脱出来，时刻将自己关切的目光落在广大民众身上，即使自己正处在最艰难的境地，也不忘普天下民众的疾苦，这是多么宽广温暖的仁者胸怀呀！

后人多把杜诗比作儒家经典，把杜甫当作儒者典范。清无名氏《杜诗言志》卷二云：“嗟呼！少陵平生之志，尽在于此；其作诗之旨，尽由此而发。”莫砺锋先生说，“对于杜甫的求仕来说，十年长安的结局是悲惨的：他只得到了一个正八品下的微职。对于杜甫的诗歌创作来说，结果是辉煌的：他写出了《登岳阳楼》这样的不朽诗篇”。（莫砺锋《杜甫评传》第二章）对于后世的人们来说，不仅能欣赏到诗圣杜甫留给我们的诗作，也能从中读懂诗圣杜甫，体会到他可贵的儒者情怀。

三、楼格

我想，一座楼阁，若没有名篇记述它，只是徒然地巍峨耸立，就如同一个人，虚有其表而不见精神，难保长存不变。如果说，李白、孟浩然等人的诗歌杰作毕竟还只是一种艺术的渲染的话，那么，杜甫的妙诗《登岳阳楼》、范仲淹的妙文《岳阳楼记》则使岳阳楼身价百倍，且美名永存。余秋雨在《苏东坡突围》中曾说：“苏东坡成全了黄州，黄州也成全了苏东坡。”我想同样的道理，岳阳楼，由于杜甫、范仲淹等诗人注入了文化的内涵；杜甫、范仲淹等诗人，也因岳阳楼的存在绽放了人生的全部璀璨。可谓文兴一楼，楼传一文。若不曾有文人把内心最真挚、最敏感的真情感悟化成文字，这些景致很难长久鲜活在人们心中。山水造就了文人，文人赋予了山水以历史的永恒，这是一种很有趣的相互依赖的关系。仔细想想中国各地的名胜古迹，千百年来之所以能焕发着骄人的青春，莫不缘于和文人的这种“联姻”。

岳阳楼相关的优美诗文460余篇，岳阳楼因之成为一座不朽的“诗文楼”。在有关岳阳楼的万千诗文中，以杜甫《登岳阳楼》诗和范仲淹《岳阳楼记》文成就最高。范文受杜诗影响。以范记为首的文和以杜诗为首的诗，才凝成了岳阳楼冠绝古今的风骨神韵。下面通过与江南三大名楼比对，说明岳阳楼的楼格。

从代表楼文化的文体上看，岳阳楼以“文”立楼，滕王阁则以“赋”立楼，黄鹤楼以“诗”立楼。建筑形制已经虚化，名楼的“文化”效应被无限放大和张扬。这些千古绝唱，似乎给后人留下了一种高峰性的难以逾越的美学与诗学的丰碑，同时，也给后人留下可以无限解读与领会的空间魅力。

从宗教精神上看，岳阳楼以“儒家”立楼，无论是杜甫、范仲淹个人的为官身位，还是诗文所揭示的主题，都体现了儒家的修身、齐家、忠君、治国、平天下的思想内核；滕王阁以“佛家”立楼，把王勃的痛苦人生经历、横溢才华同“落霞与孤鹜齐飞，秋水共长天一色”的美景、欢宴场景悲壮激情地交织在一起，体现心中的苦闷与悲伤，空虚与低沉，幻灭感，这是一种比道教思想更消极深沉的佛家精神；黄鹤楼以“道教”立楼，因充满着道教气息的故事而得名，崔颢“黄鹤一去不复返，白云千载空悠悠”的名诗更具仙风道气，黄鹤楼又坐落于蛇山之上，龟蛇与仙鹤成为黄鹤楼的外在表现符号。

从三大名楼所表现的内涵上看，岳阳楼以“志”立楼，范仲淹倡导的精神是仕人们所崇尚的一种志气和志向；滕王阁以“才”立楼，王勃大器早成，成为著名的“初唐四杰”之一，在官方的宴请中，不谙世事的天才一不留神写就《滕王阁序》，成为赋中神品，只可惜天妒英才，《滕王阁序》成为王勃绝笔；而黄鹤楼则以“情”立楼，黄鹤楼的“情”是通过朦胧虚幻的仙鹤和崔颢情景交融，是“烟波江上使人愁”的惆怅。

从建筑本体上看，岳阳楼阔远，岳阳楼虽然在三楼中最为矮小，只有21.35米，但它与洞庭湖相映成趣，烟波浩渺，水光楼影，景色旖旎，人、楼、湖、山、志一体。滕王阁毓秀，滕王阁本是帝王高官们的欢宴之楼，因而显示钟灵毓秀的特征；黄鹤楼巍峨，楼高51.4米，又坐落在蛇山之巅，借山凭楼，直冲云霄，天、楼、山三位一体，有升腾欲飞之势。

从人文心态上看，岳阳楼是“入世”之楼，尤以《岳阳楼记》代表着忧国忧民的“入世”心态；滕王阁是“享世”之楼，《滕王阁序》体现出享尽人生繁华的心态表征；而黄鹤楼则是“出世”之楼，《黄鹤楼》诗和黄鹤楼典故都以黄鹤飞升的方式寓渺着道家出世的心态。

通过对三大名楼的综合比照，我们姑且把它们的文化象征进行简单归纳，岳阳楼是一个现实主义之楼，滕王阁是一个唯美主义之楼，黄鹤楼是一个充满浪漫主义色彩的神奇名楼。在人们眼里，似乎这些名楼在物质外观上的建筑并不那么重要，而重在情感意象中的故园标志与文化载体。它们是沧桑咏叹中的一个历史符号。在人们眼里，楼的外形已虚化，而成为灵魂精神的象征，仅以下表对其文化象征进行归纳。

三大名楼的文化象征

名称	岳阳楼	滕王阁	黄鹤楼
文体	文	赋	诗
宗教精神	儒	佛	道
内涵	志	才	情
建筑本体	阔远、矮小	钟灵毓秀	巍峨
文化心态	入世	享世	出世
总结	现实主义	唯美主义	浪漫主义

岳阳楼是诗文楼。屈原是第一个把儒家人生哲学生命化、诗化、现世化的诗人和思想家，学者钱穆说：“屈原是有路可走，偏走穷的那条路。”他对儒家修齐治平理想的悲情实践，凸显了儒家人生哲学。屈原以自己的生命之火成为中国传统文人的一面猎猎大旗。在塑造丰富中国人的情感心灵方面，在建构民族文化心理结构方面，起了独特的、无可代替的历史作用。刘小枫在《拯救与逍遥》中说：“屈原几乎可以说是中国第一个留下姓名的大诗人，中国的老百姓又很喜爱他，甚至以端午节来纪念他，因而如果岳阳楼归化了屈原，从某种意义上说也就归化了中国人的精神。”岳阳楼是一座“文化楼”“精神楼”，岳阳楼的美和精神塑造了很多中国血统知识分子的性格。曾写过《岳阳楼记》的作家汪曾祺说：“我觉得儒家是爱人的，因此我自诩为中国式的人道主义。”

范仲淹“先忧后乐”句一出，岳阳楼便成为颇具象征性的文化载体。所以，只要你往岳阳楼一站，心情就不能不沉重起来，无怪乎当年滕子京在楼成文具之后产生“直须凭栏大哭一番乃快”的感觉。明朝文学家袁中道游岳阳楼时也连叹“真可哭也，真可哭也”。个中复杂滋味使登高成为宣泄、成为寄托，登高必将忧国。临湖背楼，湖是那样的壮阔，衔远山、吞长江；楼是如此的坚韧，镶嵌在山中，宛若一位将军，守湖守山守天下……一股挥斥方遒、指点江山的热流瞬间从脚跟一直涌到头顶。

这座楼便被赋予了太多的文化意蕴。居庙堂，百姓为家；处江湖，国家为家。天下的楼阁何止万千，当身置岳阳楼，却总有一种力量让人热血沸腾。凭轩远眺，瞬间明白了为什么会“水天一色”。因为，“水”为天下黎民而流，“天”为气象万物而立，悠悠千载，它们始终浑然一色。

“一楼何奇？杜少陵五言绝唱，范希文两字关情，滕子京百废俱兴，吕纯阳三过必醉。诗耶？儒耶？吏耶？仙耶？前不见古人，使我怆然涕下!”“诸君试看：洞庭湖南极潇湘，扬子江水通巫峡，巴陵山西来爽气，岳州城东道岩疆，渚者！流者！峙者！镇者！此中有真意，问谁领会得来？”这副对联就把一个洞庭湖的复杂性、神秘性、难解性写出来了。眼界宏阔，意象纷杂，简直有现代派的意韵。

在每一个价值失落因而急需价值重建的年代，重读《登岳阳楼》依然让我们热血沸腾。

浙江省玉环中学　苏素

诗家四境界　人生四境界
——《念奴娇·过洞庭》品读

张孝祥，字安国，别号于湖居士，南宋著名词人、书法家。张孝祥由于上书为岳飞辩冤，为权相秦桧所忌。秦桧死，授秘书省正字。历任秘书郎、著作郎、集英殿修撰、中书舍人等职。乾道五年（1169年），以显谟阁直学士致仕。次年在芜湖病逝，年仅38岁。张孝祥善诗文，尤工词，风格宏伟豪放，是豪放派代表作家。有《于湖居士文集》《于湖词》等传世。

读张孝祥的这首《念奴娇·过洞庭》，一句一景，随着诗意的推进，思想和境界层层深入，诗人的思考总能朝前再走一步，原以为已得大道，竟不料前面还有洞天，如同读《般若波罗蜜多心经》，最后豁然开朗，有如醍醐灌顶之感。读诗即读人，读诗即读人生，独有诗心在，正如王国维《人间词话》中从三首不同的词中读出古今之成大事业、大学问者，必经过三种之境界，此诗亦含有诗家四境界，亦即人生四境界。

一、妙处难言说

“洞庭青草，近中秋，更无一点风色。玉鉴琼田三万顷，著我扁舟一叶。素月分辉，明河共影，表里俱澄澈。悠然心会，妙处难与君说。”

洞庭湖与青草湖相连，浩瀚无边，在这中秋将至的时节，更是没有一点风势。秋月下浩浩汤汤、一碧万顷的湖水，载着我一叶细小的扁舟。皎洁的明月和灿烂的银河在这浩瀚的玉镜中映出她们的芳姿，水面上下一片明亮澄澈。体会着万物的空明，这种美妙的体验却不知如何道出与君分享。这种只可意会、不可言传的自然美景比起能用言语来形容的景有更多的想象空间。

这洞庭好似不在人间，它是玉鉴琼田，而我是独游仙境。月亮是“素月”，其实也是素净的内心，天地间只有我和这一池江月，无人打扰。“表里俱澄澈”，从外到内，都是干干净净，纤尘不染。洞庭的美不在它的繁华似锦，更不是热闹非凡，也没有鸟语花香，碧波荡漾，而是它的静默无语，它的朴素清宁，正与自己的心境相和，抑或是有什么样的内心追求就能看到什么样的景致吧。

历来写洞庭的诗文写尽了洞庭千姿百态的美，如孟浩然笔下的洞庭：“八月湖水平，涵虚混太清。气蒸云梦泽，波撼岳阳城。”气势磅礴，平静时能容天地乾坤，波涛汹涌时能撼动整个岳阳城。李白游洞庭：“南湖秋水夜无烟，耐可乘流直上天？且就洞庭赊月色，将船买酒白云边。”洞庭的水可以直上云霄，洞庭的月可以借给李白，供他赏月喝酒，简直是天上人间。刘禹锡只是远远地望着洞庭：“湖光秋月两相和，潭面无风镜未磨。遥望洞庭山水翠，白银盘里一青螺。”洞庭的山水足以让人沉醉，它像一面镜子，清澈无比；它像白银盘里的一只青螺，一切尽收眼底。杜甫泛舟洞庭：蛟室围青草，龙堆拥白沙。护江盘古木，迎棹舞神鸦。破浪南风正，收帆畏日斜。云山千万叠，底处上仙槎。

这里蛟龙生焉，青草白沙相拥，江边古木森森，乌鹊成群，翩翩起舞，江上帆船往来，云千层，山万重，似是神仙居处。

沉浸在自然美景中，悠然心会，在自我的空间里陶醉，无人打扰，妙处无须言说，独与天地精神往来，“天地有大美而不言，四时有明法而不议，万物有成理而不说”。与大自然亲密接触，正如李白与敬亭山，“相看两不厌，只有敬亭山”，这是诗境的第一层，也是人生的第一重境界。

二、肝肺皆冰雪

“应念岭海经年，孤光自照，肝肺皆冰雪。”人生在世，受尽种种磨难，诗人被贬岭海多年，内心的孤独无法诉说。他没有苏轼那么乐观豁达，总能在无趣无味的生活中找到一些乐子。法国作家罗曼·罗兰说：“世界上只有一种真正的英雄主义，那就是在认清生活的真相后依然热爱生活。”可是这需要何等的胸襟和气魄？他做不到，他无法让自己开心快乐。性格决定命运，张孝祥终生不得志，最后是郁郁而终，英年早逝，真是天妒英才！惜哉，痛哉！

“冰雪”这个意象在诗中出现，多指冰清玉洁，与高洁的操守相关，如黄人杰说“满怀俱是冰雪”，王以宁说“一段素襟清韵，似玉壶冰雪”，文天祥也说“清操厉冰雪”，但很少有用“冰雪”来形容肝肺的，感觉是要把自己的心肺都掏出来，让人看看他的赤诚，他的一片冰心，如同闻一多诗中“呕出一颗心来，你在我心里”。从自然状态中走入社会，在社会的大染缸里，他无法做到“淈其泥而扬其波，哺其糟而歠其醨”，随波逐流，将自己染黑，他的灵魂容不得半点肮脏，他和屈原一样，选择了孤独地坚守本心，但他没有弃世，而是孤高地站在现实这座围城之外，遗世独立，“我本将心照明月，奈何明月照沟渠”，然而依然“出淤泥而不染”，保持自己的操守，忠贞不渝，不失赤子之心，多少人能真正做到呢？这是诗境的第二层，也是人生的第二重境界。

三、沧浪任泛舟

“短发萧骚襟袖冷，稳泛沧浪空阔。”短发稀疏，衣衫单薄，孤舟独泛，这是怎样一副潦倒落魄的形象？让我们想起屈原当年“被发行吟泽畔，颜色憔悴，形容枯槁”的样子，想起渔父的“沧浪之水清兮，可以濯吾缨，沧浪之水浊兮，可以濯吾足”，想起李白的“人生在世不称意，明朝散发弄扁舟”，想起苏子的“竹杖芒鞋轻胜马”，大抵都是失意者的形象，现实中不如意了，生活上就不再在意外在形象了。

以沧浪入诗，常常有隐居之意，杜甫的“万里桥西一草堂，百花潭水即沧浪”，颇有自我放逐之意。吴伟业有“万里沧浪客，题诗问草堂”句，“沧浪客”又有漂泊之感。这里张孝祥是“稳泛沧浪空阔”，一个“稳”字，似乎已经心安于这样自由自在无拘无束的日子，无心家事国事，俨然世外人也。从曾经的孤高自傲，“举世皆浊我独清，众人皆醉我独醒”，到现在的超然物外，飘零出世，这是诗境的第三层，也是人生的第三重境界。

四、万象为宾客

词的最后，词人发出“尽吸西江，细斟北斗，万象为宾客。扣舷独笑，不知今夕何夕”的感慨。此时气象顿时开阔，大气豪迈，西江的水被“我”吸光，天上的北斗星也成为我的酒，世间的万事万物都是我的客人，都在陪我喝酒，我就是天地间的主人，一切都为我服务，我也开心得忘记了时日，达到物我两忘的境界。

“万象”这个词气势宏大，包罗万物，指宇宙间的一切事物或景象。李白诗云“飞文何洒落，万象为之摧”，高适也有“性灵出万象，风骨超常伦”句，陆游说“伏几读书时举头，万象争阵陶谢句”，苏轼感叹“一眼吞江湖，万象涵古今”，而张孝祥却能置于其上，万物听我指挥，“我”高于一切。内心比天高，再也不用“摧眉折腰事权贵”，奈何现实中却是渺小得如沧海一粟！

做自己的主人，解人生之束缚，得彻底之自由，“行为偏僻性乖张，那管世人诽谤”，我就是要和苏子肩并肩，这是诗境的第四层，也是人生的第四重境界。

宋代禅宗大师青原行思提出参禅的三重境界：参禅之初，看山是山，看水是水；禅有悟时，看山不是山，看水不是水；禅中彻悟，看山仍然是山，看水仍然是水。佛家讲究入世与出世，于尘世间理会佛理之真谛。人之一生，从垂髫小儿至垂垂老者，人生短暂，如白驹过隙，忽然而已。张孝祥词中的人生四境，从自然之子到自持清高，从超然物外到俯瞰人间，以出世的精神做着入世的事业，四境界并不是完全隔离的，可以相互渗透、相互融合，这四层境界若非在人间走这么一遭，怎能体会如此深刻？

张词以境界取胜，读词前是此等人，读词后是另一等人，能提升人的思想认识和精神境界，我们读他其他的词，如《西江月·阻风山峰下》：

满载一船秋色，平铺十里湖光。波神留我看斜阳，放起鳞鳞细浪。

明日风回更好，今宵露宿何妨？水晶宫里奏霓裳，准拟岳阳楼上。

满载着一船的秋色，行驶在广阔平展的江面上。水神有意留住我观看夕阳西下的美丽景色，吹起鳞鳞波浪，泛起波光，让我再不能行往远方。诗人沉醉在自然风光之中，驻足停留，不愿离去，他总能在自然中找到美与乐。

词的下阕，如果明日风向回转，天气变好，那么今夜露宿于此又有什么关系呢？阵阵波涛声好似龙宫中奏演的《霓裳羽衣曲》，明天准能在岳阳楼上欣赏洞庭湖的美景胜状。词人毫不在乎天气的阴晴变化，也不怕露宿在外，只为了一睹洞庭美景。

一面是自然与我的对话，它们对我有情，我也与它们有意；一面是我与自己的对话，明天一定更好，我一定会再来，这也是一种逐步成长的过程。

再如这首《水调歌头·金山观月》：

江山自雄丽，风露与高寒。寄声月姊，借我玉鉴此中看。幽壑鱼龙悲啸，倒影星辰摇动，海气夜漫漫。涌起白银阙，危驻紫金山。

表独立，飞霞佩，切云冠。漱冰濯雪，眇视万里一毫端。回首三山何处，闻道群仙笑我，要我欲俱还。挥手从此去，翳凤更骖鸾。

山河是如此的雄伟壮丽，露珠点点，微风轻拂，顿感微微寒意。托人传话给月亮，能否借我镜子让我看清这月下美景。那深谷中的鱼龙凄戚长鸣久久不绝，倒映在水面上的星辰也随着微波摇动，海面上水雾弥漫、黑夜漫长。远远望去，月光下那紫金山上的建筑犹如银阙晶宫。

以飞霞为玉佩，头戴高冠，遗世独立，俯视这人间大地。月光如冰雪般洁白，照耀得大地明亮透彻，那万里之外的景物都能看得清清楚楚。回首遥望那海上三神山，仿佛群仙都在对我笑，邀我与他们同游。乘着那鸾鸟驾驶由凤羽为车盖的马车，挥挥手扬长而去。

江山多娇，我爱这大好河山，大美人间，山对他有情，仙对他有意，俯视人间的他，要离开这人间，到天上仙境，此种境界与《念奴娇·过洞庭》如出一辙，不拘泥于外物，凌驾于万物之上，永远都是一个人，永远都有自然做伴，神仙作陪，与现实世界疏离，不食人间烟火，这尘世里无处觅知音，也罢，大自然的万象都是我的灵魂伴侣。

后世对张孝祥的评价甚高，赵构准确地预见了他的百年之后，评说“张栻孝祥词翰俱美，必将名世”；王十朋懂他的落魄潦倒，说他“天上张公子，少年观国光。高名一枝桂，遗爱六州棠。出世才成佛，修文遽作郎。长沙屈贾谊，宣室竟凄凉”；张拭解他的淡泊名利，说他“谈笑翰墨，如风无踪”；谢尧仁欣赏他的才情万丈，说他的诗词“如大海之起涛澜，泰山之腾云气，倏散倏聚，倏明倏暗，虽千变万化，未易诘其端而寻其所穷”；杨万里更是叹服他的飘然不群，说他“当其得意，诗酒淋漓，醉墨纵横，思飘月外”。所有的评价都是赞美和同情，虽不能至，然心向往之。

“妙处难与君说”，他带着满心欢喜、满腔热爱来到人间，此第一境也。将一腔热血投入生活，虽碰得头破血流，却能做到“肝肺皆冰雪”，此第二境也。几多努力，几番失败，无人能解，只能超然世外，“稳泛沧浪”，此第三境也。最后回归自我，回归自然，与万化冥合，“万象为宾客”，此第四境也。

浙江省学军中学　余　芳

用诗歌为城市立传
——《望海潮》品读

《望海潮》是柳永青年时期的成名之作，浓墨重彩地刻画了钱塘的富庶、侈靡与风雅，其写景豪迈，基调高亢，一反柳词惯常之婉约柔绵的风格，内容上也不同于柳永作品中占多数的写于花街柳巷的艳词丽曲。这是一首“音律谐婉，语意妥帖，承平气象，形容曲尽”的佳作。钱塘也因为柳永这首词声名更盛。此词之所以被称为佳作，笔者认为主要由于以下几个原因。

一、写好一座城市，不仅要看到物质，而且要触摸灵魂

近代以来，文坛上有不少大家对某一城市的描写，如鲁迅的绍兴、张爱玲的上海、老舍的北京、李劼人的成都等，对于这些城市而言，这些作家生于兹长于兹，因而易感知易把握其气息与脉搏，圣手创作成为经典。中国古代写城市的诗歌很少，因为战乱频仍，“重农抑商”的治国思想，同时强势的暴动者或入侵者对文化往往不重视，如项羽、黄巢、张献忠等，“扬州十日”“嘉定三屠”等不绝史书，繁荣至一定程度的城市可能毁于一旦。城市的不发达，加上佛老思想的巨大影响，古代的中国人与自然近、与天近，大部分文人墨客常以山水田园为题材吟诗作文。而柳永作为钱塘的异乡人，在钱塘生活的时间并不很长，却能对钱塘的感知如此深刻到位，实不容易。那么，写城市的诗歌怎样才是好诗歌？我认为包括两点：第一能看到城市的物质，第二能看到城市的灵魂。

1. 从景看钱塘的物质外壳

开篇三句点出了“形胜”“都会”与“繁华”，指出了杭州在地理、历史、文化、经济上的无双地位。中国社会经济重心的南移自汉末三国开始，至两宋真正完成，几次“衣冠南渡”带来了北方先进的文化与技术。江浙是

块神奇的土地，唐宋以来，只要政治上稍能承平，有休养生息的环境，经济文化上即能创造出令人瞩目的成就。所以江浙堪称经济重心南移后最主要的区域。

“形胜”“都会”与“繁华”这六字虽宏阔高远，气象万千，但总归是概括性的语汇，很难给人留下印象。随之而来的九句，便围绕这六个字做横向的铺展，气势立马彰显：“烟柳画桥”三句点明是“都会”，“云树绕堤沙，怒涛卷霜雪”等则侧重于刻画“形胜”。我们对所绘景物做些探讨，可发现动静、声色、刚柔、浓淡、大小、人设与自然皆有涵盖：①以动静为依据。风帘、怒涛是动态的，风中的帘幕随风飘荡，钱塘江潮奔腾而来，惊天动地，其他景物皆是静态的描摹，因此可见钱塘是座动静相谐的城市。②以声色为依据。怒涛是声，烟柳、画桥、云树、荷花、山、湖是色，湖光山色与涛声相映衬，可见钱塘是一座有声有色的城市。③以刚柔为依据。怒涛、天堑都是很宏阔、很粗犷的景象，而烟柳、画桥、荷花、湖、山都是小桥流水的江南特有的景物，可见钱塘是一座刚柔并济的城市。④以浓淡为依据。翠幕、画桥色彩比较绚丽，珠玑、罗绮充满富贵之气，而云树、桂子、荷花、湖光、山色等都比较淡雅，所以钱塘是一座淡妆浓抹总相宜的城市。⑤以大和小为依据。天堑、十万人家、堤沙、重湖、叠巘这些都是站在很高远的地方俯视看到的，像今天的航拍镜头，属大视野，画桥、珠玑、罗绮、风帘、翠幕这些是近景，属小细节，诗人用不同的视角展示了钱塘的宏大与精致。⑥以人为的和自然的为依据。画桥、珠玑、罗绮、人家、风帘、翠幕都是人工创造的，云树、堤沙、怒涛、天堑、重湖、叠巘、桂子、荷花、烟柳都是自然景物，因此钱塘是一座人为中显出自然的城市。

相对于北宋建立之前近百年北方战乱动荡的社会环境，同时期吴越钱氏王朝可以说是承平安定的环境，100多年的积累，社会财富增长迅速，在此基础之上，宋朝出现了“苏湖熟，天下足”这样的民谚与“上有天堂，下有苏杭”的赞语，这并非溢美之词。苏杭成为江南的冠冕，无疑与其富庶有关，但这并不是全部，很大程度上也与其自然风光有关。白居易曾称颂：“杭土丽且康，苏民富而庶。”这句诗表明钱塘风光得天独厚。所以，从城市的物质外壳来看，宋时的钱塘几近当时城市的极致。

2. 从人看钱塘的灵魂品格

以上我们领略到的是钱塘的物质外壳，一个作家看一座城市，如果只看到其物质的一面，那这座城市只是欲望之城，是肤浅单薄的。一个好作家还要触摸到城市的灵魂，而城市的灵魂便是城市中的人。

词的下片写了老人、女人、孩子及官员。一座城市众生芸芸，柳永为什么只挑这几类人？因为一座城市的文明程度不是看有多少琼楼玉宇，多少珠玑罗绮，而要看它如何对待老人、女人和孩子，看弱势群体过着怎样的日子。作为诗人的柳永在这首短短的词中，以特写镜头，用了三个句子写钱塘普通民众的生活，写老人与女孩的生活。在封建时代，老人与女性是社会群体中比较边缘的，从中可以看出词人的平民情怀。从钱塘普通人的日常生活中，我们可以看出钱塘的精神气象：①百姓安逸闲散的生活态度。钱塘流行羌管这种乐器，采莲姑娘唱的菱歌回荡在夜色里，歌舞升平，说明生活在钱塘的人非常安逸。演奏羌管用“弄晴”，而不是“奏晴”，因为“弄”随意，带把玩性质，写出百姓的悠闲。“晴”是一种心理感受，用主观感受来写天气的写法在《阿房宫赋》里出现过，“歌台暖响，春光融融；舞殿冷袖，风雨凄凄”。太平盛世连天气都特别明媚，特别晴朗。②百姓愉悦的精神面貌。从“嬉嬉”可以看出来，“黄发垂髫，怡然自乐”，无论男女老少，他们的神情都是嬉笑的，只有具备一定的物质基础和淳厚的民风，才会发自内心的欣喜。③政通人和的社会气象。“千骑拥高牙，乘醉听箫鼓，吟赏烟霞。异日图将好景，归去凤池夸。”官员喝醉了，欣赏箫鼓，看到晚霞还要吟一首诗歌，回到朝廷还要夸一夸自己治理的城市。他们除了喝喝酒，听听音乐，写写诗，就是秀秀自己的政绩，当官当得很轻松，基本当到“垂拱而治”的境界，侧面写出钱塘安定、繁荣的局面。此处用“拥高牙”而不是“从高牙”，前呼后拥说明长官地位高、权势重。“拥”还有紧紧围绕，拥戴的意思，也说明了千骑对长官的拥护，下对上发自内心的拥戴，用“从”少了一些情感色彩，似乎震慑于长官的权威。一个“拥”字写出了这个长官不仅有权威，而且人心所向，万人拥戴，写出钱塘政通人和，一片太平盛世的景象。

通过景与人的词句，我们看到了钱塘壮秀的山水风光、富庶的物质外壳和祥和、悠闲、风雅的内在品格，“天堂”之称确不虚传。

二、诗与美比权力更永恒

柳永的《望海潮》是一首干谒诗，并非出自一个诗人的肺腑，而是带有功利目的。干谒诗是古代士子为自己经营仕途而自我推销的一种诗歌，类似于当下的自荐信。一些文人为了求得进阶的机会，往往十分婉转地写一些干谒诗，曲折地表露自己的心迹。柳永少年时代有功名之志，到汴京应试，后流连青楼，成风流浪子，专替歌妓填词作曲。大中祥符二年（1009年），春闱在即，柳永踌躇满志，自信“定然魁甲登高第”。及试，真宗有诏，因所填之词“属辞浮糜”而受到严厉谴责。后四次落第，愤而离京，自此流落苏州、杭州等地，潦倒一生，功名不扬。《雨霖铃》写的就是离开京城南去漂泊的场景，而《望海潮》则是柳永到杭州后寻找晋升途径的凭借。到杭州后，柳永得知老朋友孙何正任两浙转运使，便去拜会孙何。无奈孙何的门禁甚严，无法见到。于是柳永写了这首词，请了当地一位著名的歌女，吩咐她在宴会上唱给孙何听。事实上，这个目的并未达成。孙何虽真的被这首词吸引，但只请柳永吃了一顿饭就把他打发走了，也没有提拔他。柳永从此梦断钱塘。

但几千年后，谁会记得权势熏天的钱塘长官，我们只记得诗人记录下的一个城市的美。很多教师上此课把重点放在背景上，认为柳永写这个词有粉饰权力之嫌，因此词中充满言不由衷的夸赞，如上阕浮夸侈靡的物质描写，下阕垂拱而治的太平景象。笔者认为应该淡化这些，柳永是在真诚地夸赞钱塘还是在奉承掌权者只有他自己知道。在古代，文人以诗文干谒获得权贵赏识也有好些例子，在这方面不能苛求柳永。柳永最终干谒未成，孙何可能出于各种考虑。无论是谁写的，一首带有功利目的的诗歌一定会被时间淘汰掉的。《望海潮》能留存下来，是因为真好。如果当时柳永靠这个谋取到了权力，那才是真正的悲剧——文学沦为政治与野心的婢女。这首词并没有给柳永带来官运，实际上有更深的内涵：诗歌与权力向来都异路殊途。柳永当时谋取仕途失败，但放在更大的时间轴上观照，他是成功的——诗歌与美让他不朽。

优秀的文学作品往往具有跨越时空的恒久魅力。100多年后，金主完颜亮勃勃的野心被柳永的词所点燃。完颜亮作为一个雄主，同时也是一个大文学家，“一吟一咏，冠绝当时”，欣然有慕于“三秋桂子，十里荷花”之美景，于1161年，也就是宋绍兴三十一年，南下渡江进攻宋朝。历史上有各种各样的战争，但这次战争是以美的名义发动的，这侧面说明了诗歌与美的力量。钱塘作为一座江南城市，有丰足的物质外壳，有与众不同的灵魂品格——悠闲、太平、风雅，这是一座城市的幸运。但更幸运的是，它拥有柳永、白居易、苏东坡、林逋等诗人，一个城市可以什么都没有，但不能没有诗人。如果没有这群诗人，钱塘就是一个单调的地名。

浙江省台州市第一中学　林卫飞

一肩挑着河山，一肩挑着明月
——《扬州慢·淮左名都》品读

《扬州慢》是宋人姜夔的作品，写于宋孝宗淳熙三年（1176年）。金主完颜亮在宋高宗绍兴三十一年（1161年）大举南侵，江淮军败。后来，完颜亮在瓜州为其臣下杀害。姜夔在小序里说自己淳熙三年（1176年）途经扬州，目睹了被战争洗劫后的扬州的惨状，抚今追昔，发为吟咏，来寄托对扬州昔日富庶、风雅的追念和对当下国破家亡、满目疮痍的哀伤。本词写了两个扬州——杜牧时代的扬州和姜夔时代的扬州，笔法上明暗互织，古今对比，表达了深沉的“黍离之悲”。

一、两个扬州

1. 杜牧时代的扬州

词中用虚笔暗写杜牧时代的扬州，通过“春风十里”“桥边红药”“二十四桥仍在”“豆蔻词工”“青楼梦好”等笔墨描摹出古扬州的大致轮廓。杜牧于835年离别扬州去长安任监察御史，离别时写“春风十里扬州路，珠帘卷上总不如”之句赠予一风月知己，“春风十里”写的是扬州十里长街的繁华景象。《资治通鉴》里有“扬一益二”的说法，意思是扬州是唐代最有名的繁华之地、富庶之乡，而排第二的是成都。扬州若在今天，在国内，类似于上海，在国外，类似于巴黎。扬州在唐代有着得天独厚的地理位置，它处于长江下游北岸，与南京隔水相望，居于江淮要塞，大运河开通后，贯通全国的水陆交通以扬州为中心，这里农商纺织业高度发达，是盐粮及南北货物的集散地，又是海外交流的重要港口，商贾云集，舳舻千里。特别是经过安史之乱，经济中心南移，扬州一跃成为首屈一指的商业大都市。“红药”即红色的芍药花，扬州在古时盛产红芍，1985年扬州市第一届人民代表大会常务委员会第16次会议决定，扬州市市花为琼花，2005年增补芍药为扬州市市花，可见红芍药对扬州这座城市有着重要的意义。古时，有“牡丹为花王，芍药为花相”的说法，牡丹、芍药主富贵，皆为花中佳品。杜牧时代的扬州，红芍满城，洋溢着富贵风流的气息。“二十四桥仍在”这个句子出自杜牧的诗歌“二十四桥明月夜，玉人何处教吹箫”。“二十四桥”到底是一座桥的名字还是24座桥，没有一个固定的说法。沈括在《梦溪笔谈·补笔谈》中认为，唐代扬州水系发达，河港纵横，石桥众多，共24座，这是“二十四桥”的由来。民间又流传有24位美女于桥上吹箫，因而得名“二十四桥”。但无论哪种说法，灵巧精致、错落有致的桥是扬州的风物之一，是扬州的一道风景，更是中国古典文学长廊中的一道风景。因此扬州的桥已不再是一种交通枢纽，还凝聚了一座城市的文化底蕴。“豆蔻”指十三四岁的女孩子，这些女孩生命鲜活青涩、美好曼妙。周国平说：如果一种文化缺乏女性色彩，那这种文化必定是粗鲁的。美女聚集的扬州，是充满柔性的城市，是曼妙无比的。能代表扬州的文化元素很多，美女无疑是其一，扬州地处水乡，在阴柔雅致的水文化谱系的熏陶下，扬州的美女迥异于中原厚重的农耕文化滋养的美女那般沉稳、含蓄，更多了一份多愁善感、俏皮灵动。“词工”写杜牧文笔细致隽永，给扬州写了很多的诗词，杜牧写了多少诗词给扬州不好统计，较为著名的有《赠别二首》《遣怀》《寄扬州韩判官》《题扬州禅智寺》《润州二首·其二》等几首，这些风华流丽的诗篇是杜牧写给扬州的情书，那是他对扬州一往情深的告白。诗歌对一个城市到底有多重要？作为商业之都的扬州富有、侈靡，但失之轻浮。一个城市可以拥有很多，但是最好能拥有诗歌，因为它代表了诗意的栖居，代表一座城市的精神高度，诗歌的高贵是一座城市的精神品格不可缺少的元素。拥有诗歌的扬州是一座有文学气息的、风雅的城市，诗让扬州打上诗性人文的烙印。“青楼梦好”一句出自杜牧的《遣怀》：“落魄江湖载酒行，楚腰纤细掌中轻。十年一觉扬州梦，赢得青楼薄幸名。”扬州的风月文化非常繁盛，秦楼楚馆里都留下了杜牧这位风流青年的足迹。勾栏瓦肆、青楼酒馆对古代文人士子有着特殊的意义。古代的士子日夜苦读，励精积学，最终的目的是能够实现“齐家治国平天下”的宏愿。当梦碎之后，亟需一个灵魂避难所，青楼无疑是最好的选择。古代的青楼除了是欢娱之地，还是文化场所，中国古代的风尘女子有很好的文化修养，能够与文人们形成精神上的交流。因此，出入于此的士子们不仅是释放肉身，更是安放灵魂，他们诗酒酬唱，吟风弄月，与风月女子之间形成一种微妙而美好的关系。都新霞在《唐人咏扬州诗研究》中认为：扬州无穷无尽的世俗欢乐诸如饮宴会、歌舞、女人，这些愉悦人生的享用，对于沉郁凝重，怀着沉重忧患意识和使命感的诗人来说，无疑能够安慰他们恐惧的生命。杜牧生活在风雨飘摇的晚唐，藩镇割据、宦官作乱、党争纷起，而红巾翠袖、玉手琵琶、风月场的温软与快乐能够暂缓仕途上的失意。从这个角度来说，扬州青楼不仅是繁华的标志，更代表一种温情，是中国文人的精神家园与灵魂疗伤之地。

杜牧时代的扬州在词里作为一座江南城市的存在由“花”“桥”“豆蔻”“词”“春风”“青楼”这些意象联合塑造而成，这些意象不仅有对扬州繁华热闹的物质面貌的勾勒，还完成了对其古典风雅的精神特质的构造。扬州不仅是个地理概念，还是一个文化概念。不仅是物质的，而且是审美的，代表情调，代表诗意栖居，代表风雅的生活范式。

2. 窥——扬州命运的转折点

扬州富饶的物产、重要的交通位置、雅致的人文气息、侈靡安乐的民风习俗让金兵垂涎。南宋时期，金兵两次南下攻打扬州。一次是建炎三年（1129年）正月，一次是绍兴三十一年（1161年）九月。这就是姜夔所说的“胡马窥江”。这两次“窥”给扬州带来的是毁灭性的打击，扬州城烽火连天，满目疮痍。此处“窥”字用得极精妙，这“窥”可不是普通的窥，而是扬州命运的分水岭。“窥”字的小篆是这样的：，一个人瞪着一只大眼睛趴在门缝里，其有偷看、不该看而看之意，胡人那只瞪大的眼睛里有羡慕、嫉妒，满满的野心，强烈的欲望，这是“胡马看江”或者“胡马探江”所不能替代的。扬州的繁华与风雅是胡人所没有领略过的，这也侧面印证了江南文明的魅力与诱惑。这一窥，不是普通的窥，而是草原文明对农耕文明的窥视，也是扬州命运的转折点。

3. 姜夔时代的扬州

遥想杜牧时代的扬州，一派富庶繁荣、流光溢彩，但已经一去不复返。站在扬州城的废墟上，经历了刀兵劫难的扬州赫然在目，其破败荒芜让姜夔大为震惊。诗人构思精巧，笔法高超，用植物来写扬州的荒凉，用声音来衬托扬州的寂静，用词凝练传神。

诗人多处以植物来写扬州城的荒凉、颓废。过去的“春风十里”，现在只剩“荠麦青青”。“荠麦”是一种野麦子，其茂盛与疯长表现了扬州城的荒芜与凄凉，与往日的商业大都市的繁华形成强烈的对比。移情手法的使用赋予废池乔木人的情态，“废池乔木，犹厌言兵”读来令人异常惊心，废弃的池台与布满刀砍火灼痕迹的树木说到战争都充满恐惧、厌恶，连无生命的物件都对金人的入侵心悸，更何况有智有识的人呢？清人陈廷焯对此句大为推崇：“写兵燹后情景逼真。‘犹厌言兵’四字，包括无限伤乱语，他人累千百言，亦无此韵味。”（《白雨斋词话》卷二）“念桥边红药，年年知为谁生”一句与元稹的“寥落古行宫，宫花寂寞红”有异曲同工之妙，年年盛开的红药与兵荒马乱的境况，宫花娇艳与古行宫的寥落相映衬，凸显了时移世迁的盛衰之感。这几处写植物的句子透露出无尽的感伤。

诗人还用声音来衬托扬州城的死气沉沉。“渐黄昏，清角吹寒，都在空城。”杜牧诗中的“二十四桥明月夜，玉人何处教吹箫”让姜夔深深向往，而轻歌曼舞、箫声悠扬的盛世扬州已湮没于历史深处，笼罩于扬州城上空的只有“清角”之音。“角”为号角，在战场上用于发号施令。扬州城上空笼罩着凄厉的、有警示作用的、令人警觉的号角之音。此处用声音暗示了环境的巨变，写出了扬州城的动荡。第二处“波心荡、冷月无声”，虽说“无声”，但此时无声胜有声，冷月的“无声”加强了现场的静默感。

此外，这首词用词精当凝练，笔墨经济，含蓄蕴藉，但意蕴丰富。“渐黄昏”的“渐”写出了时间次第推进之慢，唯有慢镜头才能一一书写一座城市的颓唐、凋敝，这样更能唤起读者睹物思旧的伤感。“清角吹寒”的“寒”字凛冽之气扑面而来，暮色渐沉，凄清的号角吹出阵阵寒意，面对劫后的残垣断壁、荒草废池，词人酸楚之意骤生。“都在空城”的“空”字意蕴深厚，既是对空间的描写，写出了战后扬州的空寂与死气沉沉，与词首的“名都”“佳处”形成强烈的对比，同时也是对词人的心理描写，写出他缅怀之情无处寄托、落空后的茫然。“波心荡”的动态描写一是衬托“冷月无声”的沉寂，二是诗人内心的影射。

词人将两个时空的扬州并置，虚与实互现，古与今对比，明与暗交织，将“名都”的风流繁华与“空城”的破败凋敝在读者的心中双重投影，营造强烈的阅读冲击感，启人深思。

二、黍离之悲

很多参考资料认为本词的主旨即小序中所言的“黍离之悲”。“黍离之悲”出自《诗经》中的“王风”。周大夫路过镐京，看到旧时宗庙的遗址湮没在离离荒草中，有感于周室的被颠覆，作《黍离》而抒悲情，全文如下：

彼黍离离，彼稷之苗。行迈靡靡，中心摇摇。知我者，谓我心忧，不知我者，谓我何求。悠悠苍天，此何人哉。

彼黍离离，彼稷之穗。行迈靡靡，中心如醉。知我者，谓我心忧，不知我者，谓我何求。悠悠苍天，此何人哉。

彼黍离离，彼稷之实。行迈靡靡，中心如噎。知我者，谓我心忧，不知我者，谓我何求。悠悠苍天，此何人哉。

“黍离之悲”即为家国之悲，笔者认为“黍离之悲”的提法固然没错，但失之笼统。其具体内涵应予以诠释，不能用模糊、概念化的“家国之悲”贴标签。有人说，中国古代知识分子一肩挑着河山，一肩挑着明月。河山指有形的物质，明月指无形的文化。此词的“家国之悲”不仅悲山河破碎，更悲文化的失落，做出此种论断的依据有两方面。一方面是基于“两个扬州”的分析，尤其是对“杜牧时代”扬州的梳理。扬州不是一般的城市，它不仅是个地理概念，还是个文化概念。扬州自古繁华，不仅是物质的，而且是审美的，代表情调，代表诗意地栖居。扬州在地理上不算真正意义上的江南，但在文化上属于典型的江南文化范畴。以扬州为代表的江南文化是一个柔性的象征符号，它滋养、修复、保全了汉民族文化的肉身与灵魂。中国古代的知识分子哪怕不出生在扬州，都对那个城市怀有乡愁，怀有精神之恋。扬州陷落，中国的文化版图就缺了一块。另一方面，姜夔是个文人，文人的家国之悲与商贾的家国之悲、政治家的家国之悲也不同。商贾重利益，政治家重有形的领土与无形的人才资源，而文人的视角具有超功利的一面，更侧重对文化的关注。姜夔写完这首词之后的100年左右，发生了“崖山战役”，南宋灭亡，许多学者认为“崖山之后无中国”，南宋的灭亡标志着古典意义上中华文明的衰败与陨落。一座城市可以遭受无数次的战争，只要文化还在，这座城市就可以不死，但如果文化没落了，这座城市将万劫不复。诗人的心思不可妄测，但文人对于时代的命运总是格外敏感。冒昧地揣测一下，站在扬州的废墟上，24岁的姜夔已经深深地感受到了南宋风雅的日薄西山。词人不仅在悲伤一座城市已化为废墟的外壳，更悲伤已经消失的文化。

浙江省台州市第一中学　林卫飞